英语民族史

卷二

新世界

[英] 温斯顿 · 丘吉尔◎著
李超　胡家珍◎译

新 华 出 版 社

图书在版编目（CIP）数据

英语民族史.新世界 / (英) 温斯顿·丘吉尔著；李超，胡家珍译.
北京：新华出版社，2016.12
ISBN 978-7-5166-3038-9

Ⅰ.①英…　Ⅱ.①温…　②李…　③胡…　Ⅲ.①世界史
Ⅳ.①K1

中国版本图书馆CIP数据核字（2016）第303732号

英语民族史.新世界

作　　者：［英］温斯顿·丘吉尔　　**译　　者：**李　超　胡家珍

责任编辑：张　程　雒　悦　　**责任印制：**廖成华
特约编辑：陈卫倩　林致君　何江鸿　　**封面设计：**臻美书装

出版发行：新华出版社
地　　址：北京石景山区京原路8号　　**邮　　编：**100040
网　　址：http：//www.xinhuapub.com
经　　销：新华书店、新华出版社天猫旗舰店、京东旗舰店及各大网店
购书热线：010－63077122　　**中国新闻书店购书热线：**010－63072012

照　　排：臻美书装
印　　刷：三河市君旺印务有限公司
成品尺寸：170mm×240mm
印　　张：17.75　　**字　　数：**300千字
版　　次：2017年3月第一版　　**印　　次：**2022年 7 月第三次印刷
书　　号：ISBN　978-7-5166-3038-9
定　　价：56.00元

前 言

这一卷将要涉及的两个世纪发生了许多意义深远的事件。欧洲探险家们发现并在美洲新大陆定居。在思想、信仰、诗歌和艺术领域，又有其他新世界展现在人们的眼前。1485年至1688年间，英语民族开始向全世界扩张，击败了西班牙帝国。在打通了海上通道后，美洲殖民地相继建立起来。大西洋西岸出现了许多充满生机并且富有独立精神的小社会，它们后来组成了美利坚合众国。英格兰和苏格兰转信了新教，这两个王国在一个苏格兰王室的统治下联合在一起。原则方面长期的分歧，引发了一场内战。英格兰在令人印象深刻的人物——奥利弗·克伦威尔的统治下，在一段时间内进行了共和制的尝试。但是在全民族的坚持下，英格兰又恢复了王权传统。在本卷的末尾，英格兰的新教信仰在一位荷兰统治者的维护下得到了巩固，议会在国家事务方面的权力进一步加大，美洲迅速发展起来，英法两国即将开始长期的世界范围内的斗争。

温斯顿·丘吉尔

1956年9月4日于肯特

目 录

CONTENTS

第四部

文艺复兴和宗教改革

第一章　圆形的世界

现在，我们来谈谈十六世纪初的情况——这意味着该世纪的年份，都将以数字 15 来开头。如此纪年在英语中必不可免，却容易把人弄糊涂了。这一时期出现一些影响全欧洲的巨大变化。有些变化之前处于长期酝酿中，却在这一时期全力爆发出来。两百或两百余年以来，文艺复兴一直在搅动着意大利思想界，现在，他们要让古希腊与古罗马的传统生动复活，在并不影响基督教信仰基础的限度内扩张开来。此时，教皇已成为俗世统治者，他们与别的统治者一样，贪得无厌且作风铺排，但他们声称，自己仍拥有精神统治权，肩负着上帝的使命。靠兜售“赎罪券”，教会的收益不断膨胀。所谓的“赎罪券”，就是用来使活人或死人免受炼狱之苦的东西。主教和红衣主教的职位可以进行买卖，平民则被课以重税。人们对教会的种种弊端心知肚明，且怨声载道，但教会并没有进行改进。与此同时，文学、哲学和艺术则从古典文化中汲取灵感，繁荣起来，一些学者得以拥有新观念以及开阔的视野。这些学者就是人文主义者，试图将古典文化与基督教教义进行调和，其中的先驱便是鹿特丹的伊拉斯莫，他的一大功绩是将文艺复兴的思想介绍到英国。印刷术使知识和一些论点在许多宗教团体中传播，这些宗教团体是中世纪欧洲的支柱。1450 年前后，印刷机成为不断扩大的文明领域的核心。当时，从里斯本到布拉格，西方已有六十所大学。到十六世纪初，这些大学主动为彼此间的学习与交流开辟了更为广泛的途径，这让大学更具生机，且不再古板。在中世纪，教育的目的主要局限于培养教士，现在，它不断壮大，教育的目的不仅在于培养教士，也要造就俗界学者和有学问的绅士。那些多才多艺、大有作为的人成为文艺复兴时期人们的理想典范。

随着思想的剧变，人们对传统理论提出质疑。十五世纪的人们第一次将过去的一千年称为中世纪。尽管他们头脑中还保留着中世纪的观念，但他们已感觉到，一个现代化的新时代即将到来。在新时代中，不仅有非凡的艺术与建筑成就，还有以哥白尼为首而开始的科学革命。哥白尼证明地球是绕着太阳转的，伽利略之后又在一个重大场合对此观点进行了肯定。这一创新观点对人类的世界观产生深刻影响。在此之前，人们一厢情愿地认为，地球才是整个宇宙的中心。现在，新的广阔天地开始展现在人类眼前。

渴望去调查、去辩论并寻求新答案的欲望从传统学术领域向宗教研究领域蔓延，希腊语、拉丁语甚至希伯来语的文本，都被人们拿来重新进行了细致解读。结果，人们开始对传统的宗教观点产生怀疑。文艺复兴孕育出宗教改革。1517 年，三十四岁的德国教士马丁·路德谴责教会兜售赎罪券，并将他的相关主张贴在了维滕贝格城堡教堂的大门上，开始对教皇进行富有冒险性的精神讨伐。起初，他只是谴责教会的行为，不久之后，就发展成对教会教义的质疑。斗争中，路德冒着可能会被执行火刑的危险，意志坚定，并对自己的主张深信不疑，这为他赢得了光辉的荣誉。路德发动或是推动了一场在十年间席卷整个欧洲大陆的运动，该运动被光荣地称为宗教改革。不同国家的宗教改革有不同的表现形式，以茨温利和加尔文为先导的瑞士尤为特殊。从日内瓦经过法国传到尼德兰和不列颠，加尔文的影响无处不在，在不列颠尤以苏格兰为甚。

路德的教义有很多，而他自己坚决信奉的原则是“得到救赎要靠信仰，而非遵守教规”。这就是说，像异教徒那样过善良且正直的生活，并不能保证你获得永恒的福祉，相信基督的启示才是关键。《圣经》中的箴言以及个人心灵的力量才是指引路德的灯塔，教皇的权威毫无用处。路德相信命运。亚当在伊甸园中犯下罪恶，是因为上帝让他如此，所以人生来就是有罪的。不过，世上约有十分之一的人经过一生努力，能够或已经摆脱了永恒的诅咒。所有僧侣和修女应有权结婚，而使人生有所慰藉。路德以身作则，在四十岁时与一位离开修会的修女结了婚，婚后一直生活得很幸福。

宗教改革对欧洲每个国家产生了影响，尤以德国为最。路德的主张掀起德国民众民族主义的热情。他们在罗马教廷苛捐杂税的统治下，已躁动难安。路德用德文翻译了《圣经》，他们至今仍对此感到自豪。路德也使德意志诸侯有机会染指教会的财富以自肥。他的学说促使德国南部的极端主义者发动了一场战争，成千上万的人因此而丧生。对于这些被自己学说而唤起的民众，路德表示强烈反对。他用粗俗的语言让民众振奋起来，当民众有所回应时，却又毫不犹豫地转而攻击他们。在教义问题上，路德与教皇不遗余力地进行着斗争，但对给予他力量的劳苦大众却漠不关心。他用“猪猡”甚至更为丑陋的字眼称呼他们，并指责身为“高级领主”的贵族和富有的统治阶级对于农民起义镇压不力。

异端一直都存在。几个世纪以来，欧洲几乎每个国家都有反对罗马教会的强烈情绪，但路德掀起的这场教会分裂运动却是前无古人且势不可挡。这场运动中的反对者以及罗马教廷的捍卫者，都深受中世纪观念的影响。他们都认为古代社会以及早期教会才更为纯洁，而他们就是在恢复这种纯洁性。但宗教改革却给这一时代增添了混乱与不确定性，身处其中的人们在既不情愿又在毫不知情的情况下，向上拖着长期阻碍欧洲前进的锚钩。在天主教会与宗教改革派之间的斗争持续了一个时期后，新教教会在欧洲大部分地区兴起，门派很多，其中占主要地位的是路德派。罗马教廷进行反宗教改革，开展了内心反省的天主教复兴运动，同时，宗教法庭则在较大的社会范围内进行了一系列镇压活动。通过这些举动，罗马教廷增强了自己的力量，并在一系列宗教战争中保全了自己。旧秩序攻击者与捍卫者之间的分裂威胁着近代欧洲各国的稳定，有些国家因此而分崩离析。当法国与英格兰从这场纷争中脱身时，全国已满目疮痍，且风雨飘摇，不过还保持着国内的统一。爱尔兰与英格兰之间有了隔阂，英格兰与苏格兰之间却实现了新的统一。德意志人的神圣罗马帝国分裂为许多公国与城邦，尼德兰一分为二，成为今天为我们所熟知的荷兰与比利时。各个王朝都面临威胁，人们对它们的忠诚不再。到十六世纪中叶，加尔文派成为新教发起进攻的矛尖，耶稣会则是天主教进行防御和反攻的盾牌与利剑。又过了一百年，这场发端于路德的革命才偃旗息鼓，人们都打得精疲力竭。那时，中欧已在三十年战争中被打得满目疮痍，1648年的《威斯特伐利亚和约》结束了这场战争，而战争的导火索却已几乎被人们遗忘。直到十九世纪，基督教世界中的人们才在互敬互畏的基础上，具有了更加宽容的精神。

十九世纪八十年代，维多利亚时代一位著名的神学家兼演说家查尔斯·比尔德提出如下一些直白的问题：

“从理性的角度看，宗教改革是不是一场失败的运动？它打破一套枷锁，是不是为了给人们戴上一套新枷锁？不可否认，宗教改革很快便脱离了自由的文化运动，在德意志尤其如此。它不关心文化，迷失在混乱且乏味的神学争论中，且对正在复苏的科学未伸出欢迎之手……甚至于后来，那些对宗教改革学说大表忠心的神学家们，也对科学冷眼相看，并宣布不与科学打交道。真不知道宗教改革里的哪条普通理论可以解释上述这些具有讽刺意味的事实。即便是现代最博学、最深刻也最宽容的神学家，也不会完全接受墨兰顿与加尔文的观点……事实上，宗教改革者们尊重事实与自由、反抗中世纪基督教至高无上牢固统治地位的行为，不应被过分夸大，他们无法解决自己所提出的问题。这不仅因为这些宗教改革者们缺乏必要的知识，还在于他们不清楚自己卷入其中的这一论战的范围。他们打开了宗教改革的洪水之门。尽管他们曾好心试图阻挡并限制这股洪流，可它却汹涌澎湃，时而摧毁旧地标，时而滋养新土地，始终充满生机。仅从宗教改革本身以及神学和宗教发展的角度看，宗教改革是失败的；但如果把它看作是欧洲思想运动的一部分，表明它与正在成熟的学术成就以及不断发展的科学之间存在重要联系，证明它与自由之间密不可分，并且使人们越来越具有宽容性，这就可证明，宗教改革在当时是正确的，未来也是如此。”

当文艺复兴和宗教改革的浪潮在欧洲汹涌澎湃之际，欧洲的探险家、商人和传教士不断听到世界上其他地方传来的消息。从古希腊时代起，就有人认为，地球是圆的。到了十六世纪，伟大的航海活动将证实这一点。故事说来话长。早在中世纪，欧洲的旅行家们便已踏足东方，他们听说在人类的发祥地有辉煌的王国以及大量财富。他们听到的种种传说其实都是关于普雷斯特·约翰王国的。有人说他的王国在中亚，也有人说是在现在的阿比西尼亚。后来，人们又读到了从威尼斯游历到中国的马可·波罗那些更为写实的游记。这些故事惹得人们浮想联翩。亚洲人也在向西方挺进。曾有一度，整个欧洲似乎都将屈服于来自东方的可怕威胁。崛起于亚洲心脏之地的蒙古游牧民族是可怕的异教徒，他们骑着战马，手持弓箭，所向无敌，横扫俄国、波兰、匈牙利，并于1241年在布雷斯劳和布达佩斯附近，同时给德意志与欧洲骑士以毁灭性打击。至少德意志和奥地利落在了他们手里。这一年，成吉思汗在蒙古去世，蒙古人的首领们急忙赶回远在几千英里外的首都哈拉和林，来选出继位者，西欧因此得以幸免于难。

整个中世纪，基督徒与异教徒的战争从未在东欧与南欧的边境停歇过，生活在那里的人们惶恐不安。异教徒们不断逼近。1453年，君士坦丁堡为奥斯曼帝国的土耳其人所占。欧洲基督教世界的财富与经济面临异常严重的威胁。拜占庭帝国的灭亡与土耳其人占领小亚细亚，使欧洲通往东方的道路断绝了。这条曾哺育地中海沿岸城镇并给热那亚和威尼斯带来巨大财富与繁荣的伟大道路，现在走不通了。骚乱向东方蔓延，尽管土耳其人为了征收通行费而想与欧洲继续做生意，但贸易与旅行都变得越来越不安全。

意大利的地理学家与航海家们一直想找到一条不为异教徒所侵扰的、通往东方的新航线。他们在东地中海里交通运输繁忙，因而积累了丰富的造船与航海经验，但却缺乏远洋冒险所需的资金。首先发现新航线的是葡萄牙人。在英国十字军的帮助下，葡萄牙于十二世纪获得独立。葡萄牙逐渐把非洲摩尔人（the Moors）赶出本土，然后开始向非洲海岸扩张。约翰·冈特的孙子、“航海家亨利亲王”号召人们从事一些探险活动，于是海外冒险便从里斯本开始了。在后来的整个十五世纪中，葡萄牙水手不断沿非洲西海岸南下，他们寻找黄金与奴隶，慢慢扩大了已知世界的疆界。到1487年，巴塞洛缪·迪亚士（Bartholomew Diaz）绕过了非洲大陆最南端的大海角，他把这个大海角称为“风暴角”，但葡萄牙国王颇有真知灼见，将之改名为“好望角”。“好望角”确实充满希望。1498 年，瓦斯科 · 达伽马的船在卡利卡特抛锚，通往印度与远东财富的新航线就此打开。

与此同时，一个名叫克里斯托弗 · 哥伦布的热那亚人正在准备进行一场对未来世界更为重要的探险活动。在对他同胞充满想象的地图静思默想并进行一番深入研究后，他决定穿过那些已知岛屿，向西航行，进入大西洋，寻找通往东方的另一条航线。哥伦布与一位葡萄牙水手的女儿结了婚，岳父曾在“航海家亨利亲王”手下干活。从岳父的书信中，哥伦布知道了那些了不起的大洋冒险故事。1486 年，他派弟弟巴塞洛缪去英国寻求支持，以进行海外探险，巴塞洛缪却在法国沿海被海盗抓住了。当他终于到达英国，并引起新国王亨利 · 都铎的兴趣时，一切都为时已晚。但哥伦布得到了阿拉贡的斐迪南德与卡斯提尔的伊莎贝拉这两位西班牙统治者的联合支持。在他们的资助下，哥伦布 1492 年从安达卢西亚的帕洛斯出发，起航驶向未知世界。三个月后，在巴哈马群岛中的一个岛屿登陆。他在无意中发现的并不是通往东方的新航线，而是西方的新大陆，不久得名为“美洲”。

大约一百年后，英国人才开始发挥它在海上的潜在实力。这一时期，英国人的成就有限。布里斯托尔的商人企图从西北方向渡过大西洋，找到一条通往远东的新航线，但却没有成功。他们在伦敦和英格兰东部的同行们更关心的是与尼德兰的贸易利润问题。亨利 · 都铎则支持海盗活动，只要该活动不使他与西班牙发生纠纷。亨利资助了以约翰 · 卡伯特为首的探险队。与哥伦布一样，卡伯特也是热那亚人，住在布里斯托尔。1497 年，卡伯特到达布雷顿角岛附近。但这里没什么生意可做，有的只是一块荒凉无垠的大陆，再往前走似乎也不太可能。第二次航行，卡伯特沿美洲海岸线，往佛罗里达方向驶去，但这又离西班牙人的活动范围太近了。卡伯特死后，谨慎的国王亨利放弃了大西洋探险活动。

随着西班牙人来到新大陆并发现贵金属，他们与葡萄牙人便陷入无尽的冲突之中。由于这两国进行海外探险的目的之一，便是向未发现的野蛮之地传播基督教信仰，因此，它们请教皇来做公断，因为在它们看来，教皇掌握着决定这些新大陆归属的大权。十五世纪九十年代，博尔吉亚家族的教皇亚历山大六世发布一系列训令，从而在世界上划出一道界限，分出了葡萄牙与西班牙的势力范围，这也促使西班牙和葡萄牙缔结了合约。两国都同意在亚速尔群岛以西三百七十里格处，划分一条南北分界线，葡萄牙人据此认为他们有权占领巴西。

尽管葡萄牙是率先进行远洋探险的国家，但它毕竟太小，无法维持这样的活动。据说，为保有自己的海外财产，半数葡萄牙人因此而丧生。西班牙很快超越了葡萄牙。哥伦布第一次远航那年，摩尔人在西班牙土地上的唯一城市格拉纳达，在中世纪最后一支规模庞大的十字军的进攻下陷落了。从那以后，西班牙就有精力致力于有关新大陆的事务。不到一代人的时间里，本是葡萄牙人的船长麦哲伦在西班牙人的雇佣下，开始经南美洲横渡太平洋的环球航行。麦哲伦在菲律宾被人杀死，他的大副指挥麦哲伦的船绕过好望角安全返航。分散于世界各地的文明彼此间开始有了关联，这一新发现也使欧洲北部海域那个英格兰小王国重新具有了重要意义。它将取代葡萄牙和西班牙，只是时候未到。当时，东方的香料通过海路被运到安特卫普，进入欧洲市场。贸易的途径发生革命性转变，陆路贸易失去活力，意大利城市的重要地位被西北欧所取代。未来的繁荣点不在地中海，而在大西洋沿岸。英格兰、法国、荷兰等在大西洋沿岸拥有港口的新兴国家，可以轻易进入各大洋。

新大陆的财富很快就对欧洲旧秩序产生影响。十六世纪上半叶，科尔特斯征服了墨西哥的阿兹特克帝国，皮萨罗征服了秘鲁的印加人。这些地区丰富的矿产资源开始通过大西洋运往欧洲，黄金与白银通过各种渠道源源不断而来。此外，烟草、土豆和美洲糖等新产品也被运往欧洲。新财富流往旧大陆，旧大陆本身也在发生变化。在长期停滞不前后，旧大陆的人口再次增长，农场与作坊生产也在发展。欧洲需要更多的钱来进行新的探险活动、建造新房屋、开办新公司、进行新管理。统治者与普通民众都对财政管理知之甚少，经济拮据的各国君主们采取的首要措施就是让货币贬值，因此，物价暴涨。当路德在维滕贝格贴出他的相关主张时，货币早已开始迅速贬值。在美洲银钱的刺激下，欧洲大陆通货膨胀一浪高过一浪，在二十世纪之前，这种通货膨胀的程度都是少有的。旧世界的领主与农民发现自己的日子越来越难过，一股新兴力量开始在欧洲各君主那里产生影响，赢得地位，并开始发挥出作用。对商人和银行家来说，这是一个充满机遇的时代。其中最著名的可能就是德意志的富格尔家族（the Fugger family）了。他们将大量财富用于支持文艺复兴时期的艺术，因此享誉盛名。教皇和德皇都曾有赖于这一家族的资助。

同以往一样，通货迅速膨胀的时代，人们很难适应。但他们还是强烈感到，经济会有新发展，生活会有所好转，最终，每一阶层都会从社会环境的改善中受益。一个世纪前，黑死病使欧洲人口减少 1/3，所以幸存者们大有用武之地。人类开始探索进入一个更广阔的时代，可以更自由地交换更多商品与服务，并且参与这些活动的人也越来越多。新世界大门已洞开，不仅在地理上让欧洲人多了北美洲与南美洲这两个可以生存之地，还丰富了欧洲人的生活方式与看问题的角度，并可充分利用自己所拥有的一切。

第二章　都铎王朝

几十年来，英国君主制便陷入王位继承的纷争之中。1485 年 8 月 22 日，里士满伯爵亨利·都铎在英格兰中部小镇博斯沃思附近取得了决定性胜利，他的对手、篡位者查理三世则在战斗中阵亡。随着亨利七世登上王位，新王朝开始了。24 年励精图治中，英国历史翻开了崭新一页。

亨利的首要任务就是劝说贵族、教会以及绅士阶层，接受博斯沃思的战斗结果，并支持自己登上王位。为谨慎起见，他赶在议会开会前加冕登基，这样一来，武力征服就是他继位的基础，议会的批准倒是次要的了。但其实，议会还是支持他执政的。后来，经过一番长久酝酿，亨利和与他为敌的约克家族的继承人伊丽莎白结了婚。

英国王室因为经济拮据，长期以来一直力量不强。但军事上的胜利使亨利重新获得了王室在 15 世纪被没收与被剥夺的领地，同时也收复了其他许多大块领地。亨利从兰开斯特家族的国王手中继承了宝贵的精华土地，还侵占了格洛斯特公爵查理的北方领地。后来，威廉·斯坦利爵士对亨利在博斯沃思战斗后的奖赏不满，因而开始造反，最后被处决，他在英格兰中部的广袤领地也落入王室手中。从此，亨利有了一笔稳定收入。

但这远远不够，亨利还必须整顿英格兰的土地所有权。敌对君主的迅速更迭让土地所有者们心生不安，法律也因此而陷入混乱。战乱时，封建大家族中很多人被处死或阵亡，家族势力也被打击得七零八落。幸存者及大量小地主们时刻面临威胁，担心会因敌人根据他们过去行为的忠诚或背叛所进行的起诉，而失去自己所拥有的土地。内战期间，很少有哪个人的家族没有在某一时期支持过战败一方。上述情况对亨利极为不利，如果地主阶级对合法保有自己的财产没有把握，忧思难安，那么一旦再次出现篡权者，他们就会投靠于他。因此，亨利颁布法案，宣称所有对在任国王效忠的人，生命财产都将无恙。这种承认在位国王而强调合法国王的做法，是新国王亨利的特有手段。地位稳固后，亨利便开始建立自己的实际权力。

边界问题是下一个要解决的事情。整个中世纪，英格兰南北双方都有着很深的鸿沟。南方社会高度发展，乡村富庶，城镇发达，与佛兰德斯和意大利的羊毛贸易非常繁荣。玫瑰战争曾严重威胁这种井井有条的生活，亨利就是在这里获得了重要支持。据史家记载，“他不能坐视贸易出现问题”，因此为那些与尼德兰做生意的英国商人赢得了有利条款，贸易因而在和平环境中得到发展。亨利平定了乡村骚乱，商人阶级的代表因此在议会中与他结盟。亨利对这一阶层格外关照，是由于利益一致的缘故，即为了维护统治的稳定。如果说这是专制，那也是人们心甘情愿所接受的专制。

北方的情况则大不相同。像珀西这样的封建大家族统治着这里。那里群山起伏，土地贫瘠，居民目无法纪，骚动不安。由于交通工具落后，他们常常无视或藐视王权。北方长期与苏格兰人进行边境战争，盗贼群起。他们抢夺牲畜，烧毁村庄。格洛斯特公爵查理曾在北方享有盛誉，他的性格很适合当地的实际情况，统治方式虽简单粗暴，却把那里治理得井井有条。即便在博斯沃思失败后，约克城仍对他万分怀念。亨利不仅要维持这里的秩序，并保有自己的统治，还得建立一道安全防线，以抵抗苏格兰人。作为格洛斯特公爵领地的新主人，亨利在北方获得了一处战略基地。在 15 世纪，由于统治方式过于原始，从伦敦直接统治英格兰是不现实的，因此需要委派下属代行王权。于是，北方和威尔士边界地区分别成立了政务会，它们被授权统治这些地区。国王的亲信得到广泛的统治权，备受国王恩典并受过法律训练的新官员开始在统治中发挥决定性作用。他们在王室和法庭里一直非常活跃，现在，国王的亲信首次对封建时代的旧贵族占据了优势。国王在北方的可靠代表兼贝里克郡要塞司令亨利·怀亚特与南方的埃德蒙·达得利就是这样的人。他们及其同僚的后代成为西德尼家族（Sidneys）、赫伯特家族（Herberts）、塞西尔家族（Cecils）和拉塞尔家族 (Russells)。

内忧外患同时并存，亨利不得不时刻保持警惕，以提防那些得到外国支持的王位觊觎者们入侵。他的地位能否保住，有赖于自己的政治手腕和判断力，而非世袭权利。勃艮第宫廷是密谋反叛亨利的中心，因为勃艮第公爵夫人是查理三世的妹妹，她曾两次煽动人进攻都铎王朝。指挥第一次进攻的是兰伯特·西姆内尔，最终，他灰溜溜地成了王室厨房里的帮工。第二次声势要更大些，领头人是波金·沃贝克。他本是图尔内一名船夫兼税吏的儿子，但有人说，他是伦敦塔里遇害的王子的后裔。在拥有了爱尔兰心存不满的约克派贵族的支持、接受了勃艮第人提供的金钱并得到了奥地利人和佛兰德斯人的军队以及苏格兰的同情后，波金·沃贝克公开进行了历时七年的叛乱。为夺取王位，他先后进行过三次尝试。但博斯沃思战役后选择支持国王亨利的人，此时也都与亨利并肩作战。亨利的军队还未赶到，沃贝克对肯特郡的进攻就被当地农夫击退了。沃贝克从苏格兰开始的进攻仅仅打过边境线四英里。沃贝克还参与了 1497 年康沃尔人的暴动，但也以失败告终。沃贝克便躲了起来，最后被人押回伦敦，投入铁窗。他曾两次试图越狱，两年后，被执行死刑。临刑前，沃贝克在泰伯恩刑场（Tyburn）的绞刑架上忏悔了自己的罪恶。于是，这场叛乱便在沃贝克的耻辱与难堪中结束，但他当时确实造成了很大威胁。

亨利一定感到他的王位有所不稳。玫瑰战争削弱了英格兰对威尔士的控制，在爱尔兰就更是如此。那里的王位之争也很激烈。英格兰 – 爱尔兰混合血统大家族中有兰开斯特家族和约克家族之分，都柏林附近英格兰统治区的城市以及利默里克和戈尔韦这些偏远的边境城市里，也有兰开斯特家族与约克家族之分。不过，他们之间的争斗仅仅是家族宿怨的继续。以奥蒙德伯爵为首的巴特勒家族家族支持兰开斯特家族，因为一直以来，他就比对手菲茨杰拉德家族更忠于英格兰国王。菲茨杰拉德家族则由伦斯特省的基尔代尔伯爵和芒斯特的德斯蒙德伯爵所领导，他们都与当地的头面人物有血缘和联姻关系。菲茨杰拉德家族支持约克家族，是想要以此提高自己的地位。

在芒斯特，以德斯蒙德为首的菲茨杰拉德家族“已比爱尔兰人更像爱尔兰人”了。在英格兰统治区，被人称为“大伯爵”（Great Earl）的基尔代尔还能履行自己的封建义务，领导英格兰人，但在他更为偏远的领地香农，实行的就是另外一套统治了。英格兰派来的总督发现，面对基尔代尔在这里的统治地位，以及岛屿间的联盟，强调自己在法律上的合法权利没什么好处。基尔代尔家族还可能在爱尔兰建立了一个王朝，这种情况自爱德华·布鲁斯失败并去世后，是从未有过的。即便基尔代尔仍对英格兰效忠，但他会支持约克派国王还是兰开斯特派国王呢？他的亲戚德斯蒙德支持兰伯特·西姆内尔，因此很有理由怀疑他本人支持波金·沃贝克。1494 年，爱德华·波因宁斯被任命为爱尔兰总督，之后他想要限制基尔代尔胡作非为的权力。他说服位于德罗赫达的爱尔兰议会通过了著名的《波因宁斯法案》，将爱尔兰议会处于英国兰议会的控制之下。这一法案存在了三百年，直到二十世纪才被废除，期间备受诟病。

基尔代尔被剥夺财产，押往伦敦。亨利国王相当明智，并没有对这位颇具实力的冒犯者进行简单的封建审判，因为基尔代尔的家族仍在都柏林郊外进行战斗，他的表亲、姻亲以及所有受他庇佑的人遍布爱尔兰。且不说他涉嫌支持波金·沃贝克，他的其他罪名也已相当严重。难道不是他烧了卡谢尔的大教堂吗？基尔代尔承认了这一点，但他的辩解却打动了国王：“是我烧的，但我以为大主教也在里面的。”亨利接受了这一说法，并对此发表指示：“既然爱尔兰无法控制基尔代尔，那就让基尔代尔统治整个爱尔兰吧。”这句话即便不是亨利说的，至少也是名言。基尔代尔因此获得赦免，并被释放，还迎娶了亨利的表妹伊丽莎白·圣约翰。之后他重返爱尔兰，接替波因宁斯，成为爱尔兰总督。

在爱尔兰能否掌权，有赖于能否召集一支人数充足的武装力量，并可对它发号施令。在这方面，英格兰国王施加了强大的个人影响。哪个大贵族能召集并控制军队，他就授予谁王室勋章以及总督头衔。另一方面，他也宠幸巴特勒家族和伯克家族，使得即便是基尔代尔这样的大人物，也无法完全操控各大家族的首领。一段时期以来，这种危险而多变的平衡局面成为建立中央统治的唯一途径。当时，没有一位英格兰国王能够戴上“爱尔兰王”这一桂冠，正如没有一个英格兰国王能够获得“法兰西国王”的称号一样。

但英格兰人有了强大的帮手。火炮，这一当年帮法国人驱逐英格兰人的武器，现在又来助英格兰人进攻爱尔兰了。大炮轰向爱尔兰的城堡，其中含义，不言而喻。这些大炮来自英格兰，爱尔兰人能使用大炮，但不会制造。一时间，大炮成为英格兰人掌控爱尔兰事务的关键，这是亨利七世与爱德华·波因宁斯所未料到的。长期以来，菲茨杰拉德家族的首领们身居半盖尔式的宫廷中，使英格兰统治区不寒而栗。在爱尔兰人看来，相较于都柏林城堡里处境窘迫的英王代表们，菲茨杰拉德家族控制着一个更为名副其实的王国。现在，随着文明的进步，火药打掉了菲茨杰拉德家族的威风。

亨利在处理与苏格兰人的关系时，体现出他在判断问题上的精明。亨利采取的第一步行动就是削弱苏格兰国王詹姆斯四世的地位。他把武器用船经贝里克郡运到反对詹姆斯四世的贵族那里，并与反对派势力密谋频繁。与过去一样，边界冲突依旧猖獗，破坏着两国间的和平。詹姆斯支持王位觊觎者波金·沃贝克，因而两国关系更加恶化。但亨利的终极目标却很有建设性，他与詹姆斯签订了停战协议，并在此基础上缔结了和平条约。尽管亨利并不像是一个想象力丰富的人，但他也有憧憬，甚至期望英格兰与苏格兰之间没完没了的战争能够结束，从中世纪以来就威胁英格兰的法国－苏格兰同盟不复存在。无论如何，为了苏格兰与英格兰的统一，亨利还是率先采取了行动。1502 年，他将女儿玛格丽特嫁予詹姆斯四世，直到亨利去世前，北方地区都保持着安定局面。

亨利的对法政策也相当成功。他意识到，战争的威胁远比战争本身能使他获利更多，他召集议会，使议会同意征税以准备对法战争。之后，他调集一小支部队横渡海峡来到加莱，并包围了布伦。与此同时，他又与法王展开谈判。后者无法同时应对来自西班牙、神圣罗马帝国和英格兰三方的挑战，便只好用钱收买亨利退兵。于是，亨利两头受益，他像爱德华四世一样，不仅如期得到一大笔法国的贡金，还将英格兰为了战争所征的税金收入囊中。

欧洲最有权势的新兴君主制国家是西班牙，由于阿拉贡的斐迪南德和卡斯提尔的伊莎贝拉的共同努力，以及他们在同摩尔人的战斗中取得胜利，而刚刚成为一大强国。阿拉贡的斐迪南德与卡斯提尔的伊莎贝拉完婚，标志着这个国家的统一。1489 年，亨利的大儿子亚瑟与斐迪南德的女儿凯瑟琳公主订婚，英格兰与西班牙便通力合作，确保他们能从法国那里获得战利品。西班牙得到了法国的领土，亨利则每年都会收到贡金。在早些年里，王室正常收入约五分之一都来源于此。

作为政治家，亨利七世持有文艺复兴时期欧洲那种新派而冷酷的政治观点。青少年时代，亨利曾被流放外国宫廷，首级也被人明码标价。这段经历使他学到很多。他见过人们商谈通婚事宜、制定条约以及雇佣职业军队为路易十一和勃艮第公爵查理而战，他也知道如何对贸易进行管理，了解法国君主与地方贵族之间、教会与国家之间的关系。亨利对当前各项问题进行权衡以及讨论，对现实政治提出了更为精准的分析，这有助于提高他作为威尔士人所特有的敏锐性。当时，拉丁民族的政治手段和分析能力已经有了高度发展。

亨利致力于以原有制度为基础，在英格兰建立一个强大君主国。像同时代的佛罗伦萨人洛伦佐・德・美第奇一样，亨利一直进行着改良。他只是对旧制度进行微调，却不彻底变革。无须宪法上有根本改变，亨利的统治再次牢固树立了起来。他的政务会得到加强，从议会受权，就可对立过誓约或没立过誓约的个人进行审查，仅仅依据书面证词，就能给他们定罪。这种做法是普通法中所没有的。星室法庭（The Court of the Star Chamber）定期在威斯敏斯特开庭，由两位大法官主持。一开始，它是国王政务会下属的司法委员会，专门审理一些需要特殊处理的案件。例如，某一派势力过于强大，或犯罪分子罪行罕见以及过于残暴等。弱者与受压迫的人指控有钱有势之人，家仆豢养私人军队，以及贿赂陪审员等问题，都在星室法庭审理范围之内。

国王政务会的首要职能是管理而非审判。政务会成员由国王选定而成，即便入选，他们也没有绝对保证，国王可随时撤换他们。但另一方面，他们能终止英格兰任何一家法庭的活动，并将案件移至政务会审理，也可逮捕任何人，或对他人施以严刑。政务会里设有内部委员会，一个负责处理外交事务，另一个则掌管财政，从中世纪财政署繁杂的事务中，开辟出一条新路。财政大臣直接对国王负责，国王是中心，体现了直接的个人统治。他经常批准或审核各项花费，哪怕只是很小一笔钱，也会用草体缩写字母签上名，这些签名大概现在还能在伦敦的档案局里看到。在英格兰历代国王中，亨利七世很可能是最好的实干家。

用人方面，亨利七世也很有一套。他的大臣没有几个是出自世袭贵族家庭，许多人是新教教徒，几乎所有人都出身卑微。首相大臣、温彻斯特主教理查德·福克斯在英格兰是仅次于国王的二号人物。他原是赫里福德一所学校的校长，在巴黎认识亨利后，便陪他开始了流亡岁月。在管理与佛兰德斯人的羊毛贸易问题上深受国王青睐的埃德蒙·达德利则是伦敦城的副郡守。发明第一部外交密码的约翰·斯泰尔一开始是个杂货商或是布商，后被亨利任命为驻西班牙大使。理查德·爱普生则是筛子匠的儿子。执政初期，亨利实力薄弱，如果犯了错误，是经不起打击的。于是他每天一有空闲，就开始记述政治事务以及其他需要他关注的问题，“尤其是人事问题”，即关于雇佣、奖赏、监禁、流放、剥夺公民权或处决等人事问题。

像同时期的其他君主一样，除了对国内政治颇具热情，亨利七世还十分关心对外政策。他让英格兰的第一批使节们继续常驻国外，并认为，外交手段可以取代之前国王们所进行的暴力行为，而及时、准确且源源不断的情报是这项工作的关键。即便在英格兰，亨利七世也建立了一套情报系统。关于他的国外情报系统的运转情况，米兰公使在给卢多维克公爵的信中做了描述：“国王掌握关于欧洲事务的准确情报。这些情报有的来源于他自己派出的使节，有的来源于他所雇佣的其他国家的臣民，也有的来源于商人。如果您想提供消息，最好能说出一些特别细节，或者赶在其他人之前讲出。” 米兰公使又写道：“意大利局势的变化使他改变了主意。这一变化不是指与威尼斯人在比萨问题上所发生的纠纷，关于这一问题，他每天都能收到相关书信，而是指亨利七世认为，教皇已与法兰西国王结成了联盟。”

此外，亨利也像其他君主一样，大兴土木，并有所创新。他在威斯敏斯特的小教堂与在里士满的王宫，充分反映出他在建筑风格上的鉴赏力。尽管亨利私下生活节俭，但他还是会刻意地以很大的排场出现在公众面前。他打着华盖，穿着奢华的衣服，佩戴稀世珠宝，衣领光彩夺目。贵族们前呼后拥，宫廷人员多达七百人，每天在伦敦塔里进餐，费用均由亨利支付，并且还有小丑、歌手、猎人以及他那出名的豹子来表演娱乐节目。

亨利究竟在多大程度上摒弃古代制度，有意识地进行改革，史学家对此存有争议。即便玫瑰战争的最后阶段，约克派的君主们还在为建立一个新型强大的、具有中央集权性质的国家而努力。在亨利七世统治下，这些屡屡受挫的心愿成为现实。亨利七世将中世纪的制度转化为当代的统治工具，他在这方面的技巧与智慧，令人无可置疑。

亨利所取得的成就巨大，且影响深远。在前辈留下的废墟与灰烬中，亨利七世建立起自己的权力。他小心节俭地积累了在当时看来相当可观的金钱，训练出一批能干的官员。他扩大了王权，却也没有失去下议院对他的支持，并使国家在君主制下繁荣起来。文艺复兴时期的欧洲各君主中，他的成就与名望丝毫不逊于法王路易十一和西班牙国王斐迪南德。

人们经常忽略这一点，现存亨利七世的所有肖像，几乎都是根据一副他去世后所带的面具而画的，这可以描绘出他的真实相貌，但却使他显得过于冷酷无情，从而与亨利同时代人对他的描述很不一致。但这些肖像似乎也符合亨利七世的性格与经历。英国国家肖像馆中的画像是亨利七世去世四年前所作，他坐在一处拱形背景中，机警而冷酷的灰色眼睛望向远方，纤细并经过精心保养的双手轻轻放在画面底部。他双唇紧闭，嘴角露出浅笑。画面中，亨利有些悲伤，他肩负责任，显出疲惫、警惕且看破红尘的神情。这就是都铎王朝的建立者，接下来，他所建立的这一王朝将带领英格兰走出中世纪的混乱，使国家变得更为强大，并步入一个前景广阔的时代。

第三章 国王亨利八世

在后人看来，国王亨利八世所成长的时代，是一个旧制度日渐消亡的时代，但当时的人们却不这样看。统治者眼中最明显的变化，莫过于现代欧洲国家体制的出现。这一充满威胁且令人感到的困惑的新事物，出现时间并不长。英吉利海峡的对岸，法国新兴君主国从百年战争中实力得到大幅增强。路易十一与他的儿子查理八世不再仅仅是一个松散的、拼凑在一起的众多封建公国的首领，他们统治着一个统一的法国，那里人口众多，版图从英吉利海峡一直延伸到地中海沿岸。法国封建领主们最惧怕的英格兰国王已被从法国赶了出来。英格兰国王的祖先们曾是能与法国王室平起平坐的大地主，现在，却仅有加莱还掌握在征服者威廉与亨利·金雀花（Henry Plantagenet）的后代手中。

与此同时，1477 年“大胆查理”（Charles the Bold）死后，法国王室的幼支勃艮第家族在而走向终结。近一百年来，该家族都在与法王分庭抗礼，现在，勃艮第落入路易十一之手。勃艮第的玛丽公主嫁给了神圣罗马帝国的皇帝马克西米利安（the Holy Roman Emperor Maximilian），该家族的其余属地便归马克西米利安所有。从那以后，哈布斯堡家族控制了勃艮第公爵当年凭借各种手段和运气，在尼德兰和比利时所获得的公爵领地、郡县、贵族领地以及城市。哈布斯堡家族与瓦卢瓦家族（Valois）在法国西北边境地区剑拔弩张，一场漫长的斗争开始了。尽管法国王权并不稳定，但瓦卢瓦家族的国王们统治下的国度却很统一，将之称为法兰西国家一点也不为过。它的国王经过与英格兰的长期斗争，实力倍增。不必经三级会议（the Estates）同意，就可向非贵族阶级征税，且拥有一支常备军。凭借这些收入，瓦卢瓦家族的国王就能雇佣瑞士步兵，制造大量火炮，并支付国内英勇骑士团的军饷。

对于这一不断发展且日渐中央集权化的过程，有一个中世纪国家似乎对此熟视无睹，它就是正处于崩溃之中的神圣罗马帝国。在之前的几十年中，神圣罗马帝国的皇帝一直是哈布斯堡家族的首领。武力所无法获得的，他靠外交手腕与运气就全都实现了。作为神圣罗马帝国的皇帝，马克西米利安很好地诠释了“得到”与“夺取”之间有何不同。他与欧洲最有实力的女继承人结了婚，奥地利的王室由此开始了靠婚姻获得利益的最大化的阶段。长江后浪推前浪，马克西米利安与玛丽的儿子菲力大公更是迎娶了乔安娜公主。乔安娜的身世比菲力大公的母亲玛丽还要显赫，拥有卡斯提尔、阿拉贡、西西里和那不勒斯的继承权，她的姐姐则先嫁给了亚瑟王子，后又改嫁国王亨利八世，促进了都铎王朝的强盛。

在别人日益强大的世界里，英格兰国王不得不用远远弱于邻国的力量，来应付一切事情。他的臣民只有三百万多一点，岁入比别国少，没有常备军，也没有仅对他负责的国家机构。可是由于离法国及荷兰帝国相当近，英格兰不得不参与欧洲政治事务。英格兰的国王被卷入战争、谈判、力量改组与均势变化之中。国王对此经验甚少，只能施加不大的影响。

在这一动荡的世界中，陆上战争的“常胜将军”是贡萨尔沃·德·科多沃率领的西班牙步兵，他们战无不胜。有时，瑞士步兵以及加斯东·德·富瓦或法王手下其他几位将军所率领的可怕骑兵，也能取得一些胜利。长期以来对英王大有裨益的传统政治手段以及在战争中屡试不爽的老办法，如今已无大用。一个世纪以来，英格兰的几代国王们意识到，自己有着可怕弱点，一旦欧洲大陆的政治格局发生变化，而使英格兰单独对付法国或西班牙时，他们就将受到灾难的威胁。因此，不得不小心行事。

亨利在他的哥哥亚瑟王子去世前，所受培养均以进入教会为目标。所以，他成长于一种由他父亲所创造的学习氛围中。亨利将大部分时间都用来学习一些严肃课目——拉丁语、法语、意大利语以及神学和音乐，他也进行体育锻炼，擅长骑马用长枪比武，也喜欢打网球及猎鹿。他行事坦率而直接、言而有信，赢得了当时聪明绝顶的女人之一、荷兰摄政王、奥地利人玛格丽特的青睐。由于父亲的苦心经营，亨利名下的现钱比基督教国家里其他任何王子都多。各国驻英大使在写往国内的报告中，也对亨利赞不绝口："他是我所见过的最英俊的君主。身材高大，小腿匀称，皮肤白皙而有光泽，赤褐色的头发按照法国人的样式剪短梳直，脸盘丰满而美丽，扮成女士也是风姿绰约，脖子又粗又长……他会说法语、英语、拉丁语和一点西班牙语，诗琴和古钢琴也弹得好，能够拿起新的歌谱立即唱歌。他拉弓的力气在英格兰无人能敌，骑马比枪，也技艺精湛。""他喜爱打猎，不累坏八匹十匹马决不罢休，因此总是在预定的狩猎路线上布置好备用马匹。他还酷爱打网球。看他打网球是件莫大的快事。白皙的皮肤透过质地精良的衬衣，闪烁着光泽。"

长大后，亨利身材高大，满头红发，仍保留着祖先的进取精神。几个世纪以来，他的祖先对威尔士边界地区的战事已习以为常。亨利比身边的人都高，人们从他身上感到一种掩盖起来的狂躁情绪，以及一种潜在的力量与激情。一位法国大使在宫廷里居住几个月后承认，每当靠近国王亨利时，总会心惊胆战，担心国王会有暴力之举。尽管亨利在生人面前显得坦率、和颜悦色、值得信赖，且具有幽默感，因此民众一见，便心生好感，但即使是与亨利关系最密切的人，也无法进入他内心的隐秘世界。亨利从不轻易与人交心。对于经常能见到他的人来说，亨利似乎有着两副面孔。在狩猎、宴会和宗教游行中，他是兴高采烈的君主，孩子们的朋友，和各项运动的保护者。在政务会上，他则是敏锐的观察者，留心注意着一切，并对各方论点进行权衡考虑，只在重大事情上发表自己的观点。长途狩猎期间，一旦信使送来文件，他便立即离开众人，召集"御前顾问"们前来，商讨他所说的"伦敦事务"。

亨利既有凶狠残暴的一面，又有耐心勤奋的一面。他有很深的宗教信仰，总是去聆听长达一两个小时的布道，并且写过不只一篇高水平的神学文章。礼拜日的时候，他常常做五次弥撒，其他日子则做三次。做弥撒时，他还亲自给教士帮忙，所以总能在礼拜日得到圣餐和圣水。他还在耶稣遇难日以苦行赎罪。亨利热衷于神学争论，因此被教皇誉为“信仰的捍卫者”。他工作起来不知疲倦，每天都要处理大量急件与备忘录，并且还要制定计划，但这些却从不需要秘书帮助。他也写诗作曲。对于国事，亨利从不轻易开口，他请来做顾问的人，也大多出身卑微：托马斯·沃尔西是伊普斯威奇市一个贫穷屠夫的儿子。沃尔西的父亲名声不好，曾把坏肉卖给别人，而被该市档案记录其中；托马斯·克伦威尔是个不起眼的律师；托马斯·克兰默则是位不出名的神学讲师。亨利八世与他的父亲一样，不信任世袭贵族阶级，而更喜欢让没有多少人脉的人充当谨慎的谋士。

统治初期，亨利八世曾宣称：“我绝不允许任何人摆布我。”随着时间流逝，他更加固执任性，脾气也更坏了。他发怒时特别恐怖。有一次，亨利说，他不承认什么贵族，如果自己的意志受到阻挠，“他就会让他们人头落地”。亨利八世在位的三十八年间，确实有很多人身首异处。

对身边的智囊顾问们来说，亨利八世这位大人物就是一个噩梦。一旦他脑海中有了什么想法，他就不会轻易放弃。如果别人对此有异议，只会让他变得更固执。而且只要他开始行动，若不加以劝阻，往往会行之过甚。尽管亨利八世非常自豪地标榜，自己可以容忍顾问们随意发表意见，但坦率来讲，当他决心已定时你还进行劝阻，是很不明智的。托马斯·莫尔爵士对沃尔西说：“陛下认为，在进行谏言方面，最危险的情况莫过于顾问坚持要采纳他的意见。”沃尔西和克伦威尔在失宠后都透露，“左右陛下想法的唯一秘诀”，就是不要让他听到危险主张。但这却很难实现。亨利八世常常与理发师、猎人、他的厨师，特别是与和航海有关的那些身份卑微的人谈话，搜集意见，并且经常骑马打猎，有时一去就是好几个星期。不论在哪儿，都能见到他的身影。每年夏天，亨利八世会游历全国，微服私访，他对他的臣民相当了解。

1509年，亨利在他父亲去世六周后，便与他哥哥亚瑟王子的遗孀、来自阿拉贡的凯瑟琳公主结了婚。他当时十八岁，凯瑟琳公主比他大五岁零五个月。为了迷住他，凯瑟琳大费苦心，终获成功。为了促成这桩姻缘，斐迪南德与亨利七世在此之前也做了不少谋划，并且得到教皇特许，亨利因此可以不受教会禁止近亲结婚这一规定的束缚。毫无疑问，亨利想要马上完婚。在亨利执政的头二十二年中，凯瑟琳守在他身边。这段时间里，英格兰成为欧洲事务中一股不可小觑的力量。到凯瑟琳三十八岁为止，除了三四次短暂失宠外，她一直享受着亨利的宠爱，约束他不要做蠢事，并以自己的方式帮助他处理国事。亨利的婚姻生活遭遇一系列不幸，要是没有坚强的品性，是根本挺不过来的，但他还是很快安定了下来。亨利刚过十九岁生日，凯瑟琳就生下第一个孩子，但却是死胎。一年后，凯瑟琳又生下一个孩子，但不久之后就死了。亨利和凯瑟琳总共有五个孩子都没有活下来。

亨利八世继续与他的岳父阿拉贡的国王斐迪南德保持长期联盟，后者为英格兰带来荣誉与财富。亨利拥护教皇，教皇便赠予他金玫瑰，这是基督教世界的君主所能获得的最高礼遇。亨利遇事还与父亲在世时的重要顾问大法官、坎特伯雷大主教威廉·沃哈姆、温彻斯特主教理查德·福克斯、达勒姆主教兼国王秘书托马斯·鲁瑟尔进行认真商议。在他们的指导下，亨利一度采用他父亲一贯主张的政策——只要法国继续支付贡金，就不介入欧洲事务。但当时，亨利已处于欧洲新政治漩涡的边缘，他该跳进去吗？过去几年间，欧洲最富庶的城市几次易手，每次都得交纳贡金。国与国之间的边界线几乎每个月都有变化。凯瑟琳的父亲、阿拉贡的国王斐迪南德征服了那不勒斯王国以及法国边境地区的塞尔达涅省和鲁西荣省。其他君主也几乎如此。对外征服的诱人前景在亨利面前展开，但他父亲任用的那些年长顾问们却仍然坚守和平的信条。亨利七世只向国外派遣过一次英军，他更喜欢让外国雇佣军代劳。现在，亨利八世则下定决心，要改变这一政策。

亨利八世对林肯主教沃尔西观察已有一段时间，此人是多赛特侯爵向亨利八世推荐的。侯爵的几个儿子就读于牛津大学莫德林学院时，沃尔西正是那里的院长。侯爵很欣赏沃尔西，便邀请他来家中过圣诞节，还给了他几份俸禄。后来，这位年轻的教士在加莱总督那里获得一个职位，当随军牧师。除了学识渊博，沃尔西在谈判以及财政管理方面也很有天赋，曾是莫德林学院的财务主管。亨利七世发现了他的才能，就将他从加莱总督那里调出，负责在国外处理一些不太重要的官方事务。1509 年 11 月，亨利八世提拔沃尔西到政务会任职，让他担任王室的施赈官员。这一年，沃尔西才三十六岁。

两年后，英国决定加入反法神圣同盟（the Holy League against France），在同一星期中，作为政务会执行委员的沃尔西签署了第一份文件，由此可见此人的影响力越来越大，沃尔西受命负责备战，他之前的年轻学生小多赛特侯爵是总司令。此时，法国正醉心于在意大利的冒险活动，亨利八世想趁机收复六十年前丢失的波尔多。斐迪南德国王在这时入侵横跨比利牛斯山脉的独立王国纳瓦拉，教皇和威尼斯共和国则在意大利境内抗击法军。那是1512年，也是英军自百年战争后，第一次到欧洲大陆打仗。

英军远征加斯科涅的行动以失败而告终。斐迪南德国王占领纳瓦拉全境。据英国驻西班牙资深大使威廉·奈特博士说，斐迪南德仍然热情高涨，他将大炮运过比利牛斯山脉，并邀请英军和他们一起去打法国。过去打仗，需要佩戴长弓，并用重甲骑兵，但英国人发现，他们从玫瑰战争中得来的上述战斗经验，在欧洲大陆已不合时宜。斐迪南德与法国都雇用了瑞士和奥地利的职业步兵。他们组成严密的方阵大踏步前进，密密麻麻的十八英寸长矛闪着寒光。当时的火器是原始的火绳枪，它非常笨重且击发缓慢，无法给这种快速前进的方阵以重创。斐迪南德给亨利提了许多军事方面的建议，认为他应该用现有财富，打造一支听命于自己的强大常备军。但亨利还没来得及采取斐迪南德的建议，小多赛特侯爵所率领的士兵就因不熟悉法军战法，加之喝不惯加斯科涅的葡萄酒，而纷纷得了痢疾。小多赛特侯爵的军队就这样瓦解了。士兵拒绝服长官，溃散回国。小多赛特侯爵也不再做无用战斗，随士兵一同回来。经过1512年整个冬天的谈判，斐迪南德与威尼斯人抛下了亨利八世和教皇，而与法国讲和。尽管“神圣同盟”这一名字听起来很高大上，但作为政治联盟，却没发挥什么实际作用。

英格兰将这一系列失败归咎于国王的新晋顾问沃尔西。实际上，正是战时行政管理工作的艰难，才让沃尔西初次展示出他的才华与旺盛精力。但从一开始，政务会的世俗成员就反对由一名教士所推行的战争政策，因此，他们密谋要将沃尔西罢免。亨利八世和教皇却不为所动。教皇尤利乌斯二世（Pope Julius II）曾被法军围困于罗马城，他便将法军全体人员驱逐出教会。现在，教皇留起了不合时尚的胡须，发誓不向法王报仇雪耻，就绝不刮胡子。亨利八世为了不落后，也蓄起了胡须。像他的头发一样，他的胡子也是赤褐色的。亨利八世买通马克西米利安皇帝，雇用他的炮兵和大部分奥地利军队，为己所用。据说，有人让马克西米利安皇帝借机扩大自己的势力范围，他却拒绝这样做，说这次要为英格兰国王和圣乔治而战。

亨利八世所采取的措施虽然花费不菲，但却相当成功。1513 年 8 月，英军和奥地利雇佣兵在亨利八世指挥下，于“踢马刺战役”（the Battle of the Spurs）中，击溃了法国人。之所以称这场战役为“踢马刺”，是因为法军在须臾之间，便仓皇败北。欧洲最著名的骑士贝亚尔和大批法国贵族一起被俘。法国东北部最富庶的城市图尔内只看了神圣罗马帝国的大炮一眼，便开城投降，而被一支英军占领。更令人兴奋的是，留在后方担任英格兰摄政王的凯瑟琳王后，也从英格兰北部传来捷报。

为援助法国盟友，五万苏格兰军队趁英王不在，于当年 9 月跨过特威德河，入侵英格兰。查理三世时期在博斯沃思阵亡的诺福克公爵有个儿子，即萨里伯爵托马斯·霍华德。尽管当时萨里伯爵的家族仍被剥夺财产和公民权，但托马斯·霍华德还是被授予了指挥权。这名老兵是自小多塞特侯爵失败后，留在本土唯一经验丰富的将军。托马斯·霍华德对地形了如指掌，尽管苏格兰军的人数是他的两倍，他却果断命令部队绕过苏格兰军队，插入敌军和爱丁堡之间。1513 年 9 月 9 日，在弗洛登发生一场惨烈战斗。两军占据的位置都面向他们的祖国。苏格兰举全国之力，贵族们带着随从在国王周围摆出传统的长矛圆阵。英军弓箭手再次向这些咄咄逼人的苏格兰军队长时间地密集发射箭雨，杀伤大量敌军。英军步兵手中的战斧在肉搏战中则是对付苏格兰人长矛的利器。此外，英军骑兵部队也伺机插入敌方阵地因伤亡而产生的空隙。当夜幕降临，苏格兰骑兵的精锐们已战死沙场，他们的国王詹姆斯四世也未能幸免。这是英格兰长弓所取得的最后一次伟大胜利。萨里伯爵重获诺福克公爵领地作为奖赏。一个一岁的孩子继承了苏格兰王位，即詹姆斯五世。他的母亲是亨利八世的妹妹玛格丽特，担任摄政王。这样一来，亨利八世统治时期的北方边界实现了和平。

神圣罗马帝国皇帝的女儿、奥地利的玛格丽特在布鲁塞尔举行了盛大庆典。二十二岁的亨利穿着衬衫，与帝国宫廷里的绝色美女们通宵达旦地跳舞。米兰大使在报告中写道："他的舞技出众，跳得活像只灵活的牡鹿。"政务会原本禁止英军赌博并携带妇女，"但奥地利人却为亨利提供了各种便利"，大使补充道。亨利则以慷慨解囊作为回报。每到赌桌，他必定输掉大量金钱，达官显贵们对于这样的厚礼无不心满意足。

第四章　红衣主教沃尔西

1513 年秋，法国四面受敌。沃尔西通过马克西米利安皇帝雇用了一支瑞士军队，借道贝桑松，入侵勃艮第。贝桑松是弗朗什 – 孔泰的坚固堡垒，原是勃艮第的属地，当时掌控在哈布斯堡家族手中。第戎陷落后，法国自己没有军队来抵抗瑞士人，便加倍征收人头税，从国外新请了一批雇佣军。1514 年，亨利八世想在法国重开战局，但他的一系列胜利不合西班牙国王斐迪南德之意，斐迪南德便与法国单独缔结和约，还想把马克西米利安皇帝一块儿拉进来。

亨利很快就对盟友的背叛发起反击。首先，他侧重王国境内的防御，采取措施加强海军；之后，与法国签订了一项有利于自己的和约，每年所获得的法国贡金是当年法国献予他父王贡金数额的两倍。媾和之后的最大事件就是亨利八世十七岁的妹妹玛丽公主嫁给了五十二岁的法王路易七世。据说，玛丽迫使他的哥哥许诺，如果这次她为了外交斡旋而嫁给法王，那么下次她就能获得自由，嫁给自己所爱之人。不论亨利是否有此许诺，玛丽确实是这么做的。在成为法兰西王后三个月后，路易七世就去世了。尽管亨利八世心有不爽，但刚刚成为寡妇、顶着法兰西王太后头衔的玛丽就突然结束了守寡生活，嫁给了萨福克公爵查尔斯 · 布兰登。亨利八世按捺住怒气，参加了玛丽的再婚典礼。这段婚姻最终酿出苦果：他们的一个孙女就是只当了十天英格兰女王的简 · 格雷。

在随同玛丽前往法国的新婚出行团里，有一个名叫玛丽 · 博林的小女孩。

她是诺福克公爵的三位侄女之一。三姐妹相继博得了亨利八世危险而致命的爱情。玛丽与她的妹妹安妮受教于法国宫廷附属的一所收费昂贵的学院。回到英格兰后，玛丽嫁给宫廷内室 里一位名叫威廉·凯里的官员，不久便成为亨利八世的情妇。她的父亲因此受封为罗克福勋爵，她的妹妹安妮则继续在法国求学。

由于在国外的一系列胜利，沃尔西收获了丰厚奖赏。在与法国谈判期间，他就受任林肯主教，和约签订后，升任约克大主教。一年后，即 1515 年 9 月，在国王的一再推荐下，沃尔西戴上了红衣主教的帽子。一系列的教会荣誉并未给沃尔西带来足够的行政权力，1515 年 12 月，亨利八世让沃尔西代替沃哈姆，担任国务大臣，并强迫沃哈姆交出国玺。

十四年来，沃尔西以亨利八世的名义，成为英格兰的实际统治者。官居至此，不仅是因为他的才干，还在于他很有个人魅力。“他有着天使般的智慧，”当时一个人这样写道，想说服谁，就能把谁欺骗或吹捧得团团转。在国王亨利八世身边，他总是才华横溢，谈笑风生，“采取新鲜的娱乐方式寻欢作乐”，所有这些都使沃尔西的年轻主人亨利八世很喜欢他。其他想充当亨利的顾问的人们，却对红衣主教沃尔西有不同看法。他们对在争论时被沃尔西轻蔑战胜而心有怨恨，他们讨厌他的傲慢，并嫉妒他不断膨胀的财富以及无边的权力。权势旺盛时，沃尔西的年收入相当于二十世纪初的五十万英镑。他有一千名仆人，宅邸修得比国王的皇宫还富丽堂皇。他把肥缺分给自己的亲戚，这其中就包括自己的私生子。尽管只是个孩子，却拥有十一项教职，并且可以享受这些职务所带来的俸禄。数年间，上述因素加深了人们对沃尔西的不满，但眼前，他手中紧握的权力却越来越大，这是几乎任何英格兰人都未曾拥有过的。而相对于大多数首相来说，沃尔西的“眼前”，并非一个短暂时期。

随着统治期间所取得的一系列成就，亨利八世的威望大增。当然，在头两年也有人对战争税心存怨言。由于庆典和其他铺张的排场挥霍了大量金钱，沃尔西又开辟了新财源。亨利八世臣民的税负与他父亲在位时一样少，比欧洲其他任何国家臣民的税负都轻。英格兰北部地区由于支援边界战争并为士兵提供食宿，而可以免交税金。

沃尔西在海外的胜利使他能够发展亨利八世的中央集权政策。在他担任国务大臣的12年中，只召开过一次议会，举行过两次会议，历时总共才三个多月。星室法庭更为活跃，它仿照罗马法，发展出一些简单的新程序，普通法（the Common Law）的作证制度因此被摒弃。法院只是把证人逐个审问一番，甚至省去了发誓这一环节。当时法庭审判很快，罚金沉重，因此英格兰没人敢藐视星室法庭。加莱要塞一名普通士兵曾让妻子去星室法庭，控告加莱总督对他处置不公，法庭倾听了他妻子的全部意见。玫瑰战争后成长起来的新一代已经习惯于王室的法律与秩序，并希望它能保持下去。

这种专断的统治制度虽然从理论上来讲很独裁，也与大宪章的信条相悖，但却得到了人民的默默拥护。亨利八世像他的父亲一样，发现可以利用地方乡绅或地主这些不领取报酬的地方法官。他利用这些现成的人力，教他们如何进行统治，并命令他们执行相当复杂的政令和法规。十六世纪后期，出版了法官手册，后来再版多次，几乎包含了地方生活中可能出现的各种特殊情况。

都铎王朝的人们确实堪称英国地方统治制度的建筑师，这种制度直到维多利亚时代才有所改变。那些不领报酬的当地绅士因有国王亨利八世的支持，而无所畏惧、秉公执法。对于小问题，他们通常两三个人在一起就处理了。诸如修路架桥以及羊被偷了等更为重要的事，则由城镇每季开审的地方法庭进行审理。这些乡村绅士们的审判通常都很粗暴，人情关系与派系斗争常被置于国家和王室的利益之上。虽然他们的主要职责是将圣意传达给民众，但偶尔也会对政府的命令装聋作哑，这个时候就是在向国王表达人民的反对意见呢。他们在下议院里有时也和他们在郡县里的行事风格一样。即便在都铎王朝统治即将走向巅峰时期，议会里的尽职议员们也敢畅所欲言。沃尔西看到这一状态的危险性后，便更喜欢绕开爱唱反调的议会，单独制定政策。亨利八世与托马斯·克伦威尔知道下议院怀有敌意后，学会了谨慎应对他们。尽管国内有时发生冲突，乡下甚至还发生了暴动与叛乱，但总体来讲，全国还是处于和谐的环境中。王室与民众都明白合作所带来的好处，以及它所展示出的有利前景。

继任国王几年后，亨利八世开始大力发展海军，沃尔西则把注意力放在外交上。亨利建造了当时世界上最大的战舰“长驱”号（the Great Harry）。它重达一千五百吨，“上下共有七层，还配有数量多得惊人的大炮。”整个舰队是在亨利的直接监督下建立起来的，他命令舰队司令向他详细报告“每艘战舰的航行情况”，直到英格兰控制了英吉利海峡和爱尔兰海峡后，亨利八世才心满意足。沃尔西在外交领域采取的政策也同样引人注目。他在西欧建立起一个情报联络网，通过这一网络，英格兰可以在马尔堡或威灵顿战役期间，及时收到相关信息。亨利八世精心组建的外交使团是这一联络网的核心，牛津大学用新学问培养出的能干之士充实了这支队伍。这批人里包括理查德·佩斯、约翰·克拉克与理查德·桑普森。克拉克和桑普森后来分别担任了主教职务。文艺复兴运动高潮时期的新闻与历史上任何时期的新闻一样，均是行文紧凑，并富有色彩。关于每一事件、军队的规模、意大利城市的叛乱、红衣主教团的动向，以及法国的税收情况等，均经过谨慎分析，而被认真记录下来。在许多年里，沃尔西是欧洲的重要人物，具有举足轻重的影响。

他的辉煌时代在1520年6月的“金帛盛会”（the Field of the Cloth of Gold）中达到顶峰。当时，亨利八世横跨英吉利海峡前往法国，与他的对手法王弗朗西斯一世举行首次会晤。据说，亨利对自己的外表格外困惑，不知道该把胡子全都刮掉好，还是像往常那样留起来好。起初，他听从王后凯瑟琳的建议，把胡子都刮了，但马上又后悔了，便开始再次蓄起胡须。好在到了会晤那天，亨利的胡须长得非常浓密，足以给法国人留下美好印象。

在吉斯内附近举行的“金帛盛会”上，举行了骑马长枪比武，那里盛宴不断，帐篷遍地，人们的服饰五光十色，闪耀夺目，整个欧洲都对此赞叹不已。这是中世纪骑士们的最后聚会。据说，其中很多贵族都拥有自己的面粉厂、森林和草地。但盛会上，亨利与弗朗西斯还是没能成为朋友。实际上，亨利已经在与弗朗西斯的敌人、神圣罗马帝国的皇帝查理五世（Charles V）进行谈判。查理五世是马克西米利安的孙子，刚刚继承皇位。亨利试图在盛会上以他的优良装备以及巧妙的外交手腕压弗朗西斯一头。仗着自己力气大，亨利突然提出要与弗朗西斯来场摔跤比赛。弗朗西斯以迅雷不及掩耳之势，一把抓住亨利，将他摔倒在地。亨利对此勃然大怒，但还是被人劝住了。虽然各种庆典活动仍在继续，亨利却对这一奇耻大辱耿耿于怀。他仍在四处寻找新盟友。不到一个月，他就与神圣罗马帝国的新皇帝查理五世结成同盟，因而再也得不到法国的贡金了。当查理五世宣布与法国开战后，英国便耗费大量金钱远征布伦，并雇佣外国军队为查理五世效力。因此，沃尔西不得不去筹措军费。他向全国征收一种财产税，还荒唐地称之为"善意的赠礼"。战争第二年，肯特郡以及一些东部郡县开始抗捐此税，亨利则假装不知道有这笔税收。政府被迫采取守势，退出这场战争。得到亨利八世的授意后，沃尔西向弗朗西斯秘密伸出橄榄枝。

沃尔西犯了致命错误。仅仅六周后，查理五世的军队就在意大利北部地区的帕维亚（Pavia）获得了对法军的压倒性胜利。此战之后，整个亚平宁半岛落入神圣罗马帝国皇帝查理五世之手，哈布斯堡家族因此统治了意大利大部分地区，直到拿破仑入侵时才有所改变。法王弗朗西斯被俘，法国被迫签订了一份极为苛刻的和约，英格兰却未从中分得胜利果实。亨利八世再也不能对欧洲均势的天平发挥影响了。显然，这一切都怪沃尔西。亨利感到，或许自己给了红衣主教沃尔西太大的决定权。他执意要去沃尔西在牛津大学新建的红衣主教学院（Cardinal College）参观，该学院后来又叫基督堂（Christ Church），是牛津大学里规模最大的学院，收到的捐赠也最为丰厚。该学院的建造花费了巨额钱财，亨利对此感到震惊。"真是怪了"，他对沃尔西说，"你能筹集如此巨款来修建你的学院，却没钱来供我打完这场仗。"

直到此时，亨利八世还是离不开沃尔西。1521年，他将白金汉公爵（the Duke of Buckingham）送上了断头台。白金汉公爵是查理三世（Richard III）的手下白金汉的儿子，很有可能继承王位。亨利八世的暴行使那些失意贵族的敌对情绪转移到国王钦定的国务大臣身上。帕维亚之战后，亨利开始对许多问题进行了重新思考。他认为或许可以牺牲沃尔西，以争取民心。他还考虑了王后凯瑟琳的问题。1525年，凯瑟琳已经四十岁。五年前在"金帛盛会"上，法王弗朗西斯就和他的侍臣们曾暗地里嘲笑凯瑟琳"年老色衰"。凯瑟琳是典型的西班牙公主，发育成熟得早，也老得快，显然无法为亨利八世生出男性继承人了。可行的办法是根据议会法案（Act of Parliament），立亨利六岁的私生子里士满伯爵为继承人。或者，英格兰或许能对王后凯瑟琳九岁女儿的玛丽表示接受，由她名正言顺地充当玛蒂尔达之后，英格兰的首位女王。在英格兰法律中，女性能否继承王位仍不明确。英格兰能忍受被一个女人统治吗？玛丽难道不会像她的母亲凯瑟琳王后那样狭隘偏执吗？在西班牙、法兰西或奥地利这些拥有大量士兵的国家，她或许能够当女王，可英国除了伦敦塔的看守外，没有中央军。无拘无束的英国人服从国王亨利七世与亨利八世，是因为他们甘愿如此，玛丽能在这里站住脚吗？她能够按照都铎王朝的传统方式，以恩惠而非武力进行统治吗？

玫瑰战争中的长期冲突是英国的噩梦，王位继承之争很有可能因此而死灰复燃。对亨利八世来说，事关国家前途的重大问题处于他情感的支配之下。他既想要满足肉欲享受，又想要国家保持稳定。这两种情感交织在一起，使亨利八世两年多来都处于矛盾之中。很显然，第一步就是得摆脱凯瑟琳王后。1527年5月，红衣主教沃尔西与亨利串通一气，以教皇使节（Papal Legate）的身份，在沃尔西位于威斯敏斯特的家中，设立了一个秘密宗教法庭。他将亨利传讯来，罪名是与自己死去哥哥的遗孀结了婚，触犯了禁止近亲结婚的宗教法。亨利当年之所以能与凯瑟琳结婚，是因为斐迪南德与亨利七世在1503年争取到了教皇的特许，大致理由是，凯瑟琳与亚瑟王子并没有同房，她便不是亨利亡兄的合法妻子，因此可嫁给亨利。凯瑟琳直到死也牢记几任西班牙大使的忠告，坚称自己与亚瑟王子没有同房，但却没人相信她，因为她与亚瑟同居达七个月之久。

辩论三天后，法庭决定将这一问题交给英格兰一些最博学的主教们来处理。几位主教答复，既然得到教皇特许，那么这段婚姻就是合法的。于是，亨利试图劝导凯瑟琳，说他们从未合法结过婚，而只是在乱伦的罪孽中同居了十八年。之后，亨利又说，现在自己不想与凯瑟琳在一起了，因此希望她远离宫廷。凯瑟琳听后泪如泉涌，坚决不肯离开。

大约两周后，沃尔西渡过英吉利海峡，与法国就结盟问题进行长期谈判。沃尔西离开的这段时间里，亨利八世公开迷恋上了安妮·博林（Anne

Boleyn）。此时，二十四岁的安妮结束在法国的求学生涯，返回英国。她已出落成一个活泼风趣的姑娘，身材苗条，看上去有些弱不禁风，黑色的眼睛很是迷人，长长的头发又黑又密，披散下来后，她甚至都可以坐在头发上面。维也纳大使写道："安妮并不是最美貌的女人。她中等个儿，皮肤较黑，长脖子，大嘴巴，胸相当平。"安妮脾气暴躁，说话直接且盛气凌人。尽管大多数人不喜欢她，但很快她也网罗到了一小撮追随者，其中很多人都倾向于路德派的新教义。从神圣罗马帝国大使的一份报告中，我们第一次了解到安妮·博林在宫廷中出现的消息。报告写于 1527 年 8 月 16 日，即亨利开始设法休妻四个月后。他是在有了离婚念头之后才认识安妮的，还是从一开始就准备与安妮结婚？我们不得而知，因为亨利对自己的隐私向来守口如瓶。一两年后，他说："三个人商量的事情，只有在两个人离开后，才能保守秘密。如果我认为自己的帽子知道我的秘密，我就会把它扔进火里烧掉。"教皇的使节得到了亨利的情书，现在，这些情书被保存在梵蒂冈（Vatican）的图书馆。尽管情书言辞优美，但却并未标注日期。人们从中仅仅可知，安妮让亨利等了近一年时间。

亨利一直被沃尔西和凯瑟琳管得很严，他也有过情妇，却从未公开往来。现在，宫廷中出现一位女郎，亨利每次都要与她独处数小时，这让人们惊讶不已。亨利与安妮计划派一名皇家特使去觐见教皇克莱门特七世，不仅希望特使能说服教皇废除亨利的婚姻，也希望教皇特许亨利能马上再婚。上述意图都得瞒着沃尔西派去罗马的常驻大使。年逾古稀的威廉·奈特博士重新出山，负责执行这一艰巨任务。国王为奈特准备了两个截然不同的行动方案。其中一份是在沃尔西去罗马途径贡比涅时，给沃尔西看的，里面只字不提亨利要与安妮结婚，另一份才是奈特所真正要去执行的任务。正如亨利所计划的，沃尔西看到的是那份装样子的行动方案，他马上发现，该方案出自无知的门外汉之手，便急忙赶回英国，想要进行修改，遂知道了事情的来龙去脉。虽然，他现在抓到了指导谈判的权力，但任何紧急措施均告无效。坎佩焦红衣主教（Cardinal Campeggio）作为教皇使节，被派往英格兰，负责审理亨利离婚一案。他尽可能找借口拖延裁决。当时，意大利落入哈布斯堡王朝手中，教皇处于神圣罗马帝国军队的威胁之下。1527 年，这支军队攻占并洗劫罗马，整个欧洲为之震惊。现在，教皇成了查理五世的阶下囚，后者决心阻止亨利与他的姨母离婚。

此事使沃尔西受到打击。亨利八世任用了新顾问。诺福克公爵的一名追随者斯蒂芬·加德纳博士被任命为国王秘书。不久之后，博林家族的朋友、剑桥大学一位年轻的神学讲师克兰默博士向加德纳提出一条有益的新建议：国王的婚姻是否合法这一问题，应从法院撤回，而去提交给欧洲各大学来讨论。亨利马上采取了这一建议，并召见克兰默，对他大加赞赏。信使们遂带着信函奔赴欧洲各大学。与此同时，亨利也签发令状，召开已休会六年的议会，来为他策划的巨大变革增势。亨利让诺福克和加德纳去为自己办事，把沃尔西晾在一边。沃尔西失宠后，退居于属他管辖却从未到访过的约克主教辖区。有一次，沃尔西到格拉夫顿想要觐见国王，进去后，发现安妮也在那里。诺福克当面羞辱了他一番，最后，沃尔西还没见着国王的面儿，就被打发走了。

1529 年 10 月 9 日，是沃尔西更为耻辱的一天，国王法庭根据查理二世时期颁布的《普雷穆奈尔法规》，对他提出控告。这些议会法规的目的在于确立国王法庭对教会法庭的管辖权，沃尔西惯于利用这些法规从违法行为中为国王敛财。法规规定，任何人如果从罗马教廷或其他地方获准将案件移交罗马，到教廷控诉国王，使教廷做出革除国王教籍的判决，导致教皇发出不利于国王的训令或文件，或者“给国王本人、王位、王室和他的王国带来任何类似的不利后果”，就会失去王室保护，他的所有动产都归国王所有。当国王法庭审理沃尔西一案时，诺福克与萨福克去沃尔西那里拿国玺，这标志着沃尔西不再是国务大臣了。沃尔西对此表示抗议，说他是终身国务大臣。第二天，诺福克与萨福克带着国王的敕令又来了。二人带着国玺离开后，红衣大主教沃尔西彻底崩溃了，他坐下来哭泣着，为自己的不幸而哀痛。

但安妮还是决心落井下石。她看中了约克大主教们在伦敦的公共宅邸约克宫（York Place）。对她和亨利来说，约克宫的大小刚刚好。大到他们的朋友可以在此寻欢作乐，小到容不下凯瑟琳王后在此居住。安妮和她的母亲带着亨利去查看红衣主教沃尔西在约克宫里的财产。沃尔西的财富让亨利怒火中烧。他召集法官以及博学顾问，问他们如何才能把人们认为应永远属于约克大主教的约克宫合法据为己有。法官们建议，应由沃尔西发表一份声明，将约克宫移交给亨利及其继承人。于是，国王法庭派出一位法官去找沃尔西。当时沃尔西的内廷官员乔治·卡文迪什（George Cavendish）记录了红衣主教的最后岁月。据他记载，沃尔西说："我知道国王有国王的胃口，你说呢？谢利法官（Master Shelley）。从正义和良心的角度讲，我能把不属于我个人和我继承人的东西让与他人吗？"法官说了法律界同行们对这一问题的看法后，沃尔西说："只要法官先生说我这样做是合法的，我绝不抗拒王命。我会欣然满足国王的所有愿意，尤其是在这件事上。不过，请您转告国王，我诚恳希望国王仁慈地记住这句话，有天堂也有地狱。"

亨利八世对红衣主教沃尔西的谴责毫不在意，威胁只会让他采取更加严厉的措施。除了以《普雷穆奈尔法规》为依据对沃尔西提出指控外，沃尔西还被控在亨利毫不知情的情况下，与法王私通信件背叛国王。在沃尔西被控违反《普雷穆奈尔法规》5天后，诺森伯兰伯爵来到约克大主教位于约克附近的卡伍德（Cawood）城堡。他用颤抖而微弱的声音说："大人，我要以严重的叛国罪逮捕您。""你的逮捕令呢？"沃尔西说，"让我看看。""不，你不能看。"伯爵说。"那么，"沃尔西说，"我拒绝让你逮捕我。"正当他们争论之际，政务会成员沃尔什来了。之后，红衣主教沃尔西说："好吧，现在我没什么可说的了。我猜你是国王的私人顾问沃尔什。我可以接受你的逮捕，诺森伯兰伯爵没有出示逮捕令，因此我不会服从于他。你是国王的私人顾问，这一身份就是现成的逮捕令。对最倒霉的人而言无须一纸命令，只要国王一声令下，最显赫的贵族也只得屈尊就范。"

被处死的白金汉伯爵之前在伦敦塔中住过的房间又被重新收拾好了，准备迎接沃尔西的到来。在押赴伦敦塔途中，沃尔西病倒了。他在莱斯特修道院过夜时，对那些出来迎接他的僧侣们说："我来这里是为了把尸骨留给你们。"两天后大约早上八时，沃尔西已是气若游丝，他对围在身边的人喃喃说道："如果我服务上帝像服务国王那样勤勉，他就不会在我垂暮之年将我抛弃。"说完后不久，沃尔西便死了。人们在他精致的荷兰亚麻衬衣里面，发现他还贴身穿着一件用头发编织的衬衣。除了沃尔西的牧师，所有仆人都不知沃尔西有此衬衣。

一个新班子接过了沃尔西担任的要职。加德纳登上了英格兰最富庶的温切斯特主教的宝座，诺福克成为枢密大臣，萨福克则被任命为助理枢密大臣。在托马斯·莫尔爵士取代沃尔西成为国务大臣前的几天里，亨利八世亲自执掌国玺，在文件上盖章。红衣主教沃尔西死后，一直被压抑的各派政治力量开始争权夺利，乡绅阶级野心勃勃，想在伦敦参与政治事务，文艺复兴时期文明富裕的英格兰想要摆脱教会统治，此外，还有对立派系间赤裸裸的贪欲以及对权力的渴望，这些因素开始搅动整个国家。当时，亨利八世三十八岁。

第五章 与罗马决裂

克兰默提出的请欧洲各大学裁定亨利八世与凯瑟琳婚姻的建议大获成功，作为回报，克兰默这位年轻的讲师被任命为英国驻神圣罗马帝国大使。当时，即便是意大利的博洛尼亚大学（the University of Bologna）也宣称，亨利八世是对的，教皇不能违反禁止近亲结婚这一重要法律。巴黎大学、图卢兹大学、奥尔良大学、帕多瓦大学、弗拉拉大学、帕维亚大学、牛津大学和剑桥大学等其他许多大学也纷纷响应。亨利八世一直觉得自己是对的，这些大学的赞同似乎证明了他的正确性。他决意采取激烈措施打击英格兰教会，以表达对教皇的不满。亨利八世问道：为什么要给予教会避难权来抵制国王的法律？为什么教区牧师可以拿着几份俸金，在远离教职的地方生活，那些收入微薄者却要替他们处理教区事务？为什么意大利人可以享用英国教区的收入？为什么神职人员检验教区居民死后的遗嘱与赠礼时，还要收取费用？亨利八世准备让他那些博学的下议院议员们提出改革的建议。

早在 1515 年，就有一起著名案件动摇了教会在英格兰的地位。伦敦服装商理查德·亨尼起来反对教会收税，这一纠纷后来发酵为对教会权威的勇敢挑战。结果，亨尼被教会逮捕，关进了罗拉得塔（the Lollards' Tower）。后来，有人发现，亨尼吊死塔中。他是自杀还是他杀？议会及伦敦城的反对态度越来越强硬，矛头甚至指向伦敦主教本人。但这些关于宗教改革的早期呼声还是被当时沃尔西的巨大权力所平息。现在，下议院的议员们又要热切地重新开始这一被中断的事业了。议会里的所有律师成立了一个委员会，他们以空前速度，起草了一些必要法案。在主教和修道院院长多于世俗贵族的上议院，他们也同意修改避难权和取消殡仪费的法案，因为这些法案只影响下层神职人员的利益。但当取消遗嘱检验费的法案被提交到上议院时，所有主教，“特别是”坎特伯雷大主教，均眉头紧锁，并意见纷纷。旧派势力代表人物、罗彻斯特主教费希尔警告上议院，宗教改革会引发社会革命，约翰·胡斯所领导的捷克全国性叛乱就是一例。

他说：“各位大人，你们看看下议院每天都给我们提出些什么法案，每一项都旨在摧毁教会。看在上帝的份儿上，请看看波西米亚（Bohemia）王国已经变成什么模样，教会在那里崩溃后，这个王国的荣耀也就不复存在。现在，下议院不干别的，只为打倒教会。我认为，这只是因为他们缺乏信仰。”

不久之后，下议院就获悉费希尔这次大胆演说的内容，他们还指出了费希尔最后几句话中的言外之意——下议院的法律是由异教徒炮制的，因而没有保留价值。以议长为首的下议院30位重要议员组成代表团，去向国王申诉。亨利八世把那些惹出事端的主教们召集来，让费希尔做出解释。费希尔改口，称自己只是说波西米亚人缺乏信仰，而并没有说下议院也是如此。其他主教也随声附和。但据说，“这一温和的辩解并未让下议院满意。”经过上、下两院激烈交锋，《遗嘱检验法案》（the Probate Bill）在上议院被强制通过，两院间的仇恨由此进一步加深。此次交锋之初，下议院在精神上便团结一致，它的存在时间比之前其他所有议会都长，并积极采取报复措施反对主教们，因为他们认为主教们在《遗嘱检验法案》上，采取了敷衍和欺骗的态度。下议院对主教们的敌意慢慢郁积，并持续百余年。

亨利八世对于下议院的所作所为非常高兴，逢人便讲。他对神圣罗马帝国大使说：“我们已经下令对我国的宗教界进行改革。我们取消了教士们滥用权力所摊派的税务，打击了他们的贪欲，我们还禁止主教将第一年收入奉献给罗马教廷，并且不允许教士们拿一份以上的俸金。”但他也同时声明，自己在教义方面，仍坚持正统，他只是遵从科利特以及其他一些自己从青年时期就熟知的神学家们的原则，这些神学家们认为，天主教徒也可以对教皇制度进行批评。他说：“如果路德仅仅只是谴责教士的罪行、恶习和错误，而不是去攻击教会的仪式及其他制度，我们本来都会支持他的。”亨利说了这番直白且颇有道理的话后，在罗马举行的关于废除他婚姻的谈判却遇到更大困难。但亨利八世一生只是越挫越勇，这一次，他也决心说到做到。

1530 年 12 月，检查总长控告全体教士违反了十四世纪颁布的、旨在限制教皇的权力的《普雷穆奈尔法规》。教士们由于默许教皇大使沃尔西的许多高压手段，而触犯该法规。亨利八世在得到议会支持，于遗嘱检验一事上打败主教团后认为，主教会议不会再反对自己了。当教皇使节介入，鼓励教士们反对国王亨利八世时，在场所有教士都大为吃惊，并深表反感。还没等他张口，他们就请教皇使节不要给他们惹事，因为国王没有允许他们同他讲话。亨利八世赦免了主教们违反《普雷穆奈尔法规》的罪过，作为回报，他从主教会议那里索取了大量金钱。其中，有坎特伯雷大主教辖区的十万英镑，约克大主教辖区的一万九千英镑，这比他们一开始打算交纳的金额要多得多。经过进一步谈判，亨利还获得了一个新头衔。1531 年 2 月 7 日，教士们承认国王是“他们的特殊保护者，唯一且至高无上的君主，在不违反基督教宗教法的情况下，甚至奉他为最高宗教首领。”

自从在 1529 年的遗嘱检验一事中大展身手后，议会就处于休会阶段。现在，国王将他们重新召集，目的在于让他们听取和传播国王关于离婚问题的看法。国务大臣莫尔来到议会说：“有些人说国王坚持离婚是因为他爱上一个女人，而非出于良心上的不安，这是不对的。”接着，他宣读了国外十二所大学对此事的看法，并展示了国外学者所著的一百本“书”。十二所大学和这些书都认为，国王的婚姻不合法。之后，莫尔说：“接下来，你们这些下议院议员就可以在各自的郡里，把你们在这里的见闻进行披露了。这样一来，人们都会清楚地看到，国王离婚并非如一些外人所传，是为了寻欢作乐，他这样做，只是为了让自己的良心不再受谴责，并保证王位后继有人。”

在这期间，王后凯瑟琳仍住在宫中。尽管亨利公开与安妮骑马游玩并谈天说地，但他却仍让凯瑟琳负责管理他的私人衣柜，其中就包括监督洗衣房与国王内衣的制作。当亨利八世需要衣服时，他仍去找凯瑟琳，而不是安妮。安妮对此分外嫉妒，但亨利八世就是不肯改掉这一老习惯。随后，博林家族的人想出新招，劝说凯瑟琳放弃这一权利。1531年6月1日，诺福克、萨福克、加德纳和安妮的父亲威尔特郡伯爵、诺森伯兰以及其他一些人去找凯瑟琳王后。像往常一样，她依然拒绝放弃任何权利。7月中旬，安妮与亨利八世去远离温莎城堡的地方打猎，这次走的时间比以往任何一次都长。凯瑟琳日复一日地等啊等，一个月后，还是没有收到亨利八世要回来的消息。最后，信使终于来了，说亨利八世将要回宫，但他并不想见王后凯瑟琳，而是命令凯瑟琳马上搬到哈福德郡的穆尔，隐居于沃尔西的旧宅。从那以后，凯瑟琳与她的女儿玛丽就被永远赶出了王宫。

1531年冬，亨利八世遇到了最严重的统治危机。罗马教会起草一份文件，要将亨利逐出教会，甚至还要剥夺他的教权，并命令他在十五天内，与情妇安妮断绝关系，不过上面并未写明具体的惩罚措施。教皇的盛怒像阴云般笼罩英格兰。宫廷里，圣诞节也过得死气沉沉。一位编年史家记述道："人人都说那个圣诞节宫廷里没有音乐，因为凯瑟琳王后与侍女们都不在宫中。"但就像是统治初期远征波尔多失败后的艰难岁月一样，亨利八世还是决定不屈不挠干到底，反对声只会让他对自己的计划更加坚定。他曾向神圣罗马帝国大使炫耀过的关于主教向教皇交纳任职第一年俸金的法案（The Annates Bill）已经起草完毕，以作为应付最坏局面的一种斗争举措。该法案使亨利武装起来，去与教皇进行战斗。此番斗争要比《大宪章》通过之前的斗争更加激烈。法案前言写道，如果罗马教廷对英格兰采取革除教籍、停止宗教活动或强制性的法律措施，那么各种宗教仪式仍应照常进行，任何主教与牧师不得执行或公布剥夺教权的禁令。如果国王所任命的主教因罗马教皇发令而无法就职，那么他应由大主教或受命而未上任的大主教执礼使之就职。作为教皇收入的主要来源，主教上任后第一年的俸金被降到之前数额的百分之五。

亨利费了九牛二虎之力，才设法让议会通过了该法案。为此，他至少亲自去了三次上议院，即便如此，法案似乎还是难以通过。之后，他想出一个别出心裁的权宜之计——把议会公开分为两派。"按照他的计划，那些希望国王幸福、国家繁荣的议员们站在一边，反对这一法案的人则站在另一边。

因为害怕亨利发怒，反对派中有些议员改变了立场。”在经过一番重大修正后，该法案终获通过。

接下来，亨利八世要做的就是让教士们服从于国王的无上权威。亨利让下议院准备了一份名为《关于取消主教审判权的呼吁书》的文件，用于打击宗教法庭的权威。对于享有司法权的主教和他们的副手来说，审判权只是个法律术语。尽管主教会议起初采取强硬态度，后来含糊其词地表示顺从，但亨利拒绝让步。最后，主教会议同意了亨利所提出的条款，使他成为英格兰教会的实际统治者。1532 年 5 月 16 日下午，当这些条款被呈阅给亨利批准时，托马斯·莫尔爵士辞去了国务大臣之位，因为他反对国王的最高权力染指精神领域的事务。他曾忠贞不渝地在各个方面为亨利效劳，现在，莫尔发现，亨利的事业必将与自己的虔诚信仰发生冲突。

英国的宗教改革进程缓慢。作为一名机会主义者，国王亨利见风使舵，试探着前进，直到英格兰彻底摆脱罗马教廷的控制为止。在很大程度上，沃尔西为此铺平了道路。危急关头，他曾支持罗马教权，作为回报，罗马教廷给了沃尔西通常只有教皇本人或是教皇使节才能行使的大权。因此，英格兰就比基督教世界里的其他任何地区，都更熟悉由某个教士代行教皇职权的状况，从而使这些权力也比较容易移交给国王。沃尔西让教皇的权威比以往更广泛地参与到人们的日常生活，从而使人们心生厌恶。国王离婚一事的主要反对者沃哈姆大主教于八月去世，这增加了亨利离婚的可能性，但也带来很多问题。亨利并没有匆忙任命新的大主教，他得思考一下，接下来该怎么办。如果未来发生斗争，他的那些主教会忘记就职典礼上对教皇所发下的誓言吗？会不会有叛乱？凯瑟琳的外甥、神圣罗马帝国的皇帝会不会从低地国家入侵英格兰？法国的中立靠得住吗？

为了亲自权衡上述因素，亨利仅带着几位朋友前往布伦，与法王弗朗西斯一世进行私人会谈，这其中，就包括安娜·博林。从布伦返回时，亨利已顾虑全无，他确信自己甚至可以任命引人注目的坎特伯雷大主教，便将克兰默大使从神圣罗马帝国召回。克兰默结过两次婚，第二次是在任命仪式结束后，在德意志按照当地教士的新方式结的，新娘子是一位路德派知名信徒的侄女。

因为英格兰法律仍禁止教士结婚，克兰默的妻子便乔装先行。1532 年 11 月 1 日，克兰默在曼图亚向神圣罗马帝国皇帝告别后，于第二天动身，在 12 月中旬抵达伦敦。一周后，他被任命为坎特伯雷大主教，并走马上任。从那以后，直到亨利八世去世，克兰默的妻子就一直过着隐匿的生活。据说，如果她陪克兰默外出，只得藏在一个巨大的特制行李箱里。

一个月后，亨利八世与安娜·博林秘密结婚。历史学家们至今尚未查出婚礼在哪里举行，以及是谁主持了仪式，而只知道克兰默并不是主持人。后来，克兰默和神圣罗马帝国的大使都说，婚礼是 1533 年 1 月举行的。在罗马天主教看来，亨利八世毫无疑问犯了重婚罪，因为他与阿拉贡的凯瑟琳已结婚近二十五年，这段婚姻尚未被罗马或英格兰的任何法庭或法案废除。亨利只是装作自己从未合法结过婚，然后让律师和教士替自己去修补漏洞。

克兰默以传统的程序就任大主教。亨利要求教皇批准，并威胁教皇，要严格实施《主教就任第一年俸禄法案》，最后如愿得到教廷的批准。克兰默照例宣誓服从教皇，但在此前后，都宣布保留一定权力。就这样，他以完整的仪式就任大主教。这个要把宗教改革进行到底的人现在为教皇所承认，并被授予全权，这一点非常重要。上任两天后，他向议会递交一项法案，授权坎特伯雷大主教审理英格兰宗教法庭中的所有上诉案件，这一权力之前为教皇所有。谁想要去国外进行诉讼，就会受到《普雷穆奈尔法规》的严厉惩罚。英国法庭的判决将不再受到教皇裁决或革除教籍的影响，任何拒绝主持圣礼的教士都有可能被关押起来。这一旨在废除教皇在英格兰残存权力的法案是托马斯·克伦威尔的杰作，它在预定日期，获得议会通过，被称为《上诉法案》。一个月后，亨利亲自写了一封信，将自己描述为是“国王和君主，除上帝外，不承认任何权威，且不受尘世间任何法律的约束”。英格兰与罗马就此完全决裂。

在建立起自己至高无上的地位后，亨利开始有所行动。在 1533 年的主教会议上，亨利提出两个问题：哥哥生前已与嫂子同房但无子嗣，弟弟再与嫂子结婚，这样做是不是违反了宗教法而不应得到教皇的特许？与会的大主教与教士们回答：是的。罗彻斯特主教费希尔却说：不是。亚瑟王子和凯瑟琳王后有没有同过房？教士们说：有过。费希尔却说：没有。于是，费希尔主教被抓了起来，关进伦敦塔。大约十天后，诺福克公爵和国王的特使去安普希尔（Ampthill）觐见凯瑟琳王后，告诉她应该主动放弃王后头衔的种种原因。他们说，凯瑟琳正在阻塞王位继承的道路，因为她的女儿不会被全国承认为是女王。如果胡搅蛮缠，英格兰可能陷入混乱之中。要是放弃王后头衔，则她仍将享有崇高地位。凯瑟琳拒绝这样做，于是，诺福克等人向她宣布了主教会议的决定，称他们将采取措施剥夺她的王后桂冠，因为这一桂冠已不再属于她了。凯瑟琳表示坚决反对，但特使们又宣布了另一条消息：不管怎样，凯瑟琳都不再是王后了，因为亨利已与安妮·博林结了婚。

亨利的秘密婚姻就这样为人所知了。两个星期后，克兰默在邓斯特布尔开庭，派诉监去安普希尔，传凯瑟琳出庭，凯瑟琳对此表示拒绝。于是，在她缺席的情况下，大主教宣读了审判结果：凯瑟琳与亨利的婚姻是客观事实，但并不合法，它从一开始就是无效的。五天后，亨利与安妮的婚姻得到了法律上的承认。6 月 1 日，王后安妮·博林在威斯敏斯特大教堂加冕。

过了一个月，人们明显看出新王后怀孕了。随着预产期的临近，亨利陪她住在格林威治，想尽办法使安妮免受打扰。海陆边境不断传来坏消息，亨利常常骑马到郊外召开政务会，以免安妮王后猜测局势恶化，但也可能是为了避开那些讨厌的人。国库里有一张富丽堂皇、价值连城的大床，这是一位法国贵族的部分赎金。现在，它被搬了出来。就是在这张床上，1533 年 9 月 7 日，未来的伊丽莎白女王出生了。

人们燃起篝火，庆祝小公主出生，可亨利心里并不高兴，他还是渴望能有一个儿子来继承王位。为此，他不惜与全世界对抗，可能还犯了重婚罪，并冒着被教皇废黜以及遭到入侵的风险，所有这一切努力，却只是又让他添了一个女儿。据记载，一位老保姆问亨利：“您想看看您的小女儿吗？”亨利怒气冲冲地回答道：“我的女儿，我的女儿！你这个老家伙！老巫婆！看你再敢对我胡说！”说完他便跨马扬鞭离开格林威治，离开了安妮，三天后，他来到了德高望重的老臣约翰·西摩爵士在威尔特郡（Wiltshire）的宅邸。约翰·西摩爵士有一个聪明的儿子以及一个漂亮女儿。儿子在外交界工作，女儿曾是凯瑟琳王后的宫女。简·西摩年方二五，虽有迷人之处，却并不是绝代佳人。神圣罗马帝国大使写道："她的皮肤非常白，可以说是相当苍白。她并不是特别聪明，据说还相当傲慢。"但她生性活泼，讨人喜欢，亨利便爱上了她。

伊丽莎白公主出生后，国内谴责国王亨利及其宗教手段的呼声再也压制不下去了。人们说，如果是在两位公主之间选择继承人，那为什么不选嫡出的玛丽呢？但亨利对此不予理睬，颁布法案立伊丽莎白为继承人。1534 年 3 月，英格兰全国所有达到法定年龄之人，不分男女，都被迫宣誓效忠该法案，并反对在英格兰树立外来权威。教士只有得到特别许可，才能进行布道。当局还为所有教堂规定了义务祈祷文，其中有这样一段话："亨利八世的地位仅次于上帝，是英格兰天主教会唯一且最高领袖，安妮是他的妻子，女儿伊丽莎白公主是他们的继承人。"谁要出版或发表恶意言论，说亨利是专制暴君或异教徒，则以逆君之罪论处。亨利的统治越来越血腥残暴，数百人由于犯此罪而被绞死，或被挖出内脏、惨遭解肢。

费希尔与托马斯·莫尔爵士均拒绝宣誓，便被关押在伦敦塔中数月。开庭审判时，莫尔爵士为自己进行了精彩辩护，但国王亨利八世此前对他的信任现已转变为极度的厌恶。在亨利的施压下，法官宣布莫尔爵士犯有叛国罪。费希尔被关押于伦敦塔时，罗马教皇任命了七位红衣主教，其中一位便是"被英格兰国王所囚禁的罗彻斯特主教约翰"。亨利八世很快便知道了这一消息，他几次怒气冲冲地说，要把费希尔的头割下来送到罗马，好去戴红衣主教那顶帽子。1535 年 6 月和 7 月，费希尔与莫尔被分别处决。对于他们的死，亨利八世应负主要责任，这是他人生的污点。很快，教皇就将亨利驱逐出教会，并在名义上废黜了他的王位。

费希尔和莫尔反对亨利八世在教会中拥有最高统治权，是一种崇高且充满英雄主义的壮举。他们意识到现存天主教制度有弊端，但也惧怕并厌恶极富侵略性的民族主义情绪破坏天主教世界的统一。他们看出，与罗马教会决裂必然导致肆无忌惮的暴君专制主义。莫尔挺身而出，捍卫中世纪人所认为的最美好的东西。在历史上，他代表着一种中世纪的普世性、宗教信仰以及对来世的希望。亨利八世用他那残忍的斧头，不仅砍死了一位聪颖睿智的大臣，也砍死了一个制度。尽管这一制度还未实现自己的理想便中途夭折，但它却以美好的理想，点缀着人类社会漫长的发展历程。

亨利八世仍在对简·西摩大献殷勤。就在这时，消息传出，安妮又怀孕了，但这次亨利拒绝与安妮保持任何联系。安妮憔悴不堪，为疾病所困扰，失去了生机与活力。宫里传言说，三个月里，亨利只与安妮说过十次话，而以前，他几乎一个小时也离不开安妮。安妮因为焦虑而心烦意乱，担心人们会支持凯瑟琳王后与玛丽公主而发动一场叛乱，反对自己与襁褓中的伊丽莎白。安妮擅作主张，没有与国王亨利八世或政务会商量，私下派保姆去见玛丽，向她做出各种许诺，要她发誓遵守《王位继承法案》，并公开声明放弃王位继承权。向玛丽做出种种许诺后，来者又对玛丽进行威胁，但玛丽拒绝让步。一天，在保姆汇报了此事的波折后，安妮泪如泉涌。没过多久，安妮的叔叔诺福克公爵大步走进卧室，告诉安妮说，亨利外出打猎时，受了重伤。安妮既难过又惊恐，几乎晕了过去。五天后，安妮不幸流产。

亨利八世非但不同情安妮，反而异常愤怒。他去看望安妮时，一遍又一遍地说："看来上帝不让我有个儿子。"离开时，亨利又对安妮生气地说，等她身子好些了，还会再同她谈谈。安妮说，没有生下这个孩子并不是自己的错，而是因为听到亨利从马上摔下来的消息后受了惊。她还说，自己深爱着亨利，远比凯瑟琳的对亨利的情谊重。现在，见到亨利又爱上了别人，她伤心欲绝。安妮一提到简·西摩，亨利就怒发冲冠，拂袖而去，一连许多天都不肯见她。简·西摩被安置在格林威治，她身边的一位男仆被神圣罗马帝国的大使所收买，我们因此知道了亨利是如何追求简·西摩的。

一天，亨利从伦敦派一名侍从到格林威治，给简·西摩送去一个装满金子的钱袋以及一封他的亲笔信。简亲吻了一下信件，没有打开，就原封不动地还给侍从。之后，她跪下说："请你恳求国王从我这种谨慎的方式中明白，我是一名白璧无瑕的大家闺秀，名誉是我最为珍视的宝物，我宁为玉碎，也不愿玷污自己的声誉。如果国王想送给我一些钱当礼物，还是请他在上帝给我找到丈夫结婚时再这样做吧。”亨利大喜过望，说简品德高尚。为了表示自己也有同样高尚的动机，他保证今后只在简亲戚在场时才与她讲话。

1536 年 1 月，凯瑟琳王后去世。如果亨利有意再婚，那么他现在可以遗弃安妮皇后，从而避免人们对他先前婚姻所提出的难堪问题。西摩家族的人早已四处散布说，由于安妮王后求子心切，在伊丽莎白出生后不久，就对国王不忠，拥有好几个情人。如果情况属实，定是大罪。于是，安妮王后被监视起来。一个星期天，人们看到亨利·诺里斯与弗朗西斯·韦斯顿爵士这两位年轻的朝臣走进安妮王后的卧室，据说有人无意中听到他们在向安妮王后示爱。第二天，一份羊皮纸文件摆在亨利面前，建议授权政务会成员和法官组成一个强有力的陪审团，由国务大臣或四个陪审团成员主持工作，专门调查并审理这一欺君之罪。亨利八世签署了这份文件。星期二那天，政务会从白天到晚上审讯了一天，但未找到充分证据。接下来的星期日，斯米顿这位擅长演奏诗琴的内廷官员被当作安妮的情人而逮捕起来。他受到严刑拷打，很快便认罪了。星期一，诺里斯参加了在格林威治举行的五月骑马比武大会。比武结束后，亨利八世骑马返回伦敦时，把诺里斯叫到身边，告诉了他自己的怀疑。尽管诺里斯矢口否认，但他还是遭到逮捕，被关押在伦敦塔中。

第二天一早，安妮被政务会传讯。尽管安妮的叔叔诺福克公爵负责此次审查，但安妮还是在事后抱怨说，不应对英格兰王后如此粗暴。审查结束时，安妮被关押监视起来，等涨潮了就将她送往上游的伦敦塔。这一消息很快便传开了，人们聚集在河岸边，看到一只船载着安妮快速向上游驶去。船上有一队警卫，安妮的叔叔诺福克公爵及牛津勋爵和桑兹勋爵这两位大臣也在上面。到达叛徒门后，安妮被移交给伦敦塔的负责人威廉·金斯顿爵士。

当天晚上在约克宫，亨利的私生子里士满伯爵像往常一样对自己的父亲道晚安，这时，亨利却失声痛哭：“多亏上帝的仁慈，你与你妹妹玛丽才逃离那个狠毒淫妇的魔掌。她想毒死你们两个。”亨利过起了醉饮食饱、歌舞升平的日子，想以此来忘记自己这段耻辱经历。神圣罗马帝国的大使对此有过记述，尽管他的话语中可能带有一些偏见：“在逮捕安妮后，陛下比以前更开心了。他总是四处与女人们吃饭，有时过了午夜才沿着河边返回，回宫后还要再欣赏一番丝竹声乐。演奏者们则卖力表演，以衬托出亨利在终于摆脱掉那个身形单薄的老女人后的欢愉心情。”但实际上，安妮当时只有二十九岁。“最近，亨利与卡莱尔主教以及几位女士吃饭，第二天，卡莱尔主教告诉我，亨利高兴得几乎发狂。”

星期五上午，一个一周前任命的特别法庭开始对安妮的几个情人进行审判，法庭成员包括最高法庭的几乎全体法官，以及安妮的父亲威尔特郡伯爵。特别陪审团由十二位骑士组成，他们判定被告们有罪，安妮的这几个情人便被处以绞刑、掏出内脏并断掉四肢，但要等到对安妮进行审判后，才对这些人行刑。星期一早晨，对安妮的审判在伦敦塔的大厅里进行。占当时贵族半数的二十六名贵族坐在高高的台子上，诺福克公爵是主审法官。为进行此次审判，他被任命为上议院特别刑事审判长。大法官托马斯·奥德利爵士由于出身平民，而无权审讯王后，所以只能坐在诺福克公爵身旁，为他提供法律意见。现场还有奉王命而来的伦敦市长、郡长代表团以及民众代表。安妮被伦敦塔负责人的副官埃德蒙·沃尔辛汉姆爵士带了进来，听取总检察长宣读对她的起诉书。她被指控对亨利八世不忠，答应在亨利死后就与诺里斯结婚，并把挂在项链下端的一个有毒盒子交给诺里斯，想让他毒死凯瑟琳与玛丽，以及与她的哥哥乱伦等。安妮王后对这些罪状坚决否认，并一一做了详细回答。贵族们退庭进行商议，不久之后重新开庭，宣判安妮有罪。诺福克公爵宣读了判决结果：判处安妮王后火刑或斩首，具体采取哪种刑罚，依国王亨利的意思而定。

安妮勇敢而平静地接受了这一判决结果。她说，如果国王允许，自己想像法国贵族那样，被刀砍头，而非像英国贵族那样，被用斧子砍头。亨利同意了她的请求，但在王国境内却找不到一位能用刀来行刑的刽子手。因此，安妮的死刑便从星期四推迟到星期五，最后从神圣罗马帝国的圣·奥默尔爵士那里借来一位擅长使刀的刽子手。星期四晚上，安妮几乎一夜无眠。伦敦塔的院子正为她搭起一座 5 英尺高的低矮断头台，锤子的敲打声从远远隐隐传来。第二天一早，民众就来到伦敦塔的院子里，不久之后，大法官与亨利八世的儿子里士满伯爵、克伦威尔、伦敦市长以及郡长们也陆续到来。

1536 年 5 月 19 日，当伦敦塔的负责人带着安妮出现在刑场时，刽子手早已倚着他那把沉重的大砍刀在那里等候了。安妮穿着一件漂亮的、用皮毛做装饰的深灰色锦缎晚礼服，并露出里面猩红色的长袍来。她选择这件礼服，是为了露出脖子，便于行刑。当局给了她一大笔钱，让她施舍给在场的民众。安妮对他们简单地说："我来这里不是为了对你们进行说教的，而是要去死。请为国王祈祷吧，因为他是个好人，并尽他所能地对我好。我并不怨恨那些判处我死刑的法官以及其他任何人，因为是我触犯了英格兰法律，情愿一死。"随后，她摘去镶有珍珠的头巾，露出了她为避免妨碍刽子手行刑而仔细扎好的头发。

"请为我祈祷吧。"说完安妮便跪了下去，一位侍女上前用布蒙住了她的眼睛。在念主祷文前，安妮低头小声说："愿上帝保佑我的灵魂。"刽子手走上前来慢慢举起砍刀时，她又重复说道："愿上帝保佑我的灵魂。"大刀在空中划过，只一下，刽子手就完成了他的任务。

得知安妮被处决后，亨利穿上黄色衣服，帽子上插着一根羽毛。十天后，他在约克宫与简・西摩秘密结婚。简是亨利长久以来所盼望的那种对丈夫温柔顺从的妻子，安妮则太过强势，且容易感情冲动。一位大使在安妮被砍头的两年前写道："如果那个女人想要什么东西，没人敢反对，即便有这个胆儿，也没能力忤逆她，就连国王本人也不例外。据说，国王也屈服于安妮的意志。当亨利不让安妮干她想做的事情时，安妮仍会去做，还故意大发脾气。"简则是另一种风格，尽管她也生性骄傲，但却为人温和。亨利与她度过了十八个月的快乐时光，她也是唯一一位让亨利惋惜并悼念的王后。在生下她的第一个孩子，也就是未来的爱德华六世（Edward VI）不久后，简就去世了，死时才二十二岁。亨利以皇家礼遇将简安葬在温莎的圣乔治教堂（St. George's Chapel at Windsor），他自己死后，则长眠在简的身旁。

第六章　关闭修道院

尽管简·西摩当王后时宫廷里一片祥和，但英格兰乡村还是多有不满。亨利的财政收入越来越紧张，他便开始对教会的财产垂涎三尺。审讯安妮前，亨利亲自去上议院，推荐了一份法案，希望关闭那些修士不满十二人的修道院。这样的修道院共有近四百所，它们的土地租金总额是一笔非常客观的收入。修道院一直以来就处于衰落之中，父母越来越不愿把他们的儿子送往修道院，修道院只好去乡村招募新修士，常常打破旧有的社会等级差别，吸收贫苦的佃农之子加入。但即便如此，招到的见习修士人数还远远不够。有些修道院里的修士觉得日子维持不下去了，便挥霍捐款，砍伐树木，典当金银餐具，任由修道院失修倒塌。多年来，教会的巡查者们已对这些严重的不当行为多有了解。关闭修道院的想法由来已久：为了筹集资金在牛津大学建造红衣主教学院，沃尔西曾关闭了几座小修道院。从那时起，国王亨利八世也为一己私利，关闭了二十余所修道院。小修道院里的修士要么被分配到大道院去，要么领取养老金退休。议会对这些措施很满意，因此很痛快地同意关闭小修道院。1536 年夏，国王特使巡视全国，力图尽快完成上述事宜。

现在，亨利有了一位新顾问——托马斯·克伦威尔。他曾在意大利当过雇佣兵，做过布商、放过高利贷，并在沃尔西手下当过差。克伦威尔从沃尔西那里既学到了治国理政的本领，也从沃尔西的失势中吸取了不少经验教训。克伦威尔冷酷无情，愤世嫉俗，不择手段，是一个新时代的人。他野心勃勃、精力充沛且敏锐智慧。当他接替沃尔西成为亨利的国务大臣后，并没有像失势的红衣主教沃尔西那样讲排场、爱虚荣，而是在国事与宗教方面所取得了更实在的成就。辅政期间，克伦威尔设计了新的统治方法以取代现成的制度。在之前的几个世纪中，统治政策均由王室来制定并执行。亨利七世改进了这一制度，但从某种意义上讲，他仍是一位中世纪的国王。托马斯·克伦威尔在他掌权的十年间，彻底改革了这一制度。当他在1540年下台后，政府各部门早已开始在王室之外单独执行政策了。他开创了现代英国政府机构的先河，这虽不像他的其他工作那样引人注目，但或许是他最伟大的成就。尽管没有得到后人的纪念，但克伦威尔是我们伟大国家机构的缔造者。

一开始，克伦威尔作为首相负责关闭修道院，他采取冷酷手段，显示出非凡的能力。这项工作受到富有阶层的欢迎。大贵族以及乡绅以优惠的条款，获得了大量肥沃的土地，有些邻近的商人或市民和朝臣也购买或租赁了教会这些被没收的土地。许多地方上的乡绅世代为修道院管理地产，现在，终于能把这些土地买下来了。中产阶级对教会所拥有的特权与财富极为愤怒。他们气恼这些没有对国家经济有所贡献的人，却霸占了国家收入的过大份额。亨利八世因此确信可以得到议会与富裕阶级的支持。从这些关闭的修道院里出来的修士有近万人，都得到了充足的养老金，因而面对这样的结局，他们如释重负，或镇定自若。其中一些人甚至还与修女结了婚，不少人成为教区里受人尊敬的教士。关闭修道院使土地转归国王所有，每年收益可达十万英镑。国王还通过出售或租让被解散修道院的其他不动产，获利一百五十万英镑。这笔钱在当时可能是笔巨款，但很可能比这些不动产的实际价值要少得多。这些交易的主要成果是让地主阶级与商人阶级对宗教改革与都铎王朝都死心塌地。即便亨利没有有意为之，但实际效果也是如此。

关闭修道院对普通民众的影响则不好说。那些身强体健的下层阶级并没有遇到大面积失业，也没有生活在贫苦中，但那些贫穷体弱又身患疾病的人们，原本还有修道院施善对他们提供唯一的救助，现在则长时间无人照管。这一情况在英格兰北部尤为严重。

在传统势力顽固的北方，新制度所遇到的阻力要比在南方大，因此那些新晋世俗地主也比之前的教会更为严苛。但并不仅仅俗世人士在进行圈地运动，宗教改革前，就有修道院通过某种方式来圈地，以发展农牧业生产。当时，人口日益增多，纺织业不断发展，为满足上述需求，英国农业开始从农耕转向放牧。教会的大片土地现在按照乡绅和商人这些它们的新主人的思路来进行管理，新主人们为此支付金钱。有时，人们将现代经济制度的所有弊端归咎于宗教改革，但如果真存在所谓弊端，它们在亨利八世开始质疑他与阿拉贡的凯瑟琳的婚姻合法性之前，就早已存在了。托马斯·莫尔在《乌托邦》一书中，向他那个时代的人们勾勒出新经济制度的弊端，不过他生前没有看到自己的预言实现。

宗教改革也对宗教信仰产生了深刻影响。《圣经》现在流传广泛，且拥有了新的权威。老一代人却认为，《圣经》只能由教士来读，《圣经》落在无知的人手里，是非常危险的。诺福克公爵曾说："我从未读过《圣经》，也不打算去读。新学问出现前，英格兰真是歌舞升平。唉，但愿一切都像过去那样！"但廷德尔和科弗代尔翻译成英文的《圣经》全文早在 1535 年秋就出版了，到现在已经有好几个版本了。政府命令教士鼓励人们去阅读《圣经》，一些传言有根有据，说亨利在宗教事务上的代理人托马斯·克伦威尔曾推动《圣经》的翻译工作。在米迦勒节前，如果没有主教在场，其他教士即便得到特许许可，也不能进行布道。1536 年 8 月，托马斯·克伦威尔命令教士们用母语英语来讲解祈祷词和《圣经》中的戒律，而不许用拉丁语。第二年，为了对民众进行普遍教诲，克兰默拟定了《基督教徒守则》，反映出拥护新宗教观点的明显倾向。这是一种变化，也是一个启示。民众的情绪异常激动，在天主教盛行且经济落后的北方地区尤为强烈。

秋天，过了米迦勒节开始征收新税时，英格兰北部及林肯郡的大批农民与乡下佬聚集起来，发誓要抗税并维持教会的旧秩序。这场被称为"求恩巡礼"的叛乱是自发的，一名叫作罗伯特·阿斯克的律师被推举为领袖，贵族与高级教士没有参加叛乱。尽管叛乱的人数远远多于国王所召集的军队，而且除了皇家卫队外，亨利也没有常备军可用，但他还是马上展现出沃尔西所说的"国王的胃口"。亨利拒绝对叛乱分子妥协。当他的税吏在林肯郡被叛乱分子关押后，他写去一封杀气腾腾的信：

“这伙人十恶不赦，如果不能说服他们解散，并将一百名叛乱首领套上枷锁，交给副官随意处置……我们就没法拯救他们……我们已派萨福克公爵带着十万人马以及军需品与大炮火速赶来……我们还派出另一支大军，等叛乱分子一离开他们的驻地，就进去毫不留情地焚烧破坏，并消灭他们的妻儿老小。”

后来，税吏报告说，老百姓们总的来说准备承认亨利为教会的最高领袖，除了满足亨利这次所要求的金钱数目外，还可从教士那里获得什一税等进项。他们说：“不过，亨利此生别想再从下议院得到什么钱，也别想再关闭修道院了。”他们仍对亨利所挑选的顾问们多有不满，要亨利罢免克伦威尔、克兰默以及四位主教，因为这些人有散布异端邪说的嫌疑。

亨利很有气势地回复：“我从未读过、听过或见过君主的顾问以及高级教士由那些粗鲁无知的平民来任命……你们这些在英格兰最落后、最野蛮的郡里的生活的人们粗鲁而没有经验，却对你们的国王挑三拣四，真是放肆……至于关闭小修道院，那是我们国家教俗两界贵族批准的，为《议会法案》所允许，而非像你们到处散布的那样，是由国王的顾问们所随意决定的。”亨利补充道：“如果不投降，就会和你们的妻女一起死于刀剑之下。”约克郡的叛乱分子与林肯郡等地的叛乱分子有着相同目标，他们的誓言清楚表明了这一点：“我凭着对上帝的信仰起誓……要将英格兰的败类与奸臣从国王身边及他的枢密院里赶出去，坚决保护基督的十字架，坚持基督教信仰，振兴教会，镇压这几个异端分子以及他们的邪恶学说。”

1537 年年初，叛乱像它兴起时那样迅速土崩瓦解，但亨利还是决定惩处一些叛乱元凶，以儆效尤。仅在卡莱尔一地的审判中，就绞死了七十名叛乱分子。当成功镇压叛乱的诺福克公爵想对叛乱分子宽容些时，亨利八世却派人告诉诺福克，说他想再多处决一些人。结果，共有约二百五十名叛乱分子被处死。

叛乱分子所反对的是税收以及关闭修道院，叛乱被镇压下去后，亨利八世做出的回答是增加税收，并开始关闭一些更大的修道院。为了进一步打击传统教派，政府在巴黎印刷了大量英文版《圣经》，比之前所有版本都大，包装也最为豪华。1538 年，政府下令，每个教区都必须购买这一版本的《圣经》，放在每个教堂，以方便教区教民能够阅读同一版本的《圣经》。伦敦城里的圣保罗大教堂里放了六本《圣经》，大量民众整天聚集在那里进行阅读，据说有声音洪亮的人大声朗读时，人会更多些。这版《圣经》成为后来所有《圣经》版本的基础，詹姆斯一世统治时期的官方《圣经》版本也不例外。

到此阶段为止，托马斯·克伦威尔始终春风得意，但他现在得与旧贵族们的保守主义进行斗争了。旧贵族们非常欢迎这场政治革命，但他们想让宗教改革在亨利取得了最高权力时就停止，并且反对克兰默及其追随者对教义作出改变。诺福克公爵是反对派的首领。除了杂念横生时，亨利还是坚守正统的，因而对诺福克一派表示支持。诺福克一派的智囊是罗彻斯特主教、后来的玛丽女王顾问斯蒂芬·加德纳。这些人痛心疾首地指出，法国与神圣罗马帝国可能入侵英格兰，执行教皇对亨利所作出的废黜王位的审判。为避免与欧洲各国在宗教上的决裂，亨利忧心忡忡。天主教阵营似乎非常强大，克伦威尔在国外所能找到的唯一盟友就是德意志的弱小诸侯。诺福克一派牢记这些分歧，静待时机。机会果然来了。与亨利统治时期的许多其他事情一样，这次的机会也是由亨利的婚事带来的。

由于亨利拒绝在教义以及宗教仪式改革的问题上与大陆上的路德派妥协，克伦威尔只得为亨利在德意志北部的路德派诸侯中寻找政治同盟者。他把路德派博学的神学家们请到英格兰，并从中撮合英国公主甚至是亨利本人与德意志进行联姻。亨利现在是个鳏夫，他想与欧洲大陆上的克利夫斯公国联姻，因为从某种程度来讲，亨利和该公国有着相同的宗教理念，既痛恨教廷，又限制路德派的发展。之后，外交格局发生惊人变化，法国与神圣罗马帝国的大使一同觐见亨利，说法王弗朗西斯一世（Francis I）邀请身处西班牙领地的神圣罗马帝国皇帝查理五世在镇压根特叛乱时，顺道访问巴黎，查理五世同意了。两位君主决心忘记往日恩怨，携手合作。

现在情况紧急，英格兰必须同德意志北部诸侯结成联盟，以对抗上述两位天主教君主。于是，与克利夫斯家族年龄最大的公主安妮的婚事在紧锣密鼓地商议中。克伦威尔报告说，安妮的美貌有口皆碑。“大家都说她生得美丽，身材也好。有人说，她的容貌远胜米兰公爵夫人，就像是金色的太阳胜过银色的月亮。”画技精湛的宫廷画师霍尔拜因已被派去为安妮画像。现在，我们在卢浮宫仍能见到这幅肖像。安妮公主不上相，英国驻克利夫斯大使却提醒亨利画得很真实。他还告诉亨利，安妮只会讲德语，大部分时间都用来做针线活，不会唱歌，也不会演奏什么乐器。她已经三十岁了，又高又瘦，神情坚定而自信，脸上有些浅麻子，但据说人很风趣活泼，且并不酗酒。

安妮在加莱度过了1539年的圣诞节，等待暴风雨过去，并在那年的最后一天，来到罗彻斯特。亨利坐着他那艘已经乔装过的大船顺流而下，里面装了很多礼物，其中就有一件黑色貂绒。1540年元旦，亨利怀着急切的心情去拜访安妮。但一见到安妮，他便大吃一惊，很是失望，之前路上所精心准备的给安妮的拥抱、礼物以及那些恭维话，都被抛到九霄云外去了。他嘟囔着说了几句，就回到自己的船上了，并在那里沉默良久。之后，他闷闷不乐地说：“这个女人与别人跟我描述的情况一点儿也不一样，我真奇怪那些聪明人竟会这样和我说。”回去的路上他对克伦威尔说：“不管别人怎么说，她可一点儿也不漂亮。只是身材比较匀称，但除此之外也就没啥优点了……如果我提前知道她是这个样子，根本不会让她来英国。”私下里，亨利还给安妮起了个绰号，叫“佛兰德斯母驴”（the Flanders Mare）。

但来自国外的威胁使亨利不得不履行与安妮的婚约。事后，他对法国大使说：“你把我逼到了墙角，但感谢上帝，我还活着，而且我的力量也并不像人们所认为的那样弱小。”他这时像欧洲的任何人一样，对与婚姻有关的教会法十分通晓，因此从未与安妮同房，从而在法律上为那些想要离婚的男子树立了完美榜样。他对自己的亲信说，自己与安妮完婚完全是因为政治需要，而非出于自己本意，同时也是为了防止在世界上引起冲突，并将安妮的哥哥克利夫斯公爵推向神圣罗马帝国皇帝以及法王那边。实际上，安妮之前还与洛林公爵（the Duke of Lorraine）的儿子有过婚约，且这份婚约尚未被彻底解除。亨利只是在静观欧洲时局并等待时机，只要条件允许，他就设法离婚。

诺福克与加德纳现在发现时机已到，可以借助一个女人的力量搞垮克伦威尔，因为沃尔西就是这样下台的。在加德纳府上，诺福克的另一个侄女凯瑟琳·霍华德被介绍给亨利，亨利对她一见钟情。不久之后，诺福克一派觉得十拿九稳，可以向克伦威尔的权力发起挑战了。1540 年 6 月，他们终于说服亨利，将克伦威尔与安妮一并抛弃。根据《剥夺公民权法》，克伦威尔主要被指控犯有异端罪和“传播”错误书籍罪，并受到欺君罔上的含蓄指责。安妮同意与国王离婚，主教会议便宣布她与亨利的婚姻无效。安妮拿着年金，又在英格兰生活了十一年。7 月 28 日，克伦威尔被处决。不久之后，亨利与他的第五任妻子凯瑟琳·霍华德低调结婚。

凯瑟琳大约二十二岁，有一头褐色的头发与榛树色的眼睛，是亨利所有妻子中最漂亮的一位。亨利又恢复了精神，身体也好了起来，还专门跑到温莎去减肥。法国大使在 12 月写道：“亨利现在有了新的作息时间，他五六点起床，七点做弥撒，之后就去骑马，直到十点吃饭时才回来。他说在乡下要比整个冬天住伦敦好多了。”

但很快，躁动难安的凯瑟琳就对身边这位比自己大了将近三十岁的丈夫心存不满。她冒失地爱上了自己的堂兄托马斯·卡尔佩珀。这段恋情被人发现后，亨利与她离了婚，1542 年 2 月，她遭到处决，正是安妮·博林当年被砍头的地方。临刑前夜，她把断头板要来，好练习一下把自己的脑袋放在上面。当走上断头台时她说：“我是作为王后而死去的，但我更情愿作为卡尔佩珀的妻子就刑。愿上帝保佑我的灵魂。好心的人们，请你们为我祈祷吧。”

亨利的第六任妻子凯瑟琳·帕尔是个来自英格兰湖泊地区的严肃小寡妇。她三十一岁，很博学，对神学问题也感兴趣，在亨利之前，曾有过两任丈夫。1543 年 7 月 12 日，她在汉普顿宫与亨利完婚，成为亨利可敬的妻子。婚后三年，亨利便去世了。在这期间，凯瑟琳一直悉心照料亨利那条溃烂的腿，无奈腿疾越来越重，最终夺去了亨利的生命。凯瑟琳·帕尔还缓和了亨利与未来的伊丽莎白女王之间的关系，玛丽与伊丽莎白都很喜欢她，因此她在亨利去世后，仍然过着比较幸福的生活。

文艺复兴时期那个聪颖睿智的年轻君主现在衰老了，整日怒气冲冲。腿部的疼痛使亨利八世的脾气变得很坏，一些弄臣和像他那样缺乏耐心的人常常惹他生气。亨利的心中充满疑虑，行为也冷酷无情起来。在与凯瑟琳·帕尔结为夫妻期间，亨利正忙着准备他人生中的最后一次战争。战争的根源是苏格兰问题。这两个民族间仍然存在敌意，并不时在荒无人烟的边境地区爆发出来。亨利重申对苏格兰的封建宗主权，并谴责苏格兰人是叛乱分子，要求他们停止与法国人结盟。苏格兰人在哈利顿里格成功挫败了英国人的一次突袭。1542 年秋，诺福克所指挥的远征军在凯尔索败下阵来，主要原因是军需部门失职，不能及时补充给养，大军连啤酒都喝不到。苏格兰人便乘胜追击，将这场战争推进到英格兰境内。事实证明，他们的这一决定招来了灾难性后果。由于领导无方，组织混乱，一万大军在索尔威沼泽地带死伤过半，溃不成军。詹姆斯五世在听到弗洛登之战的悲惨历史又重演后一命呜呼，将他的王国留给了一个刚出生一周的婴儿，她后来成为著名的苏格兰女王玛丽。

这个孩子立刻成为争夺苏格兰的斗争焦点。亨利八世称，她应成为自己的儿子兼未来王位继承人的妻子。但苏格兰玛丽女王的母亲玛丽·吉斯是位来自法国的公主，以红衣主教比顿为首的天主教亲法势力反对且驳斥亨利的计划，并开始进行商谈，想让玛丽嫁给一位法国王子。英格兰无论如何也不会接受这样一门亲事。当时，神圣罗马帝国的大使正想寻求亨利的帮助，来让亨利支持神圣罗马帝国的反法斗争，大使发现，英国宫廷对自己也是格外欢迎。于是，英格兰与神圣罗马帝国再次结成联盟，以对抗法国。1543 年 5 月，查理五世与亨利签署了一项秘密协定。从那时起到 1544 年春，他们都在备战。亨利亲率大军渡过英吉利海峡，与从东北而来的神圣罗马帝国的军队一道，攻打法王弗朗西斯，苏格兰战事则交由王后简·西摩的哥哥、赫特福德伯爵爱德华·西摩来处理。

这一计划固然好，但执行起来却遭遇失败，因为亨利与查理彼此不信任，都在怀疑对方企图与法国单独媾和。亨利担心自己会在神圣罗马帝国的计划中陷得太深，因而下令停止前进，并对布伦展开围攻。9 月 14 日布伦陷落，亨利至少还从这次出征中得到一点实在的好处以自慰。五天后，神圣罗马帝国皇帝与法王讲和，拒绝理睬亨利的抱怨与指责。与此同时，英军在苏格兰火烧爱丁堡，并将大片土地化为废墟之后，无力再向前推进，1545 年 2 月在安克拉姆沼泽吃了败仗。

亨利的处境岌岌可危，英格兰可能遭到来自法国与苏格兰的同时入侵，但却没有一位盟友。危机需要英国民众为国家做出最大牺牲，他们必须交纳数目空前繁重的贷款、税金与捐款。亨利带头熔化掉他的金银餐具，并将自己的地产抵押出去。他亲自去朴次茅斯布置对付入侵的威胁。一支法国舰队穿过索伦特海峡，在怀特岛登陆，但没过多久，他们就被赶了出去，英国的危机也渐渐过去。第二年，法国与英国签订和约，同意英国占领布伦八年，八年后，法国再以大价钱将布伦赎回。合约中没有提到苏格兰问题。苏格兰战争仍以较小规模继续进行，并在红衣主教比顿被暗杀时趋于激烈，但无明显的胜败之分。亨利在苏格兰一无所获，他既不愿宽宏大量地与自己的近邻苏格兰和解，也没有能力强迫他们服从自己的意志。在未来的五十年中，他们将给亨利身后的几任国王增添许多烦恼。

1546 年，亨利才五十五岁。那年秋天，他像往常一样，途经萨里与伯克郡，一路旅行到温莎。他在 11 月初回到伦敦，并再未离开过那里。在他临终前的最后几个月中，人们都在思考一个问题：现在王位继承人已定，但他是一个只有九岁的小孩，谁将在幕后操纵王权呢？是诺福克还是哈福德？是反对派还是改革派？

这个答案给得很突然，且出人意料。1546 年 12 月 12 日，诺福克与他的儿子、诗人萨里被以叛国罪逮捕，押送至伦敦塔。从萨里的愚蠢行为来看，这样的下场实属难免。他口无遮拦地预言亨利将会在何时死去，还不合时宜地想起自己是爱德华一世的后代，于是不顾宗谱纹章官员的阻止，佩戴皇家纹章。亨利想起来几年前，诺福克也曾被人们提名为王储人选，并有人建议让萨里娶玛丽公主为妻，亨利便起了疑心，很快就采取行动。1 月中旬，萨里被处决。

议会通过了判处诺福克死刑的议案。1 月 27 日星期四，亨利批准了该议案，诺福克被判处死刑。当天晚上，亨利八世自己也将不久于人世，但医生不敢告诉亨利实情，因为根据《议会法案》，预言国王死期将犯逆君之罪。

过了漫长的几个小时，安东尼·丹尼爵士“大胆走到亨利床前，告诉他病情，说他看来活不长了，因此劝亨利为自己的后事早做准备”。亨利听到这个不幸的消息时表现坚强，身边的人劝他赶快把大主教找来，亨利却说要“先小睡一会儿，等我感觉好些了，再去安排后续事情”。亨利入睡时，哈福德与佩吉特（Paget）在走廊外踱来踱去，盘算着如何能大权在握。午夜时分，亨利醒了，派人去请克兰默。克兰默来了后，亨利身体非常虚弱，已讲不出话了，只是把自己的手向克兰默伸了伸。几分钟后，亨利八世，这位英格兰最高领袖便停止了呼吸。

亨利统治时期，英国不断发展壮大，且更具声望，但人们也都普遍记得发生在这段时间里的许多血腥处决，这不免成为亨利的可憎污点。两位王后、两位国务大臣、一位贤明主教、许多修道院院长和修士，以及大量平民，他们由于敢对抗亨利的意志，而都被处以死刑。几乎每一位拥有王室血统的贵族都被亨利送上了断头台。罗马天主教徒与加尔文派信徒被指控为异端，并说他们利用宗教欺君罔上，因此被处以火刑。这些迫害活动或许就是法官们在政务会甚至是在国王面前一本正经完成的，从而成为充满光明的文艺复兴运动所带来的恶果。善男信女遭受迫害，被拷打折磨，即便犯了很小的罪也会受到重罚，这些都同人文主义的美好原则形成鲜明对比。但亨利的臣民并没有因厌恶亨利而背叛他。当时的欧洲骚动不安，亨利八世在国家没有军队及警察的情况下继承王位，维持了统治秩序，并在英格兰加强了别处所没有的纪律性。长达一个世纪的宗教战争过去了，英国人在这场战争中没有拿起武器为了信仰问题而与他们的同胞自相残杀。亨利八世的统治也有值得称道之处，他奠定了英国海军力量的基础，振兴了议会制度，使人民有了英文版《圣经》，最重要的是，使颇受欢迎的君主制得到加强。在这一制度下，英格兰人世世代代都团结一致，为建设一个强大的英格兰而努力，法国与德意志却在内部纷争中日益衰落。

第七章　新教斗争

亨利八世统治下所进行的宗教改革，其动力主要来源于他的激情以及对权力的渴望。但亨利仍认为自己是一名虔诚的天主教徒，他的两位信奉天主教的妻子却都未给他生下儿子。阿拉贡的凯瑟琳生了未来的玛丽女王，安妮·博林生了未来的伊丽莎白女王，倒是信奉新教的简·西摩生了一个男孩儿，即未来的国王爱德华六世。亨利八世与他的臣民都十分担心王位继承陷入纷争之中，为确保自己唯一合法的儿子能登上英格兰王位，亨利在执政末期不仅与罗马教会决裂，也与自己内心最深处的宗教信仰分道扬镳。尽管如此，信奉天主教的诺福克公爵等人还是拥有很大权力及影响。他们的亲戚凯瑟琳·霍华德被处决，他们的儿子诗人萨里上了断头台，修道院的土地被没收，《圣经》也以英文出版，但在亨利八世时代，他们仍对宗教改革派起到了遏制作用。亨利限制克兰默对教义进行改革，基本上维护了宗教方面以温切斯特主教斯蒂芬·加德纳为代表的诺福克集团的利益，因此与他们达成了和解。亨利希望按照自己的意志执政并选择配偶，但他认为没有必要改变他的臣民们生来就熟悉的宗教信仰与仪式。

新国王爱德华六世继位后，一股更深且更强大的潮流开始涌动。年幼国王的保护人兼首相是他的舅舅、新受封的萨默塞特公爵爱德华·西摩。他与克兰默开始将亨利八世所进行的政治改革向宗教领域推进。他们把来自德意志与瑞士，甚至是来自遥远波兰的外国学者请到牛津大学和剑桥大学任教，向新一代的教士灌输革新的教义。1549 年，议会批准了克兰默以优美英文写就的《祈祷书》。萨默塞特倒台后，《宗教信仰42条》（the Forty-two Articles of Religion）与第二版《祈祷书》问世，英格兰至少在名义上成为一个新教国家。萨默塞特与克兰默都相当虔诚，他们要求同胞所接受的那些宗教观点，他们自己也深信不疑。但民众既对宗教斗争不感兴趣，也不了解，不少人还积极反对这些从外国舶来的宗教观念。

萨默塞特只是亨利所任命的摄政团成员之一，他的摄政王地位没有法律依据也无先例，因此他的处境既荣耀又危险。嫉妒萨默塞特的政敌不计其数，就连他的弟弟、海军大臣托马斯·西摩也有野心。国王爱德华六世总是脸色苍白，一生下来便患有肺痨，可能活不长久。下一个信奉新教的王位继承人就是伊丽莎白公主了。她现在与凯瑟琳·帕尔夫人生活在一起。凯瑟琳·帕尔夫人是亨利最后一任也是最幸运的妻子，现在与海军大臣托马斯·西摩结为夫妻。凯瑟琳·帕尔去世前，托马斯·西摩就对年轻的公主动起了心思，于是在公主的卧室里同她嬉戏，引起流言蜚语。最终，托马斯·西摩密谋反对自己哥哥的证据被人发现，他的哥哥摄政王萨默塞特不得不根据《剥夺公民权法》，在1549年1月将托马斯·西摩处死，把他送上伦敦塔内的断头台。这样一来，萨默塞特化解了新国王统治时期的第一次危机。

与来自托马斯·西摩这样的个人威胁相比，乡村中的痛苦与不满则更危险。英格兰中世纪时代的生活方式与经济形态正迅速解体。地主们发现羊毛有巨利可图，但呈带状分布的村落却是他们这项事业的绊脚石。于是，几十年来，农民与地主之间的斗争不断，农民的权利逐渐受到侵犯，直至被完全剥夺。公地被地主霸占，他们将之围圈起来，变成牧羊场。修道院的关闭消除了旧制度中最强大也是最为保守的势力，也为已经开始的经济变革增添了新动力。圈地运动不断发展，使整个国家都苦不堪言。在有些地区，多达三分之一的耕地变为牧场，人民怒视那些新晋贵族，他们趁修道院解散之机中饱私囊，却依然贪得无厌。

萨默塞特不得不去面对英格兰有史以来最为严重的经济危机。不仅失业人员遍布全国，亨利八世的货币贬值也引起了重重困难。著名牧师们开始大声谴责这一切。1548 年休·拉蒂默在圣保罗十字架前所做的“关于田地的布道”，是对都铎王朝的一次有力抨击。“过去的人们富有同情心，但现在却毫无怜悯之情。他们同胞将要冻死在伦敦街头，他们自己也将病倒路边，在饥饿中死去。过去，伦敦的富人去世时，都会捐款给大学的学者，作为奖学金。任何人临死时，都会留下巨钱以救济穷人……但现在，无人还有善心，人们不再帮助学者，也不会去救济穷人。上帝的教诲已为人所熟知，许多人认真研究，努力阐释，但现在却几乎没人帮助实现这些圣训。”1549 年春，拉蒂默又做了一系列针砭时弊的布道，论述“人类造成的可怕的、不祥的贫穷状态”：“地主们、新贵们，你们每年所得实在是太多了……老爷们，先生们，我谨奉劝一句，这有损国王的荣誉。国王的荣誉在于他的子民能受到上帝的真正教诲，国家发展，消除贫困，原料得到充分利用，人民远离怠惰，勤于劳作。如果像有些人说的那样，国王的荣誉代表大多数人民的利益，那些牧场主、圈地者以及新贵们就是国王荣誉的破坏者，因为原来有许多家庭居住的地方，现在只有一名羊倌和他的狗了。老爷们，先生们，这样的行为显然是要让自耕农变为奴隶。牧羊业的发展与生产力的提高增加了你们的私人财富，你们过去的财产已经够多，现在却又成倍地膨胀。哪怕教士们磨烂了舌头，也无法改变这一事实。”

萨默塞特身边的人通过拉蒂默所谴责的方式大发横财。萨默塞特本人倒是很同情自耕农与农民，因此派委员会去调查圈地问题，但这反而增加了人们的不满情绪，鼓励被压迫者们起来为自己的命运而斗争。两场起义随之而来。西南地区信奉天主教的农民起来反对《祈祷书》，东部地区的乡巴佬则奋起反抗进行圈地运动的地主。这对萨默塞特的政敌来说，是很好的把柄。1524 年至 1526 年，德意志在宗教改革之后发生了血腥的农民战争，城乡贫困阶级在宗教改革家茨温利的带领下，起来反抗压迫他们的贵族。1549 年在英格兰，似乎也会发生同样的事情。外国雇佣军镇压了西部的起义，但诺福克郡的起义则有更大声势，为首的是一个叫罗伯特·凯特的皮革厂主。他在诺威奇城外的穆斯霍尔德山上建立起自己的司令部，一万六千名农民住在那里用树枝盖顶的茅草屋中。连日里，凯特都在一棵大橡树下，对那些掠夺穷人的乡绅进行审判。起义者并不杀人，只是把乡绅们所围圈起来的公地归还公众，并靠吃地主们所饲养的成群牛羊来填饱肚子。当地政府软弱无力，据说萨默塞特也意识到起义者们的不满是有道理的。骚乱向约克郡蔓延，不久之后便发展到英格兰中部地区。

亨利七世的代理人之子沃里克伯爵约翰·达德利现在抓住了这一有利时机。他曾在亨利八世与法国的战争中表现出色，并小心掩盖自己的本来面目与动机。他自私自利、精力充沛，且拥有万贯家财。现在，由他奉命指挥军队镇压凯特的起义部队。政府觉得自己在军事上力量薄弱，便决定无条件赦免这些起义者，凯特对此也有所心动。皇家传令官来到他的营地时，一件小事带来了灾难性后果。凯特正站在橡树下思考会见沃里克的对策，一个小顽童“言辞无礼，动作粗俗”，惹恼了传令官一行，便被他们立即用火绳枪打死。此举惹怒了凯特的追随者，战斗随之开始。沃里克伯爵的王牌部队是德意志雇佣军，他们枪法精准，将农民的队伍打得七零八落。农民阵亡了三千五百人，没有伤员。一些人躲在一排农用马车后面保全了性命，并缴械投降。凯特被俘，吊死在诺威奇城堡。沃里克伯爵由于偶然事件，博得了能者的大名。

萨默塞特的政敌们认为自己为恢复秩序立下大功。他们将东部起义归咎于萨默塞特派出的圈地运动调查委员会以及他对农民的同情态度上，将西部叛乱归咎于萨默塞特的宗教改革。萨默塞特的对外政策还迫使苏格兰与法国结盟，并把亨利八世当年所征服的布伦弄丢了。沃里克成为反对派的领袖。这一反对派有“伦敦诸勋爵”之称，开会商议措施反对摄政王萨默塞特。没有人采取行动支持萨默塞特，因此反对派悄无声息便接管了政府。萨默塞特在伦敦塔中被关押了一段时间，出来后丧失了一切权力，不过，他仍可出席政务会。后来形势越来越不好，发生支持他暴动的可能性也越来越大。1552年1月，萨默塞特穿着一身仿佛是去参加国宴的华美礼服，在伦敦塔被处死。这位英俊、善良的人没能消除亨利八世统治时期所遗留下的弊病，最终成为他所得罪的那些凶狠利益集团的牺牲品，但英格兰民众却长久缅怀这位“好心的伯爵”。

萨默塞特以后的继任者行事无所顾忌，成就当然就更小了。弗劳德写道：

“在旧制度的废墟中，人民备受痛苦，道德沦丧与社会混乱使我们的国家四分五裂。面对此种情形，善于思考的英格兰人一定会问出这个问题，即他们从宗教改革中到底得到了什么好处……政府贪污腐败，法庭贪赃枉法，商人阶级只关心自己财富的增加，民众起义不断。那些保有纯洁品性的优秀之人仍站在宗教改革一边。”有名无实的英格兰国王爱德华六世已经十五岁，病弱不堪，冷酷无情而又自以为是。他在日记里提到了舅舅萨默塞特之死，却没做任何评论。

沃里克成为诺森伯兰公爵，他的政府在反对社会动荡的过程中统一了步调。在他掌权的三年中，统治阶级的贪婪劫掠被淋漓尽致地展现出来。改革教义只是进一步没收教会土地的借口，新主教得交出一部分主教领地，才能上任。爱德华六世成立的所谓语法学校，只是伊丽莎白时期以没收修道院土地资助教育事业这样宏大计划的开端。托马斯·莫尔说，政府就是“富人以国家的名义攫取利益的阴谋手段”，这一定义是这些年英格兰的真实写照。

这一时期还有一项事业引人注目，它使英格兰与东欧一个新兴国家建立联系。当时，人们叫这个大国莫斯科维，不久又改称它为俄国。一些英格兰人曾设想经过北极圈水域，从东北方向找到一条通往亚洲的航线。居住在亚洲北部沿海地区的人们，可能会购买英国人的布料以及其他产品。早在1527年，就有一本小册子预言肯定能找到这条新航线，其中一段话尤为引人注目：“没有不能居住的土地，没有无法航行的海洋。”1553年一支探险队在从事商业冒险的莫斯科维公司的资助以及英国政府的支持下出发了。塞巴斯蒂安·卡伯特被任命为公司管理者。他是一位睿智且经验丰富的老水手，大约五十年前，曾随父亲远航纽芬兰。5月，休·威洛比（Hugh Willoughby）与理查德·钱塞勒率领三艘船扬帆起航。威洛比与他的船员在拉普兰附近遇难，钱塞勒则在阿尔汉格尔过冬，并在春天到达莫斯科的伊凡大帝宫中。德意志汉莎城镇联盟的垄断，使英国商人长期无法在北欧各地活动，现在，这一垄断被打破，英国开始与俄国人做生意。后来，钱塞勒再次出航，在苏格兰附近遇到风暴，溺水而亡。他的另一位朋友（安东尼·詹金森）继续他的事业。在伊丽莎白女王统治时期，詹金森三次访问俄国，成为沙皇值得信赖的朋友。他沿着马可·波罗所走过的古丝绸之路，远达土耳其斯坦的布哈拉，还到过波斯，成为第一个让英国国旗在里海上空飘扬之人。但这些探险活动并未发生在爱德华六世和他下一代国王的统治之下，而是属于一个更伟大的时代。

根据 1543 年颁布的《王位继承法》，爱德华六世的继承人是阿拉贡的凯瑟琳所生之女玛丽公主，她信奉天主教。诺森伯兰可能觉得自己前途堪忧，便想让伊丽莎白取代她那同父异母的姐姐玛丽。伊丽莎白现在已经十九岁，却有着超于她年龄段的睿智，拒绝参与这一计划。于是，诺森伯兰想到了更为孤注一掷的阴谋。亨利七世有个小女儿与萨福克公爵结了婚，按照亨利八世的意思，他们的后代也可继承王位，只是顺序要排在亨利八世自己的孩子之后。萨福克的孙子与孙女中，年龄最大的是十六岁的简·格雷小姐。诺森伯兰让自己的儿子吉尔福德·达德利迎娶了简·格雷。当年轻的爱德华六世去世后，一场军事政变已无可避免。此时，三十六岁的玛丽公主小心翼翼避免与诺森伯兰打交道。爱德华在病中时，她躲在诺福克公爵那里，不去见处于弥留之际的弟弟。1553 年 7 月 6 日，爱德华六世去世，简·格雷在伦敦被宣布为女王。民众对这一结果群起而反对。因为诺森伯兰深受国人痛恨，人们纷纷支持玛丽。英国枢密院成员及伦敦市当局也顺应了这股代表民意的潮流。诺森伯兰现在众叛亲离，成了孤家寡人。玛丽在 8 月份来到伦敦，伊丽莎白陪伴她左右。简·格雷与她的丈夫被关在伦敦塔。诺森伯兰一副奴颜婢膝的样子，但却于事无补。他说自己一直以来就是一名资深天主教徒，曾给新教以沉重打击，但他还是无法逃脱可耻死去的命运。他从前的一位同事写道："古谚说得真有道理，好死不如赖活着。哦，如果女王陛下愿意让我活着该有多好，哪怕只是赖活着。"这段话完全可以当作诺森伯兰的墓志铭。

玛丽现在当上了女王，但她可能也是英格兰最不幸同时也是成就最少的君主。作为阿拉贡的凯瑟琳与亨利八世所生孩子中唯一幸存下来的，她在亨利八世统治初期长大成人，享受了王位继承人该享受的一切礼仪。她曾先后与法国及神圣罗马帝国的继承人订婚。跟着母亲，玛丽成为一名虔诚教徒。

母亲的离婚以及英格兰同罗马教会决裂，给玛丽带来了悲剧与灾难。《议会法案》宣称玛丽是私生子，并强迫她放弃自己所信仰的宗教。她对父亲的爱与她内心虔诚的宗教信仰之间发生激烈冲突，同父异母的妹妹、弟弟在宫中也比她得宠。爱德华六世在位时，玛丽总是去小教堂向她的忏悔神父祷告，这使伦敦的新教统治集团心生不安。她有西班牙血统，并与神圣罗马帝国大使雷纳德建立起密切联系。玛丽的登基预示着英国将与罗马教会恢复关系，并同神圣罗马帝国结成政治同盟。

可以肯定的是，在不涉及宗教问题时，玛丽本性还是仁慈的。她接受了低眉顺眼的顾问们对她的效忠表示。顾问里数威廉·塞西尔最精明。在玛丽统治时期，他一直是政府里的重要人物，并在玛丽之后的下一任国王那里，拥有更加远大的前程。伊丽莎白公主考虑周全，下令在她的住处做弥撒，避免同受到怀疑的人来往。

统治地位巩固后，玛丽便开始着手实现自己的心愿，恢复与罗马教会的关系。在亨利八世统治末期的诺福克集团中，她发现了能干且充满热情的温切斯特主教斯蒂芬·加德纳，让他来为自己服务。议会废除了宗教改革派所颁布的宗教法，但有一件事是玛丽做不到的，她无法将那些被贵族所瓜分的土地再归还给教会。都铎王朝的权贵们愿意去做弥撒，但不想失去他们新得到的土地。即使他们愿意，玛丽还有其他麻烦。玛丽从未意识到民众，特别是伦敦城里的民众都将天主教视为外国势力。亨利八世在位时，王室就是这样教育民众的，但实际上在更早时候，民众就有这样的看法了。他们手里拿着英文版的《圣经》与《祈祷书》，信仰改革后的教义。这种信仰虽然是表面的，但却人数众多。新教领袖们逃到日内瓦与德意志莱茵兰的城镇，伦敦城里发生了骚乱，加德纳的人身安全受到威胁。他白天穿铠甲防身，夜里则由一百人守卫。一次，有人从窗户里朝玛丽女王的寝室扔进一条死狗，这只狗的脖子上系着绳索，耳朵被砍掉，身上粘着一张纸条，写着英格兰所有教士都该被绞死。

玛丽的婚事是最迫切的问题。下议院提出一位新郎候选人，即约克家族的后人、德文伯爵爱德华·考特尼，但玛丽却想找位外国郎君。神圣罗马帝国皇帝查理五世的大使雷纳德下手最快，玛丽便答应会同查理五世的儿子也就是未来的西班牙国王菲利普二世结婚。亨利八世在位时一位诗人之子托马斯·怀亚特策划了一起阴谋，想要以武力阻止该联姻的发生，考特尼则在西部成立了一个反对玛丽的阴谋集团。人们从宫廷走漏的风声中，知道了玛丽将与西班牙联姻，便到处传说西班牙宗教裁判所的种种劣迹，并说西班牙大军马上就要来了。下议院派代表请求玛丽不要违背民意，玛丽像都铎家族的其他人一样，异常固执，但却没有他们的政治敏锐性。现在，她梦寐以求的，是信奉天主教的英格兰与哈布斯堡王朝统治下信奉天主教的神圣罗马帝国结为亲密同盟。

人们将目光投向伊丽莎白公主，她虽然在哈特菲尔德隐居，却对局势密切关注。谁来继承英国王位对欧洲各国来说，也至关重要。法国大使诺瓦耶开始活跃起来，进行有重大利益关系的活动。当时，欧洲正饱受瓦卢瓦王朝与哈普斯堡王朝之间的斗争之苦，英格兰的支持也许就是决定胜负的因素。伊丽莎白的举动引起人们种种猜测，有人说她会请法国人出谋献策，也有人说，她可能嫁给考特尼。但形势变化得很快，考特尼在西部突然煽动起一场叛乱。当玛丽与西班牙的菲利普订婚的消息宣布后，英格兰南部也再次发生叛乱。托马斯·怀亚特爵士在肯特郡举起叛乱大旗，向伦敦慢慢行军，一路上不断招兵买马。伦敦城处于恐慌之中，市民们担心自己的房子会遭到洗劫。此刻，玛丽知道自己并未赢得民心，对他们感到失望与不满，却还是表现出一副大无畏的样子。一旦怀亚特进入伦敦，她想当一名天主教女王的野心就要成为泡影。因此，她在吉尔德市政厅（Guildhall）发表了一番振奋人心的演讲，号召伦敦人为她而战。叛乱者的队伍里存在着分歧。考特尼领导的叛乱以可悲的失败而收场，怀亚特对此感到失望。肯特郡叛乱者的目的是想强迫玛丽女王答应他们的条件，而非将她废黜。伦敦城里发生巷战，女王的军队将叛乱者们歼灭。怀亚特被处决，这也决定了简·格雷与她丈夫的命运。1554 年 2 月，夫妻俩在伦敦塔里平静赴死。

伊丽莎白现在性命堪忧。尽管怀亚特曾说她与叛乱无关，但她是唯一有权争夺王位的人，西班牙便要求玛丽在与他们的王子结婚前，将伊丽莎白处死。但玛丽已经杀了太多人了，任凭神圣罗马帝国大使雷纳德怎么劝说，她都不愿处死自己同父异母的妹妹。为此，雷纳德在给自己主人的信中写道："伊丽莎白女士被关进了伦敦塔。据说她怀孕了，因为她是个轻浮的女人，就像她母亲一样。只要她和考特尼死了，英格兰就不会再有什么争夺王位或是给女王陛下带来烦恼的人了。"事实上，伊丽莎白已性命难保，她决心像她的母亲那样，要刽子手用刀来砍头。但她无所畏惧且情绪激动地否认与考特尼或怀亚特的叛乱行为有任何关系，玛丽大概相信了她的话。不管怎样，数个月后，伊丽莎白被释放出来，送往伍德斯托克。她在那里过起了恬静且虔诚的隐居生活，等待命运出现转机。

到了夏天，菲利普渡海北上来到英格兰，玛丽则去温切斯特迎接自己的新郎。按照天主教仪式，1554 年 7 月，玛丽与菲利普举行了颇为隆重盛大的王室婚礼。加德纳已经去世，接替他的是英国红衣主教雷金纳德·波尔。亨利八世统治时期，波尔流亡海外，他的家人也被亨利八世判处死刑，并剥夺一切权利。这位教皇代表波尔不仅是位红衣主教，还是英国王室的一位亲王。他是玛丽女王的堂兄弟，也是"虚伪、做伪证且昙花一现的克拉伦斯"的孙子。波尔是位狂热且严于律己的天主教徒。此时，他作为教皇使节来到英格兰，与雷金纳德一起为玛丽女王出谋划策，想要强行让英格兰变为天主教国家。

玛丽女王杀害了她最为高贵的臣民，因此在信奉新教的英格兰留下了"血腥女王"的恶名。几代英国人他们的孩童时代起，便从福克斯的《殉道者》一书及书中的可怕插图中，了解到这些高贵者英勇牺牲的故事。这些故事已成为英国民众的共同记忆。1555 年在牛津发生了活活烧死新教主教拉蒂默和里德利（Ridley）的著名事件。1556 年 3 月，年老无力的大主教克兰默令人同情地放弃了自己的信仰，并最终英勇就义。他们这些殉道行为使对这场斗争原本漠不关心的人们，都开始站到新教一边。

这些殉道者知道自己不会白白死去，他们站在火刑柱前，说出了名传千古的话。拉蒂默在噼啪爆响的火焰中喊道："里德利主教，放轻松，要像个男子汉一样。上帝保佑，我们今天将在英格兰燃起不灭的火炬。"

玛丽努力把英国与西班牙的利益结合在一起，但却白费力气。她同菲利普结婚是为了确保英国信奉天主教，为了这个理想，她牺牲了可以得到的一点点个人幸福。作为西班牙国王的妻子，她不顾英国国家利益，不听包括红衣主教波尔在内的那些慎重顾问们的忠告，卷入对法国的战争中，致使英国在欧洲大陆的最后一个据点加莱也毫无抵抗地丢掉了。这是英国的耻辱，也是英国丧失中世纪力量与荣耀的标志，从而深深刺痛了英国民众的心，也使玛丽女王感到内疚。玛丽想生一个孩子，以确保天主教在英国后继有人，但却未能如愿。单凭一种成就并不能使她开心起来。玛丽在位期间确有一些成就，但人们对它既没有记载，也无表扬，甚至很少引起历史学家的关注。在玛丽短暂统治期间，她的大臣们开始进行削减经费的工作并厉行改革。到玛丽去世时，大臣们已在很大程度上消除了诺森伯兰统治时期铺张浪费及贪污腐败的弊病。

菲利普对毫无结果的政治计划不感兴趣，也有所失望，因此先去了尼德兰，后又回到西班牙。玛丽陷入离心离德及不满情绪的汪洋大海中，最终病倒了。1558 年 11 月，玛丽去世。几个小时后，她的助手、红衣主教波尔在兰贝斯宫里也与世长辞，随她而去。她的统治作为一段悲剧性的插曲宣告结束，英国民众就此完成了从天主教到新教的转变。

起初，欧洲的新教改革只是为反抗天主教会弊端而展开的局部斗争。但一些年后天主教会进行了内部整顿后，这一初始的反抗动机便不复存在，剩下的便只是北方民族对罗马教会整个机构的反叛，这一反叛似乎与人类精神的发展背道而驰。基督教的启示可以带到遥远的未来，到那时不再需要用清规戒律来改造人了。在罗马帝国衰亡后，用清规戒律改造古代世界中的野蛮征服者曾经既是必要的，也是有好处的。亨利八世统治以前，尽管贵族之间存在纠纷，国王与教会之间、统治阶级与人民之间也都存在冲突，但他们有共同的普遍准则。中世纪的弊端与痛苦持续时间如此之长，以至于它似乎是这个灾难深重的世界所无法避免的客观条件。对此，没人能提出补救措施，也无法寻求慰藉。但宗教改革带来了新影响，它动摇了英国社会的基础，鼓励社会各阶层人士都去反对旧制度，举起愿意为之献身或采取极端手段的大旗。尽管旧制度多有弊端，但毕竟已经存在了几个世纪，现在却被一场大分裂所断送。从此以后，所有阶级对立与利益冲突都将得到缓和与排解，人民在冲突与苦难中达成一致，制度也获得统一。在随后的漫长岁月中，所有欧洲国家都将加入到支持或反对新教改革的阵营中去。

我们今天的人们很难衡量这一运动的激烈程度，它在英格兰的破坏性要比在德意志和法国小，这是因为它在较早阶段便到达高潮，且处于都铎王朝的强大统治之下。尽管如此，克兰默在爱德华六世时期进行的教义改革，与玛丽女王统治时期加德纳、波尔以及追随者所进行的反宗教改革，却让英格兰陷入十年可怕的动荡之中。市民、农民以及构成英格兰民族的所有其他阶层，在爱德华六世的命令下，沿着一条救赎之路前行，后来又在玛丽女王的命令下，沿反方向原路退回。谁接到爱德华六世的命令原地不动，或者不按玛丽女王的命令改变方向，就有上绞刑架和火刑柱的危险。这就是新英格兰强加于旧英格兰之上的东西，后来旧英格兰又经过可怕的反击而兴盛一时。伊丽莎白女王在位时，新旧英格兰在痛苦的斗争中实现了和解。尽管战事并未减少，但激烈的程度却受到限制，因此对国家社会的统一性与连续性没有造成致命影响。

第八章　英明的伊丽莎白女王

伊丽莎白在1558年11月17日继承了她同父异母姐姐的王位。当时她才二十五岁，在国事处理方面还没有什么经验，但她凭借遗传的天赋以及后天的教育具备了优秀的才能，这是英格兰之幸。伊丽莎白的父亲是谁，这是毫无疑问的。那威严的姿态、赭色的头发、雄辩的口才以及与生俱来的高贵，都宣告着她是国王亨利八世的女儿。很快，人们又发现她与亨利八世之间的其他相似之处：面对危机，他们都勇敢镇定；意志受到违抗时，则更为坚决；精力充沛，似乎永不知疲倦。她还有许多与亨利八世一样的消遣方式与特长，如酷爱打猎，精于箭术和使鹰，擅长舞蹈和音乐。她会说六种语言，拉丁文和希腊文的阅读水平也很高。像父亲与祖父一样，伊丽莎白生性好动，住址总是换来换去，因此人们常常不知道下个星期她会在哪里就寝。

幼年时处境艰难，青少年时又身处险境，这些是伊丽莎白人生中无法抹去的经历。父亲活着时，人们宣称她是私生女，将她从宫廷里赶了出去。玛丽在位时，她差点儿就因走错一步而丢掉性命，这也证明行事谨慎并善于掩饰是大有好处的。伊丽莎白在青年时期就学会了该在何时保持沉默，怎样等待时机，并如何充分利用自己的资源。许多历史学家都认为她优柔寡断，节俭吝啬，她性格中的这些特点肯定也使她的顾问们失望，但国库从来也没有足够的钱支持她所有的冒险活动。而且，在那个时代汹涌的洪流中避免做出无可挽回的决定，有时也是明智的。时代要求国家元首应精明狡黠、深谋远虑且善用权谋，这些特点伊丽莎白身上都有。她还非常知人善用，并对臣民奖罚分明。

伊丽莎白头脑敏锐，在当时的欧洲几乎无人能及。很多外国使节都承认她谈话妙趣横生，巧妙灵活，这是很有道理的。她气质忧郁，时而兴高采烈，时而怒气冲天。她的思维令人难以琢磨，在言行举止方面显得生硬，甚至表现粗鲁。在气头上时，她会打财政大臣一记耳光，或者把拖鞋扔到秘书的脸上。她与异性的关系比较亲密，从表面上看却是大大咧咧。一位著名顾问曾说："有时她比男子还强大，有时却连一般女子都不如。"尽管如此，她却有能力激发民众为她效忠，这一点大概是英国历任君主所无法比拟的。以现代的眼光看，朝臣对她的奉承可能有些奇怪，可她确实从未亏待过人民。她仅凭直觉就知道怎样去赢得人民的拥护，从某种意义上讲，她与臣民之间是一种长期的调情关系。她将爱给予了国家，这种爱她从未对任何个人单独表露过，臣民则对她报以忠诚，近乎崇拜的程度。她在历史上留下了"英明的伊丽莎白女王"这一美名，不是没有原因的。

很少有君主像伊丽莎白那样，继位时面临如此之多的危险。英格兰为了西班牙而丢掉加莱，并且还引起了法国的敌视。都铎王朝对苏格兰的政策也宣告失败，自中世纪以来法国－苏格兰联盟所产生的威胁再次出现。在欧洲天主教看来，苏格兰女王玛丽要比伊丽莎白更有资格登上英国王位。她是法国王太子的妻子，后者在1559年继承王位，是为法王弗朗西斯二世。有法国做后盾，苏格兰女王玛丽颇有希望戴上英国王冠。苏格兰摄政王、玛丽女王的母亲玛丽·吉斯奉行亲法和亲天主教的政策，爱丁堡与巴黎都是吉斯家族在执掌大权。早在亨利八世去世前，英格兰的财政收入便捉襟见肘，它在欧洲的货币市场安特卫普信用很低，政府必须支付百分之十四的利息才能贷到款。货币经过爱德华六世统治时期的进一步贬值，到现在已处于混乱状态。英格兰唯一的正式盟友西班牙也因宗教问题而对新政权产生怀疑。伊丽莎白就任时，爱德华六世时期的一位枢密院书记曾对当时形势做过如下评述："女王经济拮据，国家财源枯竭，贵族贫穷没落，军队缺少优秀官兵，民众混乱，法纪废弛，物价昂贵，酒肉和服装滞销。我们内部存在分歧，还得与苏格兰和法国同时作战。法王一只脚踏在加莱，一只脚踏在苏格兰，凌驾于英格兰之上。我们在国外只有不共戴天的敌人，却没有可靠的盟友。”

伊丽莎白从小在新教下成长起来，是新教教义培养出来的优秀典范。在她周围云集了一批最能干的新教徒，其中有即将成为她的坎特伯雷大主教的马修·帕克，掌玺大臣尼古拉斯·培根，当时的一流学者罗杰·阿斯坎以及首要人物 威廉·塞西尔。塞西尔随机应变的能力强，曾在萨默塞特和诺森伯兰掌权期间，担任过秘书大臣。毫无疑问，他是十六世纪英国最伟大的政治家。塞西尔关心国事，勤于职守，行事谨慎，判断准确。伊丽莎白仅凭直觉，就对塞西尔委以重任。她对塞西尔说：“我认为你不会受到任何礼物的腐蚀，并会忠于国家。同时，不受任何私人意志的影响，而向我提出你认为最好的建议。”年轻的女王把国务大臣的重担交给塞西尔时，塞西尔只有三十八岁。尽管在日常接触中，他们之间也有过口角与不快，但伊丽莎白与塞西尔的这种密切合作长达四十年之久，直到塞西尔去世才终止。

缓和国内的宗教矛盾，解除来自苏格兰的威胁是英格兰的当务之急。按照法律，英格兰成为新教国家，国王是英国教会的最高领袖，玛丽女王为确立天主教地位而颁布的法律均被废除。但至此，伊丽莎白的麻烦还远远没有结束。人民开始争论新问题，内容不仅涉及宗教教义与教会权力，也涉及政治权力的性质与基础。从十四世纪八十年代的威克利夫运动（Wyclif）以来，英格兰社会就有一股反对教会的暗流。由于宗教改革运动的发展，自罗马帝国皈依基督教以来，第一次有许多人认为，只要自己确信现存的制度是错误的，就有责任反对它。但由于教会与国家之间盘根错节，以至于违抗一方就是在挑战另一方。自选教义的主张在当时是不合时宜的，正如人们不能决定该去遵守哪部法律、该服从哪位地方官一样。人们至少在表面上必须服从教会，充其量只能在心里沉默地保留自己的意见。但在欧洲的剧烈动荡中，要让人们保持沉默也是不可能的。人总是要说话的，他们彼此间秘密交谈，在文章里发表意见。这些文章印刷上千册，被带到哪里，便在哪里引起人们的激动与好奇。即便规定只有应招之人才可合法议论国事，但民众还是会仔细阅读《圣经》，根据圣经新约福音书作者和耶稣使徒的话，去检验教会的教义、制度以及各种仪式。

正是在这个时候，清教徒第一次登上了英国的历史舞台，在接下来的百年中，他们将产生重大影响。清教徒们在理论与组织上讲求民主，在实际行动中，却不能容忍任何有异己观点之人，并在教会与政府中，向伊丽莎白的权威发起挑战。尽管伊丽莎白一直主张信仰自由，并诚恳地说她“不干涉人的灵魂”，却也不敢放任这些清教徒们在教会和国家机构中建立自己的组织。少数活跃的分裂力量，很可能就将伊丽莎白精心构筑的和谐国度毁掉。必须把新教派从敌人的阵营里挽救回来。伊丽莎白在实践中看到了她未来的继任者詹姆斯一世在理论层面所发表的高见：“没有主教，就没有国王。”她意识到，除非政府控制教会，否则力量便太过弱小，而无法在欧洲天主教世界日益高涨的反宗教改革运动中幸存下来。不久之后，伊丽莎白不仅要对付来自外部天主教世界的威胁，在国内还受到清教徒的攻击。清教徒们的领袖是玛丽女王统治时期那些狂热的流亡分子，现在他们纷纷从日内瓦和莱茵兰的城镇返回英格兰。

尽管如此，欧洲的宗教改革传到英格兰后，立即面目一新，整个社会激烈辩论的新问题，如国内教会与罗马教廷以及与国王之间分别是何种关系，国内教会未来采用何种制度、何种宗教法，如何处理教会以及修道院的财产等，都只能由议会来决定。清教徒很快便在议会中形成一个规模日益壮大且敢说敢言的反对派团体。议会中的绅士们却产生分歧，仅在以下两个问题上，他们的意见大概还是完全保持一致的：第一，他们一旦分得了大修道院的土地，便不想放弃。第二，只要不再爆发玫瑰战争，便万事大吉。在其他问题上，他们则分为严重对立的两派，一派认为改革已恰到好处，另一派则认为，还应该再进一步推行改革。这两派后来先后演变为保皇派与清教徒、国教派与非国教派、托利党与辉格党。但很长一段时间以来，它们之间的分歧并不明显，这是因为人们普遍害怕出现王位之争与内战，同时也是因为只有国王才能在政策与法律方面拥有决定权。

英格兰的直接威胁来自于北部边境，法军支持具有法国血统的苏格兰太后。苏格兰贵族中间出现了一个颇具实力的清教团体，他们在一些遭受迫害的教士们的怂恿下，拿起武器反抗太后及法军。在日内瓦流亡的约翰·诺克斯（John Knox）猛烈抨击外族统治，并强烈谴责“女人的邪恶统治”。在他看来，女子治国是很不正常的事情。伊丽莎白忧心忡忡地注视着这一切。如果法国势力控制了苏格兰，那么他们下一步就要夺取自己的王位了。由于缺钱，伊丽莎白无法采取重大的军事行动，只能派舰队封锁苏格兰的港口，防止法国增派援兵。武器与给养通过边境被偷偷运进苏格兰，交给新教派。诺克斯现在获准取道英格兰返回自己的祖国苏格兰，他的学说具有重要影响。英格兰派出一小支部队支持苏格兰新教徒，在此关键时刻，玛丽·吉斯去世，伊丽莎白遂以四两拨千斤的力度，取得了胜利。根据1560年签订的《利斯条约》（the Treaty of Leith），新教在苏格兰确立起自己的地位。此时，法国却陷入宗教冲突之中，还得集中力量应对哈布斯堡王朝统治下的神圣罗马帝国的威胁。伊丽莎白终于得到喘息之机，能够思考一下未来的事情。

对那时的英国人来说，有一件事是毋庸置疑的，即国家的安定取决于王位有确定继承人，伊丽莎白女王的婚事这一敏感问题，开始成为笼罩在英国国家政治生活上空的阴云，她对此事的态度也显示出她坚强而复杂的性格。民众现在都很清楚伊丽莎白肩负何种责任。如果嫁给英国人，她的权力就会被削弱，求婚者们也会相互残杀。伊丽莎白在很久以前便爱上了诺森伯兰那个英俊又野心勃勃的小儿子罗伯特·达德利，并将他晋封为莱斯特伯爵。她从朝臣们对此事的反应中看出，在国内择婚必然引起不良后果，这条路是根本行不通的。在伊丽莎白登基的最初几个月里，她还曾考虑过自己的姐夫西班牙国王菲利普二世的求婚。与西班牙的联姻给她的姐姐玛丽带来了不幸，但如果伊丽莎白与菲利普二世结婚，却可能得到一位强大的朋友，拒绝他，则可能让菲利普二世对英格兰的宗教仇恨公开化。但到了1560年，伊丽莎白的处境暂时好转，因此便能拖延一时，静待时机。嫁给欧洲某个国王则意味着要将自己也卷入该国的欧洲政策之中，并被丈夫的敌人所仇视。因此，尽管议会请求他们还是处女的女王结婚并生个继承人，却总是白费力气。伊丽莎白非常生气，说这事没得商量。她的策略就是以自己终身不嫁为代价，使臣民免于承担因联姻而产生的义务，同时利用未婚这个条件吸引求婚者，以分化反对她的欧洲联盟。

当时，苏格兰女王是玛丽·斯图亚特。她年轻的丈夫法王弗朗西斯二世继位后不久便去世。1560 年 12 月，玛丽·斯图亚特返回苏格兰。她母亲在吉斯家族里的几位叔叔很快便在法国宫廷失势，她的婆婆凯瑟琳·德·梅第奇取代吉斯家族，成为查理九世统治时期的摄政王。于是，在十六世纪后半叶，法国、英格兰和苏格兰这三个国家均由女子掌权，但只有伊丽莎白的统治是稳固的。

尽管处境相似，但玛丽·斯图亚特的个性与伊丽莎白完全不同。她也是亨利七世的后代，身居王位，生活在女子罕见为王的时代，现在则为孀居。玛丽·斯图亚特来到苏格兰后，便打破了伊丽莎白通过《利斯条约》所实现的微妙平衡局面。英国贵族中的天主教势力支持玛丽·斯图亚特的主张，北方的贵族们尤为活跃。他们中有些人希望能够得到玛丽·斯图亚特的支持。但伊丽莎白了解自己的对手，知道玛丽·斯图亚特无法将自己的情感与政治分割开来。这位苏格兰女王缺乏谨慎自制的能力，而这一点，伊丽莎白在她的苦难童年里便早早学会了。玛丽·斯图亚特的婚事表明这两位女王是截然不同的。伊丽莎白看到从自己的宫廷选择丈夫是很危险的，因此避免这样做，但玛丽·斯图亚特回到苏格兰后没几年，便与她的堂兄达恩利勋爵亨利·斯图亚特结了婚。那是一个身体羸弱、自视甚高的年轻人，拥有都铎家族与斯图亚特家族的血统。玛丽的这场婚姻以悲剧而收场。老牌封建派系在宗教冲突中势力得到加强，从而将苏格兰牢牢掌控在自己手中，玛丽·斯图亚特的权力在逐渐丧失。她从讲求文明的法国宫廷中带回国的宠臣不受欢迎，其中一位宠臣戴维·里奇欧竟被人当着玛丽·斯图亚特的面杀死。玛丽的丈夫也成了反对派的工具，心死之余，她密谋杀死了自己的丈夫。1567 年，玛丽·斯图亚特又与杀害她丈夫的凶手博斯威尔伯爵詹姆斯·赫伯恩结婚。他是个好斗的边疆贵族，他那桀骜不驯的刀剑或许能保住玛丽·斯图亚特的王位与幸福，但她还是在斗争中失败了，被监禁起来。1568 年，玛丽·斯图亚特逃到了英格兰，自投伊丽莎白的罗网。

但此时的玛丽比她在苏格兰时还具危险性，成为谋害伊丽莎白的各种阴谋活动的中心。她的存在威胁着新教英格兰的生存。西班牙的密使潜入英格兰，煽动叛乱，并拉拢伊丽莎白那些信奉天主教的臣民。反对宗教改革的各种力量纷纷爆发出来，反对欧洲唯一统一的新教国家。如果信奉新教的英格兰被摧毁，那么其他所有国家的新教似乎都难逃被镇压的命运。第一个措施就是暗杀，但伊丽莎白的仆人们都很出色。塞西尔的助手、后来成为他政敌的弗朗西斯·沃尔辛厄姆追查到了西班牙密使及英国忤逆者们的行踪。沃尔辛厄姆是个才思敏捷且极具热忱的新教徒，玛丽·都铎统治时期，他流亡国外，因此对欧洲政治的了解胜于伊丽莎白的任何一位顾问。他建立的秘密组织在当时的欧洲无人可敌，但也总会有漏网之鱼。只要玛丽·斯图亚特还活着，威胁就会存在。心怀不满的公众及图谋不轨的人物会利用她本人及她的英格兰王位继承权来将伊丽莎白毁灭。1569 年，这种威胁成为现实。

英格兰北部地区要比富庶的南方原始落后得多。那些骄傲、桀骜不驯的半封建贵族们感到，自己不仅受到了伊丽莎白权力的威胁，还受到了包括塞西尔家族与培根家族在内的大量新贵们的威胁。这些新贵因关闭修道院而大发横财，对政治权力极度渴望。尤为重要的是，南北方之间还存在严重的宗教分歧。南方主要信奉新教，北方则仍然主要信奉天主教。在荒凉贫瘠的山谷中，修道院一直是公共生活与慈善事业的中心。关闭修道院促使人们对亨利八世发起“求恩巡礼”运动，如今又使他们对伊丽莎白的宗教改革进行顽强抵抗。有人建议玛丽·斯图亚特应与诺福克公爵结婚，诺福克公爵这个爵位在都铎王朝之前的贵族中颇为显赫，现在，他懦弱的头脑被调转方向，要为英格兰王位去赌一把。不过，他还是及时悔改了。但 1569 年，诺森伯兰伯爵与威斯特摩兰伯爵却在北方发起一场叛乱。玛丽·斯图亚特被圈禁在特伯利，由伊丽莎白的表兄、军人亨斯顿勋爵看守。亨斯顿勋爵来自博林家族，是伊丽莎白为数不多的亲戚之一，始终对她忠心耿耿。在叛乱分子还未占领太多地方时，伊丽莎白被紧急转移至南方。她没有及时意识到叛乱的危险。她说：“这几个伯爵虽是名门望族，但却力量不大。”叛乱分子计划拿下英格兰北部，然后静待伊丽莎白反击。他们彼此互不信任。南方信奉天主教的贵族们按兵不动，叛乱分子们似乎也没有什么统一的行动计划，在北部山区分裂成众多小股武装，后来狼狈地逃到苏格兰。天主教徒大规模反对伊丽莎白的第一次阴谋行动就这样结束了。惨淡经营十二年后，伊丽莎白终于成为全英格兰地位无可挑战的女王。

罗马教会迅速采取措施进行报复。1570 年 2 月，曾担任西班牙宗教法庭庭长的教皇庇护五世发布训令，将伊丽莎白逐出教会。从那时起，欧洲天主教国家的首领西班牙便拥有精神武器，在需要时即可对英格兰发起攻击。伊丽莎白的地位受到削弱。议会开始对她不结婚这件事越来越不满，因此不断请求伊丽莎白择婿结婚，此举却迫使她在一怒之下，采取了行动。她与凯瑟琳·德·美第奇进行了谈判，两国于 1572 年 4 月在布洛瓦结为盟友。两位女王都不信任西班牙，凯瑟琳意识到，信奉天主教的法国与信奉新教的英格兰都受到了西班牙的威胁。在较短时间里，局势的发展有利于伊丽莎白。西班牙的薄弱环节在尼德兰。那个富庶地区的健壮居民早就对菲利普二世的统治不满了，整个地区即将发生叛乱。《布洛瓦条约》尚未签字，有“海上乞丐”（Sea Beggars）之称的荷兰著名反专制主义者们便占领布里尔镇，叛乱的浪潮席卷低地国家。现在，伊丽莎白在欧洲大陆有了一位潜在的新盟友，她甚至在考虑嫁给法国凯瑟琳太后的一个小儿子，条件是法国不要趁叛乱入侵尼德兰。但在巴黎发生的一起可怕事变，使伊丽莎白的计划落空。在 1572 年 8 月 23 日 圣巴托洛缪节前夜，亲西班牙的极端天主教徒吉斯家族突然对胡格诺派教徒发起大屠杀，夺回了十年前失去的政权。伦敦对此反应激烈，英国驻法大使弗朗西斯·沃尔辛厄姆被召回。当法国大使觐见伊丽莎白女王，想向她解释所发生之事时，伊丽莎白与她的大臣们都身着黑衣，默默迎接他的到来。伊丽莎白一面履行新教国家女王所应担负的职责，一面充当法王之子的教母，并继续就她与法王弟弟的婚事进行商谈。

伊丽莎白没有实现与法国王室结盟的计划，因此不得不向法国胡格诺派与荷兰人提供秘密援助。由于资金有限，不到生死攸关的时刻，伊丽莎白不会出手相助，因此能否成功便取决于是否找准了时机。沃尔辛厄姆现在是国务大臣，成为政务会里地位仅次于塞西尔的二号人物。他认为这些援助还远远不够。玛丽女王统治时期流往海外并在巴黎担任大使的经历使他确信，只有英格兰对欧洲大陆的新教给予大力支持与援助，新教才能在那里生存下去。从长远看，新教与天主教之间的矛盾是不可调和的，早晚会爆发战争，他极力主张在最后的较量来临前，尽力保有并争取潜在盟友。

此时已是伯利勋爵的塞西尔反对这些主张。从亨利七世起，与西班牙保持友好关系就是都铎王朝的传统，阿拉贡的凯瑟琳与亨利八世的婚姻就体现了这种关系，商业利益则使这种关系不断加强。西班牙仍控制着尼德兰的广大领土，与它保持友好关系，便能为英国的羊毛与布匹保有巨大的市场。玛丽女王与菲利普的婚事曾在英格兰引起普遍反感，但在伯利勋爵看来，不宜因此而走向另一个极端，参与到尼德兰叛乱者反对菲利普的活动中去。这样做是对清教徒中的极端主义者火上浇油，从而使对外政策掺入危险的狂热情绪。当1572年伯利勋爵担任财政大臣后，他的态度更加强硬。他知道国家现在财力微薄，非常担心与西班牙和尼德兰的贸易中断。他坚持认为，沃尔辛厄姆的政策会让国家陷入破产与灾难之中。

伊丽莎白倾向于伯利勋爵的看法，不喜欢支持其他民族的叛乱活动。有一次她对沃尔辛厄姆嘲讽道，这些叛乱者就是“你和你的基督教兄弟们”。她对顽固的清教徒持不赞许的态度，但发生在圣巴托洛缪节前夕的大屠杀有力支持了沃尔辛厄姆的观点，伊丽莎白不得不与尼德兰进行冷战，并在海上不宣而战，随之遭到西班牙无敌舰队的猛攻。

上述事件对英国政治产生了一定影响。大多数清教徒起初愿意遵从伊丽莎白所建立的教会，是因为他们原本想从内部对之进行改造，但现在却极力迫使政府制定强硬的新教对外政策，同时保证他们自己的宗教自由。清教徒们在国内拥有强大实力，在宫廷与政务会中也有像沃尔辛厄姆这样的盟友。伊丽莎白的宠臣莱斯特则与沃尔辛厄姆关系密切。在英格兰东南部的城镇与郡县中，清教徒们喧嚣尘上。他们无视伊丽莎白女王的教会机构，开始成立自己的宗教组织，并有自己的牧师与礼仪。他们的目标是建立神权专制。与天主教一样，他们也认为应当政教分离，彼此独立。与天主教不同的是，他们认为教会权力应该掌握在长老会手中。长老会由教徒自由选举，一旦选出，便拥有无限权力，可以在人类生活的许多领域取代世俗权力，进行统治。

对清教徒来说，伊丽莎白所控制的英国国教那富有历史传统的礼拜仪式，包罗万象的宗教法以及主教制度，都是令人憎恶的，因为它们都不符合加尔文对《圣经》的解释。英国国教确实有一些弱点，比较容易妥协。此外，在伊丽莎白统治初期，除了伦敦、各个大学以及一些大城镇，其他教区的普通牧师都处于无足轻重的地位。为了保住自己的俸禄，他们有时不得不服从爱德华六世的教会，后又在玛丽女王统治下，改变自己的信条，最后还得接受一个乡村法庭所说的“女王陛下规定的宗教”，来以此谋生。他们略懂拉丁文，几乎连旧版本的布道书都读不下来。他们学识不足，都无法进行一场像样的布道，根本不是挑战者、争论者以及粗俗小册子作者的对手。后者是一批富有宗教热情与新观点、具有雄辩才能的教士。他们偷走了这些老教区牧师的信徒，将新奇而惊人的观念灌输到信徒的脑袋里，向他们宣传会众有权自行组织教会，自选宗教仪式，并自定宗教制度。那么，难道他们就不能建立自己的政治制度吗？如果在英格兰不行，在其他国家或许可以？英国社会的表面出现一道裂痕，并将扩大为一条很深的鸿沟。路德派与君主制甚至是专制政体都配合得很好，但在欧洲流传甚广的加尔文派却是一股破坏力量，严重影响了历史的连续性。随着玛丽·都铎统治时期的流亡分子纷纷回国并东山再起，英国教会与政府中的爆炸性因素在增加，最终使教会与政府均陷于毁灭之中。伊丽莎白知道清教徒们可能是最忠于她的子民，但她害怕这些人的强烈冲动不仅引来自己所担心的对欧战争，还会威胁到国家的统一。于是，伊丽莎白与她的政府都不敢向清教徒让渡一部分权力，因为当时的形势不允许在国内发生宗教战争或其他任何动乱了。

伊丽莎白的政务会因此进行了回击。由一批信奉基督教的专员组成的机构受命对出版业进行审查。这个机构叫作最高宗教法庭，于 1559 年成立，负责处理违反教会权威的案件。这种将主教与新闻出版审查官职能相结合的做法惹恼了清教徒，他们建立起一个秘密流动印刷点，数年间出版了大量言辞激烈的匿名小册子。1588 年，是他们秘密活动的高潮之年，印刷了一批署名为马丁·马普雷莱特的小册子，对“板着一副瓷砖面孔的主教”本人及其工作进行攻击。他们使用激烈生动的语言表明，他们已深深意识到应用英文散文体的可能性。小册子里有许多粗糙、尖刻的形容词，句子像干草车一样笨拙。有一段时间，印刷机就藏在干草车里。一连几个月，最高宗教法庭的暗探们都在搜捕这一秘密宣传机构的发起人。后来，印刷机在一个村庄的街道上偶然从干草车中掉了出来，导致印刷工被捕，但小册子的作者们却始终没有被抓到。

天主教也在加强攻势。十六世纪七十年代，许多天主教教士从设在杜埃与圣奥梅尔的英国神学院来到英格兰，肩负培养天主教徒宗教感情并维持英国天主教徒与罗马教会联系的使命。一开始，他们的到来并未引起英国政府太多担心，伊丽莎白也不相信国内的天主教徒有叛国之意，1569 年叛乱的失败使她对这些天主教教徒的忠诚更加确信无疑。但 1579 年前后，一些令人生畏的传教士开始潜入英国。他们是反对宗教改革的耶稣会士（the Jesuits），愿为复兴天主教事业而献身。他们是群狂热分子，不关心个人安危，接受任务前都经过精挑细选。耶稣会士的敌人指控他们为达目的而使用暗杀手段。耶稣会士中最重要的人物当属埃德蒙·坎皮恩（Edmund Campion）和罗伯特·帕森斯（Robert Parsons）了。沃尔辛厄姆的手下密切监视他们的一举一动，多次识破他们企图杀害伊丽莎白的阴谋。英国政府不得不采取非常手段。玛丽女王在她执政的最后三年，烧死了大约三百名新教殉道者。伊丽莎白女王在她后三十年统治期间，以叛国罪处死了大约同等数量的天主教徒。

被长期监禁的苏格兰女王玛丽自然是各种阴谋的主要因素。如果除掉伊丽莎白，她就可继承英国王位。伊丽莎白不愿意承认自己的生命面临危险，但这些阴谋使谁继承英格兰王位这个问题变得尖锐起来。假如玛丽去世，她的儿子詹姆斯就是英格兰王位的继承人，詹姆斯现在安全地处于苏格兰加尔文派的控制之下。为了避免出现另一位信奉天主教的女王，必须在耶稣会士及其盟友杀害伊丽莎白前，将玛丽处死。政务会中，沃尔辛厄姆及其追随者纷纷劝说伊丽莎白女王处死玛丽，并展示了玛丽所参与的种种阴谋活动的证据，希望伊丽莎白不要心慈手软，但她还是不愿伤害王室成员。

有迹象表明，耶稣会士并非一事无成，但伊丽莎白却气定神闲，她在等待时机。决定性的时刻很快就要来到。1584 年仲夏，反抗西班牙的荷兰新教领袖威廉一世在他位于德尔夫特（Delft）的家中被一名西班牙爪牙所伤，生命垂危。英国对此群情激奋，这一暗杀也对沃尔辛厄姆关于处死玛丽的主张十分有利。西班牙本就对伊丽莎白纵容英国海盗袭击西班牙船只心存不满，这样一来，更是怒不可遏。一旦西班牙人恢复了尼德兰的秩序，那里将成为西班牙进攻英国的基地。于是，伊丽莎白不得不派莱斯特率军前往荷兰，防止荷兰叛乱者彻底失败。

为保卫伊丽莎白，1585 年，信奉新教的贵族阶级自发组成联盟。第二年，一个叫安东尼·巴宾顿的英国天主教徒策划的一起阴谋被揭穿，沃尔辛厄姆在政务会上出示了该阴谋的相关证据，他的一名手下打入该阴谋集团已一年有余。毫无疑问，阴谋者是得到了玛丽的默许。伊丽莎白终于被说服，认识到处死玛丽是一种政治必需。经过正式审判，玛丽被判处叛国罪。议会请求将玛丽处死，伊丽莎白最终签署了死刑判决书，但不到二十四小时，伊丽莎白就又后悔了，企图取消死刑，但为时已晚。尽管伊丽莎白知道为了国家安全必须处死玛丽，可一想到自己要对处死另一位女王承担责任，心中不禁又害怕起来。她忐忑难安，觉得不应由自己下令做出处死玛丽的最后决定。

玛丽之死的场面引起历史学家们的极大兴趣。1587 年 2 月 8 日清早，她被传唤到佛斯林费堡（Fotheringay Castle）大厅，由六名侍从陪伴着，等待英国女王官员们的到来，附近农村的乡绅们也都赶来看玛丽受刑。她在指定时间穿一件肃穆的黑缎子衣服出现了。安静的大厅中，玛丽迈着庄重步伐，走向壁炉旁边蒙着布的断头台。庄严的仪式很快结束，但狂热的彼得伯勒大教堂的教长想让玛丽女王在生命最后一刻皈依新教。玛丽严肃驳斥了他的大声规劝。她说：“教长先生，我是一名天主教徒，死也要像个天主教徒的样子。谁也无法动摇我的信念，你的祈祷对我也不起作用。”

玛丽在生命最后一刻精心打扮了一番，临刑前，她由哭泣的侍女脱去了黑缎子长袍，露出深红色天鹅绒的紧身胸衣与衬裙。一名侍女递给她一对深红色的袖套，她戴到胳膊上。于是，这位不幸的女王在生命的最后时刻，穿一身血红色衣装，站在以黑色为背景的断头台前。大厅里只听嗖的一声，玛丽跪了下去，刽子手又砍了一下，完成了自己的使命，大厅里呆若木鸡的人们也看完了热闹。随着死亡的降临，玛丽想当英格兰女王的美梦破碎了。刽子手提起这位头戴假发的女王头颅，裹着血淋淋尸体的衣服里，爬出一只巴儿狗来。

玛丽的死讯传到伦敦，人们在街道上燃起篝火，伊丽莎白却独自坐在房中流泪。与其说她是为一个女子的死亡而哭泣，不如说是为一位女王的厄运而哀叹。她设法将这件事的责任推到各位顾问身上。

第九章 西班牙无敌舰队

现在，战争已无法避免，形势明显对西班牙有利。墨西哥与秘鲁矿场中的金银源源不断流向西班牙，使其国力大增，西班牙国王菲利普得以武装一支空前强大的军队。英格兰统治者对这一情况心知肚明，只要西班牙还掌控着新大陆的财富，它就能建立并装备一支规模庞大的舰队，因此，必须从源头或远洋运输船只上夺取这些财富。为充实国库，并破坏西班牙攻打尼德兰与英格兰的备战工作，伊丽莎白女王批准多支非官方探险队去袭扰西班牙沿海地带以及其在南美洲的殖民地。过了一段时间后，伊丽莎白意识到，这种分散袭扰并不能持续打击西班牙帝国在海外及其在北欧的势力，因此这些袭扰行为渐渐具有了官方色彩。约翰·霍金斯将亨利八世时代延续下来的皇家海军进行了重建与改组。他是朴次茅斯一位商人的儿子，曾在巴西与葡萄牙商人做过生意，在非洲西海岸猎取黑人并将之运往西班牙殖民地的过程中，霍金斯掌握了航海技术。1573 年，他被任命为财政大臣，并掌管海军。此外，霍金斯还培养了一个聪明伶俐的学生叫弗朗西斯·德雷克，是位来自德文郡的年轻冒险家。

被西班牙人称为“未知世界大盗”的德雷克现在对他们的港口与船员构成严重威胁。德雷克直言不讳地说，他就是要迫使英格兰对西班牙宣战。他攻击西班牙的运宝船，在 1577 年的环球航行中，对西班牙在南美大陆西海岸的殖民地进行掠夺，此外，还不断袭击西班牙在欧洲的港口。所有这些举动都促使西班牙对英国宣战。英国水兵通过袭击西班牙本土的经验意识到，只要双方实力均衡，他们就能与西班牙人进行对抗。坐着霍金斯建造的舰船，他们可以将任何西班牙来犯船只击沉。

与此同时，伊丽莎白的水手们也在未探测过的水域获得了经验。西班牙处心积虑不让其他国家在已经发现的新大陆进行商贸活动，来自德文郡的绅士汉弗莱·吉尔伯特便开始在其他地方进行探索，并找到一条从西北方向通往中国的航线，从而引起伊丽莎白女王的重视。吉尔伯特博览群书，对当时所有探险家的成就都进行了研究。他知道，很多探险家都在法国与尼德兰的战斗中锻炼了自己，他可以利用这些人。1576年，吉尔伯特写了《漫谈从西北航道抵达中国与东印度》一书，书中以著名警句结尾："一个人如果因为惧怕死亡而不愿为他的国家服务，不愿为自己赢得荣誉，那么他不值得存活于世。人固有一死，但荣誉永存。"在这一思想激励下，马丁·弗罗比歇开始进行海外探险，伊丽莎白女王还为他颁发了许可证。王室与伦敦城都对弗罗比歇的活动进行了资助，两艘二十五吨重的小船扬帆起航去寻找黄金。弗罗比歇在对哈得孙海峡的荒凉海岸绘制完海图后，返航回到英国。人们对他所带回来的黑色矿石标本抱有很高期望，认为那里面可能含有黄金。但经检验，这些黑色矿石不含黄金，一钱不值，人们大失所望。可见在西北航道上的探险活动并不是一条致富捷径。

但吉尔伯特却并不灰心，他是第一个意识到这些海外探险的价值并不仅仅在于发现贵金属之人。英格兰人口稠密，他们或许可以在新发现的土地上定居。人们现在开始憧憬在美洲建立殖民地，一些胆大的人甚至已经向往在大洋彼岸将要出现的新英格兰了。从一开始，他们就有相当实际的目标。为了将贫穷的失业者运往新大陆，同时也为了给英国布匹打开新市场，1578年，吉尔伯特从伊丽莎白那里获得特许状，"可以去发现不在基督教国家实际控制之下的任何异教徒领土，并可以在那里居住"。吉尔伯特率领他同父异母的弟弟沃尔特·雷利以及其他许多出身高贵的冒险家，乘十一艘船只，进行了几次大有希望的远航，却都以失败告终。

1583年，吉尔伯特以女王之名占领纽芬兰，但却没有在那里长期居住。他决心来年再闯一次，于是便动身回国。途中，船队遭遇恶劣海况，"一个个海浪像金字塔般朝小船猛袭而来。”在这场风暴中幸存的爱德华·海斯写道：“9月9日星期一下午，护卫舰几乎被海浪吞没，然后又从海浪中冲了出来。我们欢呼起来，随船的教士拿着一本书坐在船尾。当我们靠近他时，听到他反复说：‘我们在海上也和在陆地上一样靠近天堂’”。那天夜里12时，吉尔伯特所乘坐的“松鼠”号上的灯光突然消失，英国历史上第一位向西方进行探险活动的伟大前驱就这样遇难，离开人世。沃尔特·雷利继续吉尔伯特未竟的事业，1585年，他在美洲大陆附近的洛亚诺克岛建立起一小块殖民地。为向伊丽莎白女王表达敬意，他将之命名为“弗吉尼亚”。这个词的含义很模糊，后来这一名称包括现在的弗吉尼亚州和北卡罗来纳州。此次探险与两年后的探险一样，都没有成功。现在，西班牙的威胁越来越大，英国国内必须集中全力来应对，开辟殖民地这项事业便因西班牙战争而又推迟了二十年。从国力来讲，英国与西班牙实力相差悬殊，但伊丽莎白女王的水手们训练有素，可挽救英格兰免遭灭顶之灾。

西班牙对英格兰宣战蓄谋已久。他们意识到，英格兰的干涉是他们重新征服尼德兰的一大障碍，除非将英格兰打败，否则尼德兰的动乱局势会无期限地继续下去。从1585年起，西班牙开始从各个渠道搜集情报。英格兰流亡者向西班牙提交了详细报告，许多间谍也给西班牙国王菲利普呈上各种地图与统计数字。西班牙档案馆现在还存有几份当年计划入侵英格兰的初步计划。

兵员不是问题。如果能在尼德兰维持一段时间的平静，就可以从那里的西班牙驻军中，抽调出一支远征英格兰的军队，他们认为有一个军团就足够了。建立并装备一支舰队则是更艰巨的任务。西班牙国王的大部分船只来自于他的意大利属地，是按照部署在地中海所需性能而建造的，并不适于沿西欧海岸航行并横渡英吉利海峡，而用来与西班牙在南美洲的殖民地做生意的那种大帆船又相当笨重。1580年，菲利普二世吞并了葡萄牙，葡萄牙的海军建设者们的眼界并不囿于地中海，试验了能在南大西洋中进行战斗的各种船只，于是，葡萄牙大帆船成为西班牙舰队的基础，此刻正集中在里斯本港。

每一艘能用的船只都被征召到西班牙西部的水域，其中甚至还包括印第安护卫队的私人船只。西班牙的备战工作因德雷克1587年劫掠加的斯而推迟一年。在此次劫掠过程中，西班牙损失了大量物资与船只，人们说是“烤焦了西班牙国王的胡子”。尽管如此，1588年5月，西班牙无敌舰队还是做好了准备，蓄势待发。这支舰队共有一百三十艘船，配备两千五百门大炮，载有三万余人，其中有两万是战斗人员。其中，西班牙大帆船二十艘，武装商船四十四艘，地中海式划桨大帆船八艘，其余的则是小划艇与运输船。他们的目标是沿英吉利海峡北上，去尼德兰运载该地总督帕尔马公爵亚历山大·法尔内塞所指挥的一万六千名久经沙场的远征军，然后把他们送到英格兰南部海岸登陆。

在西班牙享有盛誉的海军元帅圣·克鲁兹此时已经去世，指挥权交给了梅迪纳·西多尼亚公爵，公爵对此次行动顾虑重重。他采取在地中海流行的战术，与敌舰近距离厮杀，并靠士兵登上敌舰进行战斗而取胜。他的舰队可以运载大批军队，数量之多令人赞叹。舰队的短程大炮火力威猛，远程重炮却威力不大，因此英国人在决战前，一直避免与西班牙舰队展开近战。西班牙舰队的水手人数远少于士兵，且都是些西班牙人中的渣滓，由那些出身贵族家庭、没有海战经验的军官们指挥。许多船只年久失修，军粮根据合同由私人提供，供给者徇私舞弊，军粮数量不足且已霉烂变质，盛饮用水的器具是没有干的木材制成，水不断从里面漏出来。舰队指挥官毫无海战经验，因此请求国王菲利普二世免除他对这场新奇冒险活动的指挥权。

英国计划将舰队集中在西南部一港口，从英吉利海峡西边入口处截击敌人，同时在英格兰东南部集中陆军，以迎战从佛兰德海岸而来的帕尔马大军。英国人无法确定西班牙人将在哪里发起进攻，但此时英格兰盛行西风，因此西班牙舰队很有可能沿英吉利海峡北上，与帕尔马会合，然后在埃塞克斯郡沿岸强行登陆。

面对西班牙的磨刀霍霍，英国万众一心。天主教集团的重要人物都被囚禁在伊利岛，但总的来说，他们对王权的忠诚没有动摇。蒂尔伯里集结了一支两万人的大军，由莱斯特勋爵（Lord Leicester）指挥。这支军队以及从附近郡里所征召的人们，共同构成了一股不可小觑的力量。西班牙舰队尚未来临时，伊丽莎白女王在蒂尔伯里检阅了部队，并发表了如下激动人心的演讲：

“我可爱的人们，有些关心我国安危的人劝我们要提防军队，以防背叛。但我请你们放心，我不会对我那些忠诚且可爱的人民持怀疑态度。只有专制暴君才会有这样的疑虑。一直以来，我都严于律己。按照上帝的旨意，我将自己最重要的力量与安全交予我那些忠诚且善良的臣民。所以，在战斗的关键时刻，我来到你们中间，决心与你们同生共死。为了上帝，为了我的国家，为了我的臣民，为了我的荣誉与我的祖先，我不惜战死沙场。从外表看，我只是一个弱女子，但我有国王的心胸，尤其有英格兰国王的心胸，藐视胆敢侵犯我国领土的帕尔马或西班牙或是任何欧洲国家。我决不退缩，定要拿起武器，亲自挂帅，对你们在战场的壮举进行评定和奖赏。凭着目前的战斗热情，你们已经值得奖赏。我以国王的名义向你们保证，你们届时一定会得到应有的奖励。”

霍金斯的海军建设工作现在到了检验时刻。早在数年前，他就根据自己在西班牙殖民地附近进行海盗劫掠的经验，对英国船只的设计进行修改。高出西班牙帆船甲板上的船楼被降低了，龙骨被加深了，同时更注重船只的适航性以及船速。最重要的是，船上还安装了远程重炮。通常，人们认为加农炮是种“上不了台面的武器”，只配在双方短兵相接开战前，隆隆作响以造声势。但霍金斯建造的船只适用于任何海域，因此他反对近战，而主张用新型大炮远距离轰击敌舰。英国海军的舰长们渴望早日试试这一对付敌人大帆船的新战术。敌舰船底平坦，风大时容易漂移。尽管霍金斯费尽心力，但在 1588 年海战时，伊丽莎白女王只有三十四艘船，船上所载军队也不过六千人。尽管按照惯例，所有可用的私人船只都被迅速征用并武装起来，供政府调遣，但在征来的一百九十七艘船中，至少有一半因为体积太小而派不上任何用场。

伊丽莎白女王要她的水兵们“对帕尔马保持警惕”，并对将主力舰队派到西边的普利茅斯而心存不安。德雷克主张采取大胆行动。在 1588 年 3 月 30 日的奏折中，他建议派舰队主力袭击西班牙里斯本附近的一个港口，而非进攻守卫森严的里斯本，以迫使西班牙舰队出海保卫自己的海岸线。行动中，英国舰队一定会与西班牙舰队遭遇，但他们可以凭借有利风势，从西班牙舰队旁边溜过去，驶入英吉利海峡，不会有什么危险。

但英国政府却采用了更为危险的主张，他们让海军舰队在南部沿海分兵把守，准备从全线迎战敌人，并坚持派一支小舰队到英吉利海峡东端监视帕尔马的行动。德雷克与他的上级、英国舰队司令埃芬厄姆勋爵霍华德对此忧心不已，烦躁难安，大费一番周折后，才避免将他们的兵力进一步分散。一场南风使英国海军无法袭击西班牙沿岸，并将他们吹回了普利茅斯。船上给养枯竭，很多人都得了坏血病。

这样一来，他们便有充足的时间来对战略问题进行思考。5 月 20 日，西班牙舰队从塔古斯河出发，但也遇到了那场使霍华德和德雷克行动受阻的强烈风暴，两艘一千吨的大船被风暴吹断了桅杆。整个西班牙舰队进入科伦纳港进行整修，直到 7 月 13 日才再次起航。7 月 19 日傍晚，西班牙舰队驶近利泽德岬角的消息传到普利茅斯，英国舰队便在当天晚上微弱的逆风中出海迎敌。第二天，这股风变得强劲起来。霍华德在 7 月 21 日写给沃尔辛厄姆的信中对这次海战进行了描述。

“那天晚上我们出港时风力很弱，直到星期六晚上西南风骤起。下 3 时，我们发现了西班牙舰队，便全力抢占风向对我们有利的位置，并在今天早上实现了这一目标。我们发现西班牙舰队由一百二十艘船组成，其中有四艘双排桨大帆船和许多大吨位船只。9 时整，我们向他们开战，直到下午 1 时才结束。”

如果梅迪纳·西多尼亚公爵趁英国舰队星期六出港时，从上风处打击它们，便会重创英国舰队。但他得奉命向英吉利海峡上游驶去，与帕尔马会合，并帮助把在敦刻尔克附近集结起来的老兵运往英格兰。从他给马德里发去的报告可以看出，他根本没意识到自己错失良机。英格兰舰队艰苦、耐心且冒着危险驶向梅迪纳的上风处，在他的舰队沿英吉利海峡北上的九天里尾随其后，并用远程大炮不断进行轰击。英国人占了上风处的优势。7 月 23 日，风势减弱，两国舰队都在 波特兰岬角附近停航。西班牙人企图用几百名奴隶划桨的那不勒斯大帆船进行反击，但德雷克与霍华德率队先后冲向西班牙舰队主力。霍华德后来在报告中说："西班牙人被迫退却，像绵羊一样聚到一起。"

紧接着，7 月 25 日，双方在怀特岛附近又发生交战。西班牙人似乎打算夺取该岛以做基地，但由于西风强劲，英国人又处于上风位置，得以再次把西班牙人赶到加莱方向的海域。梅迪纳不了解帕尔马的动向，想要打探些有关他的消息。横渡英吉利海峡成为西班牙人的一段痛苦经历。英国船只上的大炮击中了西班牙大帆船的甲板，杀伤了他们的船员，并使敌军士气低落，英国舰队却几乎没受什么损失。

随后，梅迪纳又犯了一个致命错误，命令舰队在加莱锚地抛锚。伊丽莎白女王部署在英吉利海峡东端的舰队与海峡中的舰队主力会合，至此，英格兰所有海上力量都统一在一起了。7 月 28 日傍晚，在英国舰队旗舰上召开了一次作战会议，决定对西班牙人发起进攻，决战开始了。夜幕降临后，东部分遣舰队的八艘船只装满炸药，作为火攻船，向密集在锚地的西班牙军舰冲去，他们的作用与现代的鱼雷相仿。躺在甲板上的西班牙船员一定看到一些奇怪的船只正向他们驶来，船上还有奇异的灯火在移动。突然，空气中发生连续爆炸，火光冲天的大船朝着已经抛锚的西班牙舰队漂流而来。西班牙船长们赶快砍断缆绳，将船开往海面开阔地带，结果许多船只发生碰撞，最大船只之一的"圣洛伦佐"号舵都被撞丢了，只得在加莱港团团打转。加莱总督拘留了"圣洛伦佐"号上的所有船员，西班牙舰队的其余船只则顺着西南风驶向东边的格拉沃利讷。

梅迪纳派信使去通知帕尔马，自己已经来到。7 月 29 日黎明，他靠近格拉沃利讷海岸的沙丘，希望看到帕尔马的部队已在船上整装待发，但却望不见一片船帆。敦刻尔克港口的潮水正处于小潮时分，要想让舰队驶出港口，只有在顺风且春潮来临时才可，但现在这两个条件都不具备。帕尔马的军队与船只并未出现在约定地点，于是西班牙人转而对付紧追不舍的英国舰队。双方激战 8 小时，那是一场短兵相接的水上大混战，送往英国政府的战报相当简短："霍华德在战斗中摧毁了大量西班牙舰艇，击沉三艘，另外四至五艘触岸。”战斗中，英国人的弹药用完了，否则西班牙的舰艇一艘也别想逃走。但霍华德本人却没意识到自己取得了巨大胜利。战斗结束后的当天晚上，霍华德写道：“他们实力强劲，可是我们终于把他们的羽毛一根一根拔下来了。”

战斗结束后，备受蹂躏的西班牙无敌舰队向北驶去，他们的目标就是回国。绕道苏格兰北部的可怕航程开始了。英国人的小船闷声不响地尾随在后，西班牙人不止一次进行反击。双方都没有足够的弹药了。

西班牙水手在归国途中，显示出他们娴熟的技术，在排山倒海的巨浪中，摆脱了英国人的追赶。英国军舰食物匮乏，缺少弹药，装备也糟透了，不少船员多有抱怨，因此，整个英国舰队不得不朝南驶往英吉利海峡沿岸的港口。真是天助西班牙人。起先，西风曾把西班牙两艘大帆船吹到挪威海滩，撞成碎片，但之后，风向就变了。梅迪纳写道：“我们在苏格兰北部绕过了不列颠群岛，现在正乘着东北风驶向西班牙。”向南航行时，西班牙人被迫在爱尔兰西海岸补充淡水。在这之前，他们早已将骡马丢进大海，因此前往爱尔兰海滩的决定又招来一场灾难。西班牙的船只已被英国人的大炮打得千疮百孔，现在又被秋季的暴风所袭击，有十七艘船被吹到岸上。为了寻找淡水，五千余名西班牙人因此而丧命。尽管如此，西班牙舰队还是有六十五艘以上的船只于10月间回到西班牙港口，约占此次出海船只的半数。

英国没有损失一舰，伤亡也不足百人，但他们的舰长们却非常失望。三十年来，他们总认为自己的实力强于对手，现在却发现，同他们战斗的西班牙舰队的规模要远远超过自己的想象。他们自己的船只装备简陋，战斗关键时刻弹药却用完了，商船的重炮也不行，致使一半敌舰逃脱了。英国舰长们没有吹嘘胜利，而是将对自己舰队的不满之处记录下来。

但对全体英国人民来说，打败西班牙无敌舰队简直就是个奇迹。三十年来，西班牙就是英国政治生活中的阴影，如今，英国人爆发出一股宗教热情，为纪念此次胜利而铸造的奖章上有这样一句话：“上帝一挥手，他们便四散逃走。”

伊丽莎白与她的水手们深知此话千真万确。西班牙无敌舰队确实在战争中受到重创，但使它们士气低落、望风而逃的却是天气。这次战役却具有决定性影响。英国海军本来也可能取得胜利。尽管船只数量与给养有限，但霍金斯的新战术却带来了胜利。英国举国上下如释重负，满是自豪。几年后，莎士比亚写了《约翰王》，其中几句话打动读者的心：

“尽管敌人三面来攻，让我们给他们一个迎头痛击。只要英格兰对自己忠诚，什么也不能使之悲痛。”

第十章　光荣的女王

伊丽莎白就这样度过了 1588 年的统治危机。英格兰打败西班牙无敌舰队后，成为世界一等强国，并抵御住了自罗马时代以来最强大帝国的进攻，伊丽莎白的臣民因此意识到了自己伟大的力量。伊丽莎白执政末期，以她为偶像的民族精神与民族热情在不断高涨。打败西班牙舰队的第二年，斯宾塞所著《仙后》的前三部出版了，书中称颂伊丽莎白是“光荣的女王”。其他诗人与朝臣也对象征国家伟大成就的伊丽莎白女王表达敬仰之情，伊丽莎白因此培育了一代英国人。

海战的胜利使英国人有大把机会通过海外冒险赢得财富与声誉。1589 年，理查德·哈克卢特首次出版了他的伟大著作《重要远航录——英国的航海与发现》。书中，那些勇敢的航海家们将自己的故事娓娓道来。哈克卢特道出了那个时代的进取精神，他宣称，英国“在探索世界方面，简单地说，在多次环球航行方面，要比世界上其他任何国家与民族都优秀。”在伊丽莎白统治结束以前，另一项伟大的冒险活动开始了。过去数年间，英国人不断绕过非洲好望角，经陆路穿越广袤的中东，向远东进行探索，最后成立了东印度公司。一开始，东印度公司规模很小，挣扎度日，只有七万两千英镑资金，但后来的利润却大得惊人。未来三个世纪中，英国历尽艰辛，终于在印度建立起大英帝国，这一切都要归功于伊丽莎白女王在 1600 年向一群伦敦商人与金融家颁发了允许建立东印度公司的特许状。

伊丽莎白日渐衰老，但她宫廷中一些声名鹊起的年轻人们却请求女王允许他们进行许多冒险活动。以后几年中，这些人在世界各地对西班牙及其盟友发起进攻。他们远征加的斯、亚速尔群岛，进入 加勒比海及低地国家，并在胡格诺教徒支持下，骚扰法国北部沿海地区。这是在财力不足的情况下进行的一场追击战，期间也曾有过几次高潮。英国从未对西班牙正式宣战，但它与西班牙间所实际发生的这些战斗，使伊丽莎白女王的继任者在统治第一年面临着沉重负担。英国政府策略就是在世界各地打击敌人，并通过扶持低地国家与法国新教势力，防止敌人集中力量对付自己。与此同时，英国还阻止西班牙占领诺曼底人的港口以及布列塔尼沿海地带，因此这些地方可能成为敌人下次入侵英国的基地。由于这些细微的长期努力，荷兰与法国胡格诺派逐渐取得胜利，使英国如愿以偿。新教的捍卫者、法国王位继承人、统治纳瓦拉的亨利最终取得了胜利。这既要归功于他接受了天主教信仰，也要归功于他战场上的成功。据说，亨利曾表示，为了得到巴黎，做一次弥撒也是值得的。他皈依天主教的行动结束了法国的宗教战争，并消除了以西班牙人为后盾的法国国王对英格兰所构成的威胁。荷兰人也开始站稳脚跟。英国的安全终于有了保障。

但由于政府没钱采取进一步行动，英国无法给西班牙致命打击。包括议会批准的税收在内，王室每年的收入不到三十万英镑，王室与政府的所有开销都要从这里出。据估计，打败西班牙舰队那一仗共耗资十六万英镑，派往尼德兰的远征军曾要求每年得到十二万六千英镑。人们的热情在慢慢退却。1595 年，沃尔特·雷利再试身手，去圭亚那寻找理想中的黄金之国，但却一无所获。与此同时，德雷克与六十岁的老兵霍金斯也开始了他们人生中的最后一次远航。途中，霍金斯生病，当他的舰队在波多黎各抛锚后，他在自己的船舱中逝世。失去了自己多年的保护人，德雷克十分难过，遂继续航行，率领舰队攻打 富裕的巴拿马城。他以当年的勇猛之气，横扫诺姆布雷德迪奥斯湾，但今时不同往日，过去的日子已一去不复返。西班牙政府加强了新大陆的防务，击退了德雷克的这次进攻，英国舰队退到远海地区。1596 年 1 月，弗朗西斯·德雷克在自己的船上去世。他身穿铠甲，像个战士那样迎接死亡的到来。当时的英国编年史家 约翰·斯托这样评价弗朗西斯·德雷克："他誉满欧美，就像当年帖木儿蜚声亚非一样。”

英格兰与西班牙之间的斗争难分胜负，双方互相进攻，消耗越来越大，海战的英雄时代就这样结束了。英国年鉴中至今可以找到有关于一次英勇战斗的记载，那是英国舰队的“复仇”号在亚速尔群岛的弗洛雷斯岛附近所进行的决战。培根写道：“1591 年，一艘名为“复仇”号的英国战舰在理查德·格伦维尔爵士指挥下，进行了一场令人难忘的战斗。战斗的激烈程度令人难以置信，可以说是壮丽的诗篇。尽管战斗以失败而告终，但它的意义却远远大于单纯的胜利。“复仇”号很像《圣经》中的参孙，在生命最后时刻奋勇杀敌，比他之前杀死的所有敌人都要多。这艘军舰就像是一头被一群猎狗所围困的牡鹿，与十五艘西班牙军舰鏖战十五个小时。西班牙舰队共有五十五艘舰艇，其余舰艇就像是挑唆打架之人，待在远处观看这场战斗。参战的十五艘西班牙船只中，有巨舰“圣菲利普”号，它重达一千五百吨，居十二“海上使徒”（the twelve Sea Apostle）之首。当它奉命从“复仇”号身边撤下时，还暗自庆幸摆脱了一件苦差事。英勇的战舰“复仇”号上仅有二百名水手与士兵，其中八十人是病号。尽管如此，它还是坚持战斗十五小时，击沉敌舰两艘，击伤多艘，并大量杀伤敌舰上的人员。敌人无法杀上“复仇”号，只能通过妥协的办法缴获了它，他们对“复仇”号的指挥官以及这艘军舰的悲壮经历钦佩不已。

我们应当记住那些英国的普通水手。他们有时驾驶着仅重二十吨的小船便勇闯大西洋，在没有多少资金支持的情况下，进行冒险活动。途中食难饱腹，薪酬也少得可怜，在许多方面还要受到死亡威胁，可能病死、淹死、被西班牙人的枪炮打死、在不适于人类居住的岸边饿死冻死，以及被西班牙人监禁而死。英国舰队司令埃芬厄姆勋爵霍华德为他们说出了墓志铭式的句子：“只要有需要，上帝将再次把我们派往苍茫的大海。”

战胜西班牙是伊丽莎白统治时期最辉煌的成就，但绝非是其唯一成就。击败西班牙舰队缓和了国内的宗教矛盾。当天主教的威胁逼近时，英国迫于形势转向清教派。当这一威胁随着西班牙舰队在格拉沃利讷化为灰烬而消散后，英格兰又转向圣公会。几个月后，后来成为坎特伯雷大主教的理查德·班克罗夫特在圣保罗十字架前进行了一场布道，信心十足地抨击清教徒的信仰，并确信，圣公会并不是一个政治团体，而是神圣的机构。他以反对派所具有的那种热情，用唯一恰当的理由保卫圣公会：圣公会并不是“女王建立的教会”，而是耶稣的使徒们建立的教会。根据主教继承制度，它能够传承下来。但班克罗夫特也意识到，为了维护圣公会的事业，需要一支更好的牧师队伍，即需要“信仰坚定之人”，他便负责着手进行培养。一个世纪后，克拉伦登写道：“如果班克罗夫特再活一段时间，就能很快扑灭日内瓦的火种在英格兰引起的燎原大火。”但当伊丽莎白去世时，这场宗教之火的余烬仍在冒烟，并有复燃之势。

伊丽莎白所一手扶持壮大起来的教会，已与她统治初期截然不同。当年它三心二意，无所适从，现在则更自信，更博学，同内部的分裂者与外部的反对派进行了更坚决的斗争。它有了成千上万的信徒，这些信徒珍视它的仪式，并把仪式当作教会的化身。他们将英格兰教会视为神圣的机构，对它拥有深深的虔诚之情，就像是加尔文派忠于长老会或独立派忠于地方教会独立制一样。尽管以后国内将会发生重大分裂，但此时英格兰却团结一致，使伊丽莎白对人民与宗教的贡献可以发挥出更好效果。奥利弗·克伦威尔称伊丽莎白为“大名鼎鼎、令人难忘的伊丽莎白女王，”并说，“我们没必要不好意思这样称呼她。”那些仍记着充满灾难与迫害的黑暗年代，并且亲历西班牙的威胁从加剧到消失全过程的人，就一定会与理查德·胡克的精彩论述产生共鸣。为了维护伊丽莎白的教会，他写下了《论教会组织法》一书。书中说：“过去因上帝和基甸的惩罚，以色列人有时会发出哀号。而今天千万民众则会唱出欢乐的乐曲，今日的成就可以成为我们王国所有教堂的题词与标志。感谢全能的上帝和他的仆人伊丽莎白女王，我们转危为安。”

十六世纪五十年代以来大权在握、功勋卓著的人们开始陆续走入坟墓。莱斯特、沃尔辛厄姆与伯利分别在 1588 年年末、1590 年和 1598 年去世。在战胜西班牙舰队之后的十五年中，其他一些人占据着统治地位。与西班牙的战争鼓舞了社会中的尚武精神，年轻而富有进取精神的 沃尔特·雷利与埃塞克斯伯爵罗伯特·德弗罗等人争着要女王允许他们带领人马攻打西班牙。伊丽莎白对此有些犹豫。她知道自己穷尽一生所努力求得的安全其实很脆弱，她也知道激怒了强大且有东印度群岛和西印度群岛的财富做后盾的西班牙会有什么危险后果。她正渐渐老去，与年轻一代接触很少。她与埃塞克斯的争吵显示出她在情绪上的变化。

埃塞克斯是莱斯特的继子，经莱斯特引荐入宫。他发现当时的行政大权掌握在谨慎的伯利勋爵威廉·塞西尔以及他的儿子罗伯特手中。女王很喜欢那位冷酷、帅气又野心勃勃的皇家禁卫军司令沃尔特·雷利爵士。但埃塞克斯更年轻也更有激情，很快便取代沃尔特·雷利，成为伊丽莎白的宠儿。埃塞克斯同样野心勃勃，想在宫廷与政务会中培植党羽，并排挤塞西尔父子。他得到培根兄弟安东尼与弗朗西斯的支持，此二人是掌玺大臣尼古拉斯·培根的儿子。女王统治初期，尼古拉斯·培根曾与伯利共事，两家还是姻亲关系。两位年轻的侄子因伯利对他们漠不关心而心存不满。他们是十分危险的人物，把埃塞克斯当作一个挂名领袖，好利用他让伊丽莎白采取更有进取性的政策。他们都曾在英国驻巴黎大使馆工作，并像沃尔辛厄姆一样，建立起令人惊叹的情报系统。在他们的帮助下，埃塞克斯成为外交事务方面的专家，以此向女王表明，自己不仅有魅力，还很有能力。1593 年，女王任命他为政务会成员。当时，英格兰与西班牙的关系再次紧张起来，埃塞克斯很快便在政务会中成为主战派领袖。有一次，年迈的财政大臣从兜里拿出一本祈祷书，他伸出手，颤抖地指向自己那年轻的对手埃塞克斯，然后大声读道："嗜血欺诈者必然短命。"1596 年，远征加的斯的队伍在埃塞克斯与雷利的联合指挥下出发了。在夺取加的斯港的海战中，雷利指挥出色，西班牙舰队中弹着火，加的斯门户大开。埃塞克斯则在岸上战斗中表现英勇。这是一次漂亮的联合作战行动，英国人占领加的斯两个星期。但当舰队凯旋时，却没带回多少财富，伊丽莎白对此感到遗憾。在他们远征期间，罗伯特·塞西尔就任国务大臣。

远征加的斯的成功使埃塞克斯在年轻的朝臣以及全国范围内获得了很高

的人气。伊丽莎白女王亲切接见了他，心中却隐隐不安。她惧怕年轻人轻率鲁莽并具有好战精神，埃塞克斯会不会正是这种精神的化身？年轻人会不会拜他为领袖而抛弃自己？但就目前来看，一切风平浪静。埃塞克斯被任命为军械官，奉命率远征军拦截将要再次进犯的西班牙舰队，后者正在西班牙西部港口集结。1597 年夏，第二次“入侵英格兰”的行动即将发生。英国舰队朝西南方向的亚速尔群岛驶去。他们虽然没有发现西班牙大舰队的踪影，但亚速尔群岛却是很好的基地，可以在那里拦截从新大陆驶来的西班牙运宝船。雷利也参加了此次远征。英国人没能夺取任何港口，西班牙运宝船也巧妙避开了他们。与此同时，西班牙舰队却驶入比斯开湾，畅通无阻地扬帆北上。海风又一次救了英格兰。西班牙舰队途中遇上强劲北风，队形被吹散，有沉没的危险，最后，这支七零八落的舰队只好挣扎着退回自己的港口。国王菲利普在小教堂中下跪，为他的舰队祈祷。舰队返回的消息还没送到，菲利普国王就突然瘫痪，临终前，他知道自己的舰队失败而归。

埃塞克斯回国时，伊丽莎白依然精力充沛，大权在握。远征亚速尔群岛由于内部的混乱与争吵而一无所获，伊丽莎白对此颇为恼怒。她发话，自己绝不会再把舰队派出英吉利海峡，这一次，她说话算话。埃塞克斯离开宫廷，威望一落千丈。他知道自己被误解了，他的朋友们也有同感。他思考着一个又一个对策，一群人聚集在他周围，不断出谋划策，想让女王再度宠爱他。

爱尔兰动乱日益加剧，似乎是埃塞克斯重获女王喜爱并重树威望的良机。在伊丽莎白统治时期，爱尔兰一直是个棘手问题。亨利八世名义上成为了爱尔兰国王，但实际权力并未在那里有所扩张。尽管英格兰给爱尔兰的重要人物加官晋爵，以期他们成为英国式的贵族，但他们还是不肯放弃长期斗争的宗族生活，无视都柏林各位爱尔兰副总督的命令。反宗教改革派死灰复燃，促使人们反对信奉新教的英格兰。对伦敦的伊丽莎白政府来说，这是一个令人担忧的战略性问题，因为爱尔兰的不满情绪可能会被英格兰的任何敌国所利用。一些能干之人先后出任总督，带小支军队奔赴爱尔兰，努力恢复那里的秩序，推行英格兰法律。他们还将可靠的人迁去爱尔兰定居，以使爱尔兰殖民化，但这些措施都收效甚微。在伊丽莎白统治的前三十年中，爱尔兰发生了三次大叛乱。现在，在十六世纪九十年代，爱尔兰爆发了第四次叛乱，这是一场令人精疲力竭且代价惨重的战争。

西班牙支持下的蒂龙伯爵休·奥尼尔严重威胁着英格兰在爱尔兰的统治。此时，如果埃塞克斯出任爱尔兰总督并将叛乱镇压，他就能在英格兰恢复自己的权力。这是一场危险的赌博。1599 年 4 月，埃塞克斯获准率领一支大军前往爱尔兰，但他在那里一事无成，几乎一败涂地，竟还做出了充满戏剧性的事情。埃塞克斯违抗女王伊丽莎白的命令，擅离职守，骑马匆匆返回伦敦。罗伯特·塞西尔则静待自己的对手自取灭亡。埃塞克斯与伊丽莎白女王发生激烈争执，结果被禁足在家中。几个星期后，他与年轻的同伴们酝酿出一个铤而走险的阴谋，要在伦敦城发动叛乱，进攻白厅，逮捕伊丽莎白女王。莎士比亚的保护人南安普敦伯爵也参与其中。为了反映这次阴谋的结局，莎士比亚后来在南沃克创作了《查理二世》，剧中以国王下台而达到高潮。

该阴谋未能得逞，并以 1601 年 2 月埃塞克斯在伦敦塔被处死而告终。处死埃塞克斯时，有不少人围观，沃尔特·雷利是其中之一。他默默走到白塔门口，沿军火库的楼梯爬上去，俯瞰处死埃塞克斯的断头台，他最后也在那里落得同样的下场。年轻的安南普敦伯爵则幸免于难。

伊丽莎白对于这起性命攸关的阴谋心知肚明。她知道埃塞克斯不仅是位努力博得甚至是强求女王宠幸的弄臣，还是宫廷中一个夺权派的首领。他知道女王年事渐高，便企图操控王位继承问题，控制下一代国王。这还不是政党政治时代，而是保护与被保护关系的时代。埃塞克斯与雷利之间或者培根兄弟与塞西尔之间，都没有什么根本分歧。官职与权势的好处很有诱惑力，如果埃塞克斯获胜，他就能在英格兰委任下属，甚至或许还能对伊丽莎白发号施令。但常年治国理政使伊丽莎白拥有比埃塞克斯更多的阅历，使她能够对付这个年龄只有她一半、为野心所驱使的朝臣。伊丽莎白开始进行反击，将埃塞克斯处死，从而使英格兰免受内战之苦。

对于平定爱尔兰叛乱来说，埃塞克斯出逃倒是件好事。他的继任者蒙乔伊勋爵是位意志坚定且精力充沛的指挥官，很快就将叛乱镇压下去。1601 年西班牙派四千人的援军于金塞尔（Kinsale）登陆时，一切都为时已晚。蒙乔伊击败了爱尔兰人，并迫使西班牙人投降。最后，连蒂龙伯爵也归顺于他。爱尔兰终于为英军所征服，尽管只是暂时性的。

如果埃塞克斯挑战的是伊丽莎白的政治权力，那么议会在 1601 年挑战的则是伊丽莎白的立宪权，这对未来的局势影响更大。伊丽莎白统治期间，议会变得越来越有分量。现在，专利权的问题引起了纠纷。一段时间以来，王室通过各种手段来弥补自己微薄收入上的不足，这其中就包括向朝臣或其他人授予专利权，以取得一定报酬。有些专利权说是为了保护发明、鼓励发明，但它们往往与非法特权无异，从而导致价格上涨，加重了每位臣民的负担。1601 年，不满情绪导致下议院开始进行正式辩论。一位愤怒的议员大声朗读一份专利权清单，从钢铁制造到沙丁鱼烘干，可谓无所不包。另一位议员喊道："上面有面包专利权吗？"议会中的混乱遭到了国务大臣塞西尔的严厉谴责。他说："当有人发言时，你们竟然大吵大闹，真是无礼。这里根本不像议会，倒像是语法学校。"但伊丽莎白女王却采取了更为巧妙的策略。倘若下议院将他们的提议进行分组表决，她立宪权的基础就会受到抨击，因此，伊丽莎白迅速采取行动，将有些专利权毫不犹豫地废除，并承诺对所有专利权进行调查。这样一来，她便避免人们对她发起直接攻击。她在王宫里将大批下议院议员召集起来，发表了一番精彩演讲。她说："尽管上帝让我身居高位，但我作为国王的荣耀与权力则来自于你们的爱戴。"这是她最后一次与下议院议员会面。

伊丽莎白在她统治时的动荡岁月中所展现出的无穷活力，现在正渐渐无情地消失。她在房中的一堆垫子上躺了数日，默默忍受常常持续数小时的疼痛。室外的走廊中不时响起急促不安的脚步声。最后，罗伯特·塞西尔壮着胆子对伊丽莎白说："女王陛下，为了您的臣民，您必须得躺到床上去。"伊丽莎白答道："年轻人，你能对国王用'必须'这个词吗？"年迈的坎特伯雷大主教、伊丽莎白曾称之为"黑脸小管家"的怀特基福特（Whitgift）跪在她身旁为她祈祷。1603 年 3 月 24 日清晨，伊丽莎白与世长辞。

都铎王朝就这样结束了。一百多年中，它的数任国王靠着人数不多的近卫军，却可保有王位，维护国内和平，抵挡来自欧洲的军事与外交攻势，并指引国家从可能将致毁灭的变迁中全身而出。议会成为一个影响重大的机构，国王、上议院与下议院精诚合作，英国的君主制传统得到恢复与发扬光大。但这些成就却无法保证永远存在，君主只有深得民心，才能治理国家。英格兰王位将要传给苏格兰人，他们从政治上本能地便对英格兰统治阶级心存敌意。都铎王朝所培育出的与议会之间的友好关系结束了。新继任的国王很快便与英格兰不断发展壮大的力量发生冲突，这一冲突最终演变为内战、共和插曲、王朝复辟以及革命。

第五部

内战硝烟

第十一章 王位的结合

苏格兰国王詹姆斯是苏格兰女王玛丽的独子。他从少年时代就接受着严格的加尔文派教育，可是他本人对该教并没有过多好感。他在经济上不算宽裕，加之老师严格的管束，因而长期觊觎英格兰的王位。在他取得英格兰王位之前，这顶皇冠的归属一直悬而未决。埃塞克斯同罗伯特·塞西尔争夺权力和王冠的斗争，随时可能激怒同詹姆斯只有断断续续联系的伊丽莎白，如果她一气之下采取果断行动，詹姆斯就会失去继承王位的资格。现在看来，一切似乎已成定局。在伊丽莎白女王死后的紧张局势下，塞西尔是他的盟友和得力的助手。在几乎没有任何反对下，他被加冕为英格兰国王詹姆斯一世。1603 年 4 月，他从容不迫地从荷里路德宫前往伦敦。

他是不熟悉情况的外族人，统治英格兰的能力尚待考验。特里维廉写道："詹姆斯对英格兰以及其法律一无所知，在纽瓦克有一个小偷被当场抓获，他下令不经过审讯而仅凭他的一句话就把小偷绞死。"这个死刑命令并未被执行。詹姆斯对他的加尔文老师的政治观点不屑一顾，对于国王的地位以及君主统治国家的神圣权力也有自己固有的看法。他是一个学者，并自诩为哲学家，一生发表了许多小册子和专著。他的著作从抨击巫术和烟草，到阐述抽象的政治理论，涉及了许多方面。他带着固有偏见和善于说教的弱点来到英格兰，然而此时。英格兰正在经历着变革。随着都铎王朝的终结，人民对于君主无条件的顺从也就此告终。西班牙对英国已经不再构成威胁。英格兰王位同苏格兰王位的结合使外部敌人在不列颠岛上失去了盟友，甚至很难找到立足之地。都铎王朝曾经利用乡绅阶级同旧贵族抗衡，并且把地方的统治权交给该阶级，因此乡绅阶级在都铎王朝结束后感到自身积蓄了很强大的力量。外患消除后，英格兰可以集中精力处理国内事务。一个强大的阶级跃跃欲试，也要参与国家的管理。另一方面，詹姆斯继承王位的权利并非毫无争议，所以国王的神圣权利又重新被搬了出来，以加强他的地位。原先确定这个权利是为了巩固国家的主权，反对无所不在的教会势力和神圣罗马帝国的统治。怎样调停拥有神圣权利统治国家的国王和沿袭着古老传统的议会之间的关系呢？

比这些重要问题更加严峻的，是一场即将来临的严重财政危机。从新大陆运来的金银抬高了物价，欧洲各地普遍出现了通货膨胀，而王室的岁入是固定的，因此它的实际购买力在逐年下降。伊丽莎白厉行节约，延缓了危机的爆发。可这终是一场不可避免的冲突，而且还涉及一个更深层次的宪法问题。谁对税收有最后决定权呢？人人都接受这样一条原则："国王只能根据人民同意的法律实行统治，不应该把人民不赞成的东西（如捐税等）强加给他们。"但是，并没有人对这条原则进行分析，或者说探索出它的确切含义。如果这是英格兰的一条根本法律，那么它是从中世纪延续下来的，还是前几代国王对于臣民过于妥协呢？它是英国人生来就有的、不可剥夺的权利，还是可以取消的让步呢？国王是否受法律的约束呢？又由谁来制定法律呢？在十七世纪的大部分时间里，人们努力从历史、法律、理论以及实践中寻找这些问题的答案。律师、学者、政治家和军人都参加了这场大辩论。人民见到没有发生王位之争，如释重负，因而更加忠诚甚至是热情地拥戴新国王。可是没过多久，詹姆斯和他的臣民就在上述以及其他的问题上发生了分歧。

詹姆斯召开的一届议会立即提出了议会特权和国王特权的问题。下议院起草了一份措辞恭敬而语气坚定的奏折，提醒国王说，他们的权利包括选举自由、言论自由以及在议会开会期间免遭逮捕的权利。他们在奏折中还申诉道："国王的特权可以轻易地与日俱增，而臣民的权利多半是长期原封不动。……据说，人民对他们比较了解的问题所发表的意见，是上帝的意旨。"詹姆斯以及他的儿子，对这些反映民意的呼声不予理睬，轻率驳回，并认为这是对他的侮辱和违反德行。

在此之前，詹姆斯一直过着清贫的生活，此时他认为自己是一个富翁了。随他来到英格兰的“苏格兰穷光蛋”也迅速地发家致富。宫廷费用急剧增加。不久，詹姆斯出乎意料地发现自己入不敷出。这就需要经常召集议会，议员们通过频繁的议会会议有了组织起来的机会。詹姆斯忽略了一个问题，即没有像伊丽莎白那样通过自己的枢密院官员左右议会。已经受封为索尔兹伯里伯爵的罗伯特·塞西尔同下议院没有直接联系。詹姆斯喜欢说教，常常告诫议员们说，他有进行统治的神圣权利，而他们则有满足他一切需要的庄严义务。

自古以来有一种固有的看法，认为国王应该“自力更生”，王室领地和海关的传统收入应该足以维持政府机构。历届议会都会把关税收入归于国王，除紧急情况外不另外拨款。为了满足自己的需求，詹姆斯不得不强调和重申中世纪国王的征税特权。这种做法激怒了议会。议员们仍然记得，他们不久以前在专利权的问题上对伊丽莎白取得了胜利。幸好法官们判定港口归国王管辖，他有权决定增加关税。这笔收入同封建制度下的拨款不同，它随着国家财富的增长和物价的提高而增加，下议院对法官们的裁决提出异议，詹姆斯却将问题弄得更为棘手，使得这个问题成为涉及国王特权的法律纠纷。这个问题因此暂时搁置起来。

詹姆斯国王在宗教问题上早有自己的看法。他即位伊始，伊丽莎白在十六世纪九十年代摧毁的清教徒组织就向他请愿。这些反对国教的人希望，既然新国王来自加尔文派占统治地位的苏格兰，那么就能够支持他们的立场。如果换上一个比较温和的教派，那么在宗教礼仪方面进行一些改革就有可能会使它满意。可詹姆斯曾经饱受苏格兰教会的压制。他意识到，从长远看，加尔文派势必会同王权发生冲突；假如百姓在宗教方面可以自作决定，那么在政治上也同样可以自作主张了。1604年，他在汉普顿宫为清教徒和国教领袖召开了双边会议。他在会议上暴露了自己的偏见，指责清教徒企图“使苏格兰长老会同国王势不两立，就像上帝和魔鬼不能相容一样。……这样，随便什么人都可以聚集一起，任意审查我和枢密院以及我们的一切活动。某某会站起来说：‘必须如此如此。’某某则会回答说：‘不，应该这般这般’……我希望你们过七年之后再来向我提出这些要求。到那时候我如果胖得喘不上气来，也许会听从你们的意见。那么就让这个政府干下去把，我以后肯定不会喘不上气来的。我们手上的工作已经够多的了。”詹姆斯的这一席话明确说明，他不会对国教做出任何改革。他的座右铭是“没有主教，就没有国王”。

天主教徒既担忧，也抱着希望，国王的母亲毕竟是他们的支持者。他们处境尴尬，如果教皇允许他们效忠世俗的国王，詹姆斯可能会允许他们在英格兰传教。可是教皇不肯做出这种让步，禁止教徒忠于信奉异教的国王。在这个问题上没有任何折中的办法。欧洲大陆在服从君主的问题上发生了分歧，詹姆斯也积极加入这场争论。曾经攻击伊丽莎白的耶稣会在罗马拥有很大的影响力，他们出版大量的书籍，否定詹姆斯的继承权。似乎到处有人在策划阴谋。詹姆斯虽然倾向于容忍政策，但也不得不采取必要的行动。凡是拒绝参加英格兰国教仪式的天主教徒都要被罚款，他们的教士遭到了流放。

几个天主教徒贵族感到失望和不满，计划趁詹姆斯和议会在威斯敏斯特开会的时机，用火药把他们全部炸死。他们希望这次爆炸事件引起天主教徒的叛乱，他们就可以在西班牙的帮助下，于混乱中重塑天主教会的权力。罗伯特·凯茨比是这个计划的主谋，他的同谋是西班牙对荷兰战争中的宿将盖伊·福克斯。他们的一个同谋者把这个消息透露给了自己的亲戚、一个信奉天主教的贵族。塞西尔也得到这个消息，议会的地下室立即被搜查。福克斯被当场逮捕。伦敦市立刻群情沸腾。詹姆斯召开议会会议，作了慷慨激昂的讲话，说他假如和忠诚的下院议员们一同遇难将是何等的荣幸。他说，国王总是处于一般人没有的危险之中，只因他明察秋毫，才使大家幸免于难，令人不解的是，议员们对他的讲话漠然以对，听完后便开始处理日常事务，讨论一位患痛风病的议员提出的辞职申请，密谋者被逐一逮捕，被施以酷刑后处死。这次新奇的、大规模的叛逆活动使得天主教徒立即受到残酷迫害，也使他们长期遭到全国的痛恨。为纪念 11 月 5 日这次逢凶化吉的事件而作感恩礼拜的惯例，直到 1854 年才从《祈祷书》中除掉。即使在现代，每逢这个纪念日，人们仍然点起营火，大放礼花，美中不足但也还算生动有趣的是，有人举行反教皇的示威活动。

出于英语民族的天赋异禀，这时候出现了一座永恒的纪念碑。清教徒的各种要求遭到拒绝，但是在汉普顿召开的会议即将结束时，清教牧师、牛津大学基督圣体学院院长约翰·霍诺兹博士神来之笔地建议修订《圣经》。詹姆斯赞成这个建议。教士和教徒们依靠的《圣经》版本纷杂，有丁道尔版、卡佛岱尔版、日内瓦版和伊丽莎白女王组织翻译的《主教圣经》。这些版本的内容各不相同。有的版本加上了各种注解，弄得面目全非，那些注解反映了门户之见以及教会组织的极端主义论点。每一个教派都使用最有利于自己观点和原则的版本。詹姆斯认为，雷诺兹博士的建议提供了一个机会，可以利用这个机会清除对《圣经》的曲解宣传，编纂出使所有人都接受的版本。几个月之内，在牛津、剑桥和威斯敏斯特，每一处成立两个翻译委员会，六个委员会总共约有五十名学者和教士。选择这些人的时候，并不在意他们的神学观点和宗教立场。他们迅速接到了有关翻译工作的指示。每个委员会负责《圣经》翻译工作的一部分，完成后由其他五个委员会逐一审查，最后由一个十二人委员会定稿。翻译过程中不允许带有任何的倾向性，除了解释难于翻译的希腊和希伯来词汇或者注明相互参照的条目，也不允许加入任何注解。初步研究工作用了三年的时间，正式翻译直到 1607 年才正式开始。不过翻译工作很快就完成了，当时的邮递并不便捷，也没有印刷设备，而且各委员会之间路途遥远，但他们终于在 1609 年完成了这一使命。十二人委员会仅仅用了九个月的时间就完成了定稿工作。1611 年，詹姆斯国王的印刷厂出版了《圣经》的钦定英文译本。

这个标准译本产生了迅速且长期的压倒一切的影响。只用五先令就能买到一本，即使在物价暴涨的今天也不超过这个价格。它取代了其他的各种版本，在将近三百年的时间里，没有人认为有必要再出版其他的译本。在开往美洲新大陆的移民船上，几乎没有容纳行李的地方。如果移民们能够携带一些书籍，他们多半会携带《圣经》和莎士比亚的作品，后来还有人带《天路历程》，而他们所携带的《圣经》几乎全部为詹姆斯一世钦定的标准译本。据说，采用英语出版的标准译本就有九千万册之巨。至今它被翻译成七百六十多种语言。目前这个版本仍旧是英美两国的通用版本。我们可以把它看作詹姆斯国王的伟大功绩，因其领导了标准版本的翻译和编撰工作。这位喜欢卖弄学问的苏格兰人作出了连他个人都始料未及的贡献。然而完成这部杰作的学者们，人们不知道他们的姓名，也无法缅怀他们。在文学和宗教方面，这些学者为世界各地的英语民族建立了永恒的联系。

几年过去后，国王詹姆斯同议会的关系越来越不佳。以前都铎王朝比较谨慎地行使国王特权，也从未提出过统治国家的整套理论。而詹姆斯却并非如此，他视自己为老师，把全国的臣民当作学生。在理论上，实行君主专政颇有根据，十六世纪的政治发展也有利于他的专制主张。弗朗西斯・培根是他的坚定拥护者。此人是一名野心勃勃的律师，早年随同埃塞克斯步入政界，在埃塞克斯垮台后又偷偷站到伊丽莎白女王一边。他担任过一系列高级法律职务，最后成为了大法官。他说，国王在法官们的协助下实行开明专制是高效的，但他的这种论调既没有根据，也非常不受欢迎。

随后国王与议会之间发生了冲突，争执的焦点是国王特权的性质和议会法案的效力问题。现代的观点认为，议会的法案至高无上，如果没有被废除或者没有颁布修正案，谁也无权更改，这是行使国家主权的唯一方法。然而，这种观点在当时还尚未形成。都铎时代的法案确实使教会和国家发生了深刻的变化，它们似乎无所不能。但是颁布一项法令不仅需要议会的通过，还需要国王的批准。国王如果不召集议会，议会就无法开会；国王宣布解散议会以后，议会也无法开会。除了财政需要，任何人或事都不能迫使国王召集议会。如果国王能够通过其他方式解决财政困难，他可能一连数年都不召集议会。此外，国王还有一条不成文的特权，用来应付国家在紧急情况下的需要。谁能够告诉国王他可以做什么，不可以做什么呢？假如国王根据国家利益并通过立法程序废除某一项法案的时候，谁有权判定他的行为是非法的呢？

在这个问题上，以大法官科克为首的律师们站了出来，走向了英格兰历史的前台。科克是英国法官中最有学问的人之一，对这些有争议的问题做出了直白的解答。他说，国王的特权同议会立法权发生冲突的时候，应当由法官而不是国王来作出裁决。这是一个非常惊人的判断，如果由法官确定哪个法令有效，哪个法令无效，他们就成为了英国最终立法人，他们将成立一个最高法庭，审查国王的法令和议会法案的合法性。科克的这种高标准要求并非没有根据。它们基于古代传统，法庭颁布的法令高于中央政府的法令。科克认为，法律不能由个人随意制定，甚至随意修改，它是早已存在的东西，只是需要人们去发现和阐释它；假如议会法案同法律相抵触，那么这些法案就是无效的。在其职业生涯的早期，科克没有站在议会这一边。他为维护基本的法律原则而提出的这些观点，在英格兰未被采用，而在美利坚合众国却有不同的境遇。

詹姆斯对于法官的职能抱有完全不同的看法。他认为，法官可以在国王特权和议会立法权发生冲突时做出裁决，但前提是必须倾向于国王。正如培根所说的那样，他们的职责是充当“国王宝座下的雄狮”。法官是国王任命的，由于得到国王的支持，他们才能占据该职位，所以他们应该像其他宫廷官员一样，服从国王。这场争论始于培根和科克的个人间争执，随之愈演愈烈，科克处于不利的地位。既然法官随时有被国王免职的危险，他们就不可能在国王特权的问题上做出公正的裁决。詹姆斯本来企图笼络科克，把他从高等民事法庭提拔进入最高法院。但詹姆斯此举并未成功，因此，他于1616年将科克撤职。最高法院的其他法官见此情景都自觉地站到了国王詹姆斯的一边。

五年以后，科克成为了下院议员。他发现当时最活跃的律师都和他有同样的看法。这些人占据着显要的地位。下议院中的乡绅对议会的发展史都知之甚少，也无法提出系统的理论来支持议会的权利，只是感到国王的武断行为和刺耳的论调很不公正。那个时期尽管动乱依旧频发，但仍不失为尊重法律先例和立宪制度的时代。假使律师们都坚决拥护国王，法律界的意见在力量对比的天平上完全倾向于国王这一边，那么下议院的处境就更加困难了，假如法律先例同他们的主张相反，他们就必须放弃自己的主张，承认自己是改革派。可是，过去的律师们开创的先例为他们避免了这种艰难的抉择。科克、塞尔登和皮姆等人即使没有作为律师执过业，但也都在中殿律师学院中学习过法律。他们形成了一个成熟的领导核心，居于主导地位。他们精通法律，经常任意解释法律，逐渐自圆其说地提出了一条理论。根据这条理论，议会可以自信地宣布。它为之战斗的不是什么新东西，而是英国传统的法律遗产。这也为后来皮姆所领导的，反对国王查理的，团结且纪律严明的组织奠定了基础。

詹姆斯对反对派的这些活动非常反感。他不想让步，不过他比他的儿子更精明之处在于，他能够看出在什么时候和解最为有利。他仅仅在财政紧张的时候才和议会打交道。有一次他对西班牙大使说："下议院是一群乌合之众，议员们乱哄哄地发表意见。每次开会时，只听见他们乱喊乱叫。想不到我们的祖先竟然允许这样的机构存在。我不是本地人，到这里来的时候它已然事实存在了，所以只好忍受这个无法取缔的机构。"

詹姆斯的外交政策大概适合当时的和平潮流，不过也常常同那个时代的步伐发生矛盾。严格地说，他登上英格兰王位的时候，英格兰仍然处于同西班牙交战的状态。在塞西尔的支持下，他结束了这种敌对状态，同西班牙恢复了外交关系。从各方面看，都可以说是一步明智谨慎的行动。重大的斗争已经从公海转移到欧洲大陆。神圣罗马帝国的哈布斯堡王朝仍然从维也纳控制着欧洲大陆。帝国皇帝及其表弟西班牙国王的版图从葡萄牙一直延伸到波兰，而且，他们的力量有狂热的耶稣会作为基础，下议院和英格兰全国仍然对西班牙怀有强烈的敌意，惶恐不安地注视着反宗教改革运动的发展。詹姆斯对此却无动于衷。他认为荷兰人是反抗国王神圣权力的暴民。西班牙大使贡多马伯爵在詹姆斯的宫廷内收买了一股亲西班牙势力，而詹姆斯却没有吸取都铎王朝的教训，不仅建议同西班牙结盟，还打算让他的儿子同西班牙的公主结婚。

然而，他的女儿已加入了反对派的阵营。这位伊丽莎白公主嫁给了欧洲大陆新教运动的支持者，有权选举神圣罗马帝国皇帝的莱茵选帝侯弗雷德里克，伊丽莎白鼓动丈夫公开反叛神圣罗马帝国皇帝斐迪南德。帝国法律曾经承认德意志部分地区信奉的新教，哈布斯堡王朝企图迫使这些地区皈依天主教，遭到新教国家君主们的强烈反对。这场风暴的中心是波西米亚，那里傲慢、顽强的捷克贵族在政治和宗教方面抵制维也纳的中央集权政策。在十五世纪的约翰·胡斯时代，他们就建立了自己的教会，同教皇和神圣罗马帝国的皇帝展开了斗争。此时，他们同样无视斐迪南德的权威。1618 年，他们的领袖在布拉格的宫殿里把皇帝的使节扔出了窗外。这起著名的事件引发了德意志三十年之久的战争。捷克人把波西米亚的王冠送给弗雷德里克，而他接受了，成为了这场反叛运动被广泛认可的领袖。

詹姆斯的女儿虽说已是波西米亚王后，但詹姆斯并未打算为了她而卷入这场战争。他决心无论如何也要避免卷入欧洲大陆的冲突，认为同西班牙修好是对女婿最有效的帮助。议会对此感到惊讶和愤慨。他提醒议员们说，这些问题都已经超过他们的权限。有人嘲笑他是个懦夫，可是他仍旧不改初衷。他坚定和平信念。他的政策是否明智和具有长远眼光，我们难下判断，不过在当时，肯定是十分不受欢迎的。

弗雷德里克很快就被赶出波西米亚，他的世袭领地被哈布斯堡王朝的军队占领。他的统治如昙花一现，因此他在历史上被戏称为"一冬之王"。英国下议院积极主张参战。许多人为了保卫新教的教友慷慨解囊，一批批自愿加入军队的人士也被组织起来。詹姆斯只是满足于同西班牙大使就波西米亚的权利问题进行纯法律性的会谈。他坚持认为，只要英国和西班牙两国的王族联姻，就能够同强大的国家保持和平。这个计划不应该受到大陆上任何突然事件的影响。假如他作为新教运动的领袖投入到这场刚刚爆发的战争中去，也许这能够换取臣民们的一时拥护，但也会将他本人置于议会的控制之下。议会对于自己批准的军费，必然要求监督其使用的状况，况且也根本不会有多么的慷慨。国内的清教徒也会借机重振声威。此外，战争的结果难以预料。詹姆斯似乎真的将自己视为欧洲和平的维护者，他在苏格兰度过了动荡不安的少年时代，这使其厌恶和害怕战争。他此时对要求参战的呼声置若罔闻，继续同西班牙就联姻问题进行谈判。

在这场动乱之中，沃尔特·雷利爵士从伦敦塔里走上了断头台。此举是为了讨好西班牙政府。詹姆斯即位时，雷利就被监禁起来，当时的罪名是策划以詹姆斯的表妹阿拉贝拉·斯图亚特来取代詹姆斯的继承权。这个罪名可能是莫须有的，雷利受到的审判肯定是不公正的。他向往在奥里诺科河发现金子，因此在长期的铁窗生活中还抱有希望。1617 年，他的所有理想化为泡影。

为了这次探险，他被特赦，从伦敦塔中释放出来。他在这次探险中，唯一的失误就是冒犯了在南美洲的西班牙总督。以前的死刑判决因而再次发挥效力，1618 年 10 月 29 日，他被送上了断头台。英国政府这一举动传递了其奉行绥靖政策的信号，为英国同西班牙的友好关系铺平了道路。此种做法使得国王詹姆斯和英国臣民之间形成了无法逾越的鸿沟。当然，鸿沟的形成还有更多其他原因。

詹姆斯喜欢漂亮的青年男子，这大大降低了他本人的威望。他的得力助手罗伯特·塞西尔去世以后，宫廷受到的几则丑闻的连续打击。他的宠臣之一，被他任意封为萨默塞特伯爵的罗伯特·卡尔卷入一场投毒阴谋，作案的显然是他的妻子。而詹姆斯对卡尔有求必应，因此在最开始的阶段对其罪行引发的争议置若罔闻。他随后发现，已经无法再保留卡尔的高级职务了。代替卡尔的是仪表堂堂、聪明伶俐、爱好浮华的青年，他的名字叫乔治·维利尔斯。此人不久被封为白金汉公爵，获得了詹姆斯的宠信，成为宫廷里掌握实权的人物。他还同威尔士亲王建立了深厚且让人羡慕的友谊。他坚决支持同西班牙的联姻政策。并且在 1623 年他同威尔士亲王一同出访西班牙马德里，这是一场浪漫的相亲之旅。他们那种有失体统的举止并没有博得一向注重礼仪的西班牙宫廷的好感。更主要的是，西班牙人要求英国对国内的天主教徒做出让步。詹姆斯确信议会绝不会通过。西班牙人拒绝替詹姆斯请求罗马帝国皇帝将莱茵候选国交换给弗雷德里克。最后，詹姆斯的理智占了上风，他宣布说:“我绝对不会用女儿的眼泪换取儿子的婚姻。”同西班牙的谈判至此宣告失败。由于形势使然，威尔士亲王以及所有对西班牙不再抱有幻想的同伴不能立即启程回国。为他们护航的英国舰队只好在桑坦德等待，英格兰焦急地等待着。威尔士亲王最终安全抵达朴次茅斯，没有同西班牙公主结婚，也没有动摇对新教的信仰。当这个消息传遍全国时，各阶层人士无不欢欣鼓舞。英国人抱着同西班牙及其一切势力对抗的强烈愿望，如有必要则不惜一战。他们为当年伟大的伊丽莎白女王击垮西班牙舰队的壮举而自豪，也为天主教徒崇拜偶像的严重陋习而担忧。福克斯在 1563 年发表的《英雄传》仍然广为流传。它教导人们要把舍生忘我、见义勇为当作自己无上光辉的神圣职责。伦敦的大街上熙熙攘攘，马车上载着点燃篝火所需的木柴，欢乐的火光映红了伦敦的天空。

詹姆斯国王和枢密院在亲西班牙的道路上已然走得太远，突然停下必然会造成不小的震动。深陷其中的枢密院对国王说，白金汉公爵由于缺乏耐心和举止傲慢把事情搞砸了。他们把这次出访失败的原因归结于白金汉公爵的举止不当，否认西班牙宫廷的无礼之处，还认为西班牙在莱茵候选国问题上的态度无可指摘。白金汉公爵和查理亲王则力主战事。詹姆斯起初有些动摇，他说自己是一个曾经对政治有自己见解的人，而此时他已经老了。此时，他最宠爱的两个人却要求他采取同自己的看法和过去的行动完全相反的政策。

在这个关键时刻，白金汉公爵摇身一变从国王的宠臣，变为一个昙花一现的政治家。他全力劝服国王詹姆斯，同时也获得了议会和人民的支持。他采取一系列步骤，承认议会的权利和权威，作出的让步之惊人，创兰开斯特王朝之先河。都铎王朝不许议会干涉外交事务，而詹姆斯则继承了这一传统，效仿都铎王朝的做法。而这位国王的宠臣却邀请了上、下两院的议员发表各自的意见。他们立即取得了意见上的一致。认为继续同西班牙谈判有损国王的尊严，也违背了人民的利益，更不符合王子和公主的利益，也违反了之前同盟国订立的条约。在这个问题上，白金汉公爵毫无隐讳其与王子的分歧。他公开明确地表达：他只奉行一条准则，而詹姆斯国王则认为可以奉行两条不同的政策。他并不总是毫无主见顺势而为，而是他也要表明自己的主张，宁可承担悖逆国王的罪责。

议会对于这种局面感到满意。此时为即将爆发的战争筹措军费是当务之急。詹姆斯和查理亲王在欧洲发动战争的目的是要夺回莱茵候选国。但是议会只希望对西班牙发动海上战争，以便夺取从东、西印度群岛运来的财富。下议院对国王的战争目的持怀疑态度，批准的军费不及国王要求的一半，并且对军费的使用订立了严格的条件。

白金汉公爵此时在议会拥有很大的声望，他利用此优势趁机击败了他的政敌财政大臣克兰菲尔德。当时克兰菲尔德已经被授予米德尔塞克斯伯爵，是当时英国正炙手可热的新贵之一。他是一个靠财富登上政坛高位的商人，而此时他受到议会的弹劾而失去了财富与地位，锒铛入狱。议会对培根也使用过弹劾这一武器。他在 1621 年被控以贪污罪，失去了国务大臣的官职，被迫缴纳罚款并遭到了放逐。在许多重大问题得到解决之前，弹劾这一武器不会被束之高阁。当时存在着巨大的危机，只不过白金汉公爵和他亲密的朋友查理亲王熟视无睹罢了。

同西班牙的婚事刚刚作罢，白金汉公爵便着手从法国为查理亲王物色一位新娘。他和查理亲王前往西班牙的途中曾经路过巴黎，亲王被玛丽·德梅迪西德女儿、路易十三德妹妹昂里埃塔·玛丽亚的美貌所打动。她当时年仅十四岁。白金汉公爵发现法国宫廷尤其是玛丽太后赞成这门亲事。如果查理亲王同新教国家的一位公主结婚，国王就会同议会更紧密地团结起来。但英国统治者的内心却从来没有这个打算。他们认为，除了西班牙公主，法国公主是唯一的选择。英格兰怎么能单独对付西班牙呢？如果不能依靠西班牙，那就唯有寻求法国的支持。国王詹姆斯希望看到儿子的婚礼，他说他只为这个儿子而活着。1624 年 12 月，他批准了婚约。三个月后，大不列颠联合王国的第一代国王安息了。

第十二章 “五月花号”

同西班牙的战争早已经让英国国力大减，因此在伊丽莎白女王统治末期，英国已经无力进行新的探险活动。在一段时间内，人们已经听不到新大陆的消息。霍金斯和德雷克在他们的早期航海探险中，为英格兰在加勒比海打开了广阔的视野。弗罗比舍和其他人为了寻找前往亚洲的西北通道，曾经深入加拿大的极北地带。但是，战争的迫切阻碍了探险和贸易活动。大量移民的计划也遭受挫折。吉尔伯特、雷利和克伦威尔是这场运动的领导者，但他们的大胆计划却失败了，然而，却给后人留下了令人向往的前景。一段时间后，又有人重新举起了他们的旗帜，这些人不像他们这样赫赫有名，但比他们更加务实，也更幸运。许多讲英语的居民点在北美建立起来，这个过程是缓慢的，最初动因也是多方面的。这个运动开始于1640年国王詹姆斯同西班牙签订和约之后，对理查德·哈克路特所著《论西方拓殖》一书的探讨再度活跃起来，以他为首的一批作家提出的严谨理论受到欢迎，他们的论点富有新意，指出英国面临着困境，人民陷入贫困，许多人流离失所，英格兰民族的人力和物力需要新的出路。

物价不断地上涨，靠工资维持生活的人民日子更加窘迫，虽然十六世纪的整体生活水平有所提升，但物价却是原先的六倍，而工资只翻了一番。政府苛刻的政策阻碍着工业的发展。中世纪的行会制度依然盛行，学徒要加入某个行业面临着巨大困难。地主阶级同国王保持着紧密的联系。他们拥有绝大部分的土地，控制着地方的政权。他们进行的圈地运动使很多农民流离失所。

生存环境日益恶劣，社会结构日益僵化。在新的形势下，许多人被普遍剥夺，失去了希望，生活难以为继。因此，当时的人们认为，向外殖民也许有助于解决这些严峻的问题。

英国政府对此种状况并非无动于衷。同生机勃勃的殖民地进行贸易可增加关税收入，而王室的财富在很大程度上依赖着关税。商人和富有的地主阶级发现大洋彼岸出现了新的商机，可以进行利润丰厚的投资，规避本国各种阻碍工业发展的政策，克服欧洲贸易在宗教战争期间的普遍衰退现象。进行海外殖民比较容易得到资金的支持。雷利的失败反映了单个人进行投资的弱点，但联合股份公司此时已经诞生了，以便为大规模贸易活动提供资金。1606 年，一批投机商得到了国王的特许，成立了弗吉尼亚公司。回顾一下早期的投机活动是如何在美洲大陆上展开的，是件颇有趣味的事情。

在与哈克路特等专家共同研究之后，制定了一个详细的殖民计划。可是他们缺乏实践经验，低估了拓展殖民地这个新事物的难度。幸好有机会去建立新国家的人并不是很多，第一批仅仅有几百人，1607 年 5 月，这批人在弗吉尼亚海岸切萨皮克湾的詹姆斯敦定居下来，第二年春天，有一半的新移民死于疟疾、流感、饥荒。经过长期的艰苦奋斗，幸存的新移民能够自立了，可是国内支持此项殖民计划的人们却收获甚微。土耳其战争中的军事冒险家约翰·史密斯成为这一小块殖民地的总督，实行严厉的统治。他的助手约翰·罗尔夫同印第安酋长的女儿波卡霍恩塔丝结婚，这在伦敦引起了骚动。伦敦对于殖民地的控制微乎其微，治理上也是敷衍塞责的。董事们的目标既庞杂，又不明确。有些人认为，殖民活动可以帮助减少英国的犯罪活动和减轻贫困。另一些人则希望在北美沿海发展渔业，从中谋取暴利，或者指望从那里获得原料以减少从西班牙殖民地进口原料。这些设想都是无法实现的。弗吉尼亚的财富产生于一个偶然，有人种了一次烟草，收成意外地好。那时候，烟草已经被西班牙人引入欧洲，吸烟的习惯迅速扩散开来。对烟草的需求也越来越大，在弗吉尼亚种的第一季烟草获得惊人的利润之后，小农田被兼并为大的种植园。这个时候，这块殖民地才开始了真正的自给自足。随着不断地发展，它也开始形成了像母国那样的社会，出现了庄园主，其地位相当于英国的乡绅。

他们不久便具有独立的思想和自我管理的能力。在这一方面，与伦敦政府的遥远距离为他们提供了便利。

在国王詹姆斯执政时期，英国社会表面上死气沉沉，但是除了在宫廷内部任人唯亲以及在欧洲事务上不断退让之外，其他方面仍具有活力。伊丽莎白女王统治时期的国教教会的主教们，已经把那些尊贵又顽固的清教徒从教会里清洗出去。虽然他们从组织上打垮了新教徒，宗教极端分子的非法小团体仍在活动。他们对这些小集团没有大肆进行迫害，但是一些轻微的限制和特务监视影响了这些小团体日常的活动。诺丁汉郡斯克洛比的一些清教徒在牧师约翰·鲁宾逊和约克大主教的领地管家威廉·布鲁斯特的带领下，决定离开英国寻求宗教的自由。1607 年，他们离开本国，在荷兰的莱顿定居，希望在宽容勤勉的荷兰人那里寻求到庇护之所。他们在那里奋斗了十年，过上了温饱的生活。他们是小自耕农和雇农，同这个沿海工业国家格格不入，由于国籍不同而不能加入同业工会，既没有资本，也没有接受过教育，他们能够找到的工作只是一些笨重的粗活。尽管他们吃苦耐劳，但在荷兰仍感前途渺茫。他们看重自己生而有之的权利，难与荷兰人融为一体。荷兰当局对他们表示同情，但是没有采取任何措施帮助他们，于是他们又开始着眼于他处。

移民到新大陆是逃避一代罪人生活的途径。他们在那里可以自力更生而不受荷兰同业工会的限制，信仰自己的宗教也不会受到英国教士的干涉。他们当中的一个人曾写道：“我们想去人烟稀少的美洲大陆，那里物产丰富，适宜居住；那里没有文明的居民，只有野蛮人像野兽一样四处迁徙。”

1616 年冬，荷兰面临着同西班牙重新开战的危险，忧郁不安的清教徒们对此议论纷纷。严重的危机和不确定的冒险活动摆在了他们眼前。除了前人在那个遥远世界里遇到的凶险、饥馑和失败之外，他们还听到了关于印第安人的可怕故事。故事的内容是印第安人如何用贝壳活剥俘虏的皮，砍掉肋骨，当着死者同伴的面烤着吃。未来的新殖民地总督威廉·布雷德福阐述了大多数人的观点。在《普利茅斯殖民史》一书中，他代表了当时人们的普遍看法：“一切伟大崇高的行动必然会遭遇巨大的困难，从事这项事业需要极大的勇气。纵然危机四伏，但也并非没有成功的可能；困难固然很多，但也绝非不可战胜。

可能会出现许多挑战，也可能并不会出现；人们担心的事情可能永远也不会发生，另一些事情可通过事前准备以及必要的手段加以预防；在上帝的帮助下，我们用坚韧不拔的意志来忍受和克服一切困难。没有成熟的条件，就不要进行这样的探险，也不要像他人那样由于好奇和金钱的诱惑而盲目行动。但是这些事业的条件非同一般，它们的结局无限光荣，它们的召唤合法而迫切。所以进行这项事业能够得到上帝的保佑。人们可能会为此项事业献出生命，但即便如此，也同样会得慰藉，他们的努力将会被后人铭记。他们在这里不过是穷困潦倒的流亡者，可能遭受了巨大的苦难，因为十二年的和平时期已经过去了。此时只听见战鼓响起，而战争的胜败难以预料。西班牙人可能像美洲的野蛮人一样残忍，那里的饥荒和瘟疫也会像美洲一样的严重，那里的自由却比美洲更少，甚至已经到了无法挽救的地步。”

这些清教徒初步计划到圭亚那定居，然而他们意识到，单靠自己的力量去冒险是行不通的，必须得到英国的帮助。于是他们派人到伦敦，同弗吉尼亚公司谈判，它是对殖民扩展活动唯一感兴趣的公司。公司董事会的成员之一是颇有影响力的议会议员埃德温·桑兹爵士，他在公司里伦敦商人们支持下，促成了殖民活动。要移居海外的这些人是最理想的新移民，他们头脑清晰、勤劳刻苦、精于农业。他们坚决主张信仰自由，因此必须说服英国国教的主教们。桑兹同来自荷兰的使节去见国王。国王詹姆斯对这些人心怀疑虑，询问他们打算怎么在弗吉尼亚公司的美洲属地上生存。他们回答说：“捕鱼。”詹姆斯对此兴趣盎然，他高兴地说：“上帝保佑！这是正经行业，是使徒们的召唤。”

居住在莱顿的清教徒得到了移居美洲的特许，他们匆忙为出发做着准备。他们当中有三十五人离开荷兰，在普利茅斯同英格兰西部的六十六名冒险家会合。1620年9月，他们乘坐着一百八十吨位的“五月花”号向美洲大陆驶去。

在寒风凛冽的大西洋上航行了两个半月之后，他们到达科德角，意外地在弗吉尼亚公司的属地之外登陆。伦敦授予他们的特许证便无效了，登陆之前，他们之间在领导人选上发生了分歧。从英格兰西部来的那些人并非虔诚的教徒，因此不愿服从莱顿清教徒的领导。寻求英国的帮助是不可能的。他们如果不愿饿死，就必须达成某种协议。

四十一名具有责任感的人最终起草了一份协议。这个协议是著名的历史文件之一，确立了政治组织的自发准则。“以上帝的名义起誓，阿门。我们这些签名者是尊敬的国王詹姆斯陛下的忠实臣民，蒙受着上帝、大不列颠、法国以及基督教捍卫者爱尔兰国王的恩宠。为了上帝的荣光，为了传播基督教信仰，为了我们的国王和祖国的荣耀，我们航行至此，在弗吉尼亚北部建立第一个殖民地。我们在上帝和彼此的监督下，郑重地组织起来，以便获得更好的秩序，达到上述目标。我们将不断制定公平合理的法律、法令、法案、宪法和设立各种官职，以满足和适应殖民地的基本需求。我们保证绝对地遵守法律，服从领导。”

这些人在美洲海岸的科德角湾建立了城市普利茅斯。他们同前人一样，在弗吉尼亚同大自然展开了艰苦的搏斗。这里没有大宗商品，他们靠着艰辛的劳动以及对上帝坚定的信仰而生存下来。而伦敦的资助者并没有获得任何回报。1627年，他们卖出了普利茅斯的股票，普利茅斯殖民地从此开始了自主。新英格兰就这样诞生了。

在以后的十年里，没有再进行有计划的移民美洲的活动，但普利茅斯这一小块殖民地明确地指出了自由的方向，1629年，查理一世解散了议会，开始了个人的独裁统治。随着国王和臣民们的矛盾不断加深，反对国教的运动在乡村逐渐壮大。欧洲大陆各国普遍出现独裁专制，英国似乎也走上了这条道路。许多有独立精神的人开始计划离开英国，去遥远的地方寻求自由与正义。

正如斯克洛比的会众集体移居荷兰那样，多塞特的另一批清教徒在牧师约翰·怀特的帮助下，下决心移民美洲。这个计划起初遭受到了阻碍，后来在伦敦和东部各郡得到一些人的支持，他们热衷于贸易和捕鱼，对移民颇感兴趣。有影响力的反对派贵族为他们提供了援助。他们步弗吉尼亚的后尘，根据皇家的特许证成立了一个公司即“新英格兰马萨诸塞海湾公司”。这个消息迅速传播开来，不少人愿意一同移居美洲。第一批人出发后，在普利茅斯北边的塞勒姆建立了定居处。1630年，该公司派出的总督约翰·温思罗普带领着一千人随后加入。他是这次冒险活动的重要领导人。他的书信反映了当时社会上的不安情绪，也说明他为什么把家眷也带上前途叵测的万里航程。他在谈到英格兰时写道："我确信，上帝不久将对英国的国土实行严厉的惩罚。不过请不要担心，……如果上帝认为移居对我们有利，他会为我们和其他所有人提供栖身的避难之所。……教会要逃往遥远的荒野，这说明灾难即将来临。"温思罗普选择的定居处在查尔斯河边，殖民地的首府也随即迁往这个沼泽遍布的地区。波士顿城就是在这里逐渐发展起来，它在以后的一个世纪里成为反抗英国统治的核心地带，长期以来一直是新大陆文明的中心。

马萨诸塞海湾公司根据它的章程，它是一个联合股份公司，完全是为了贸易而成立的。塞勒姆殖民点在第一年里受伦敦的控制。但不知出于何种原因，特许证上面没有说明马萨诸塞海湾公司要在何处开会。一些清教徒股东意识到，可以顺利地把公司、董事会和一切机构搬到新英格兰。董事会为此做出重大决定。马萨诸塞殖民地从这个股份公司剥离出来。掌握公司大权和大片土地的清教徒采取了国王查理实行专制统治之前的代表制。约翰·温思罗普在这段时间统治着这片殖民地。它迅速地壮大起来，在1629年至1640年之间，殖民地人数从三百激增至一万四千。公司的支持为普通移民提供可期的未来。在英国，雇农的生活往往是艰难困苦的。在新大陆，每一个新移民都可以分得一块土地，享受着自由，不受英国禁止劳动力流动等各项法令束缚，以及其他一切带有中世纪色彩的压迫。

马萨诸塞的统治者对自由有自己的看法，认为必须由虔诚的人进行统治，他们也像英国国教徒那样不能宽容他人，因而发生了宗教纠纷。并非所有人都如加尔文教那样墨守成规，在纠纷加剧的时刻，一些富有冒险精神的人纷纷离开原来的殖民地，在此之外，是广袤无垠的土地。在1635年和1636年，一些殖民者迁徙到康涅狄格河畔，建立了城市哈特福。后来又有许多新移民从伦敦来此，于是那里成为了河畔几座城市的中心，后来发展成康涅狄格殖民地，在远离故土三千英里的地方，他们开创了开明统治，他们颁布了《基本准则》，或称之为宪法，这与大约十五年前的"五月花号协议"有着惊人的相似。他们那里的所有自由人组织成了民主的政府。这个政府在王权复辟之后得到了正式的承认，在那之前，一直谨慎小心地行使着自己的权利。

康涅狄格的创建者们为了寻求更适于居处的大片土地而离开了马萨诸塞，宗教的纷争使得其他人也纷纷逃离。剑桥大学的学者罗杰·威廉斯被大主教劳德赶出了校门。他按照传统航线来到新大陆，在马萨诸塞定居下来。在他看来，那里的教会同英国圣公会一样专制。他不久就同殖民当局发生了冲突，成为殖民点那些力图躲避各种迫害的理想主义者的领袖。当局认为他煽动闹事，于是决定把他遣送回英国。他在得到该消息后，立即逃走。投奔他的人越来越多，在马萨诸塞以南建立了普罗维登斯城。另外一些从马萨诸塞逃离或者被放逐的人也在 1636 年到达他的殖民点。这个殖民地后来发展壮大为罗德岛殖民地。他是新大陆的第一位政治理论家，他的思想不仅影响了殖民者，也在英国的改革派间发挥了作用。在许多方面，他的思想启迪了约翰·密尔顿的政治思想。他使得教会完全地摆脱了世俗政府，而罗德岛殖民地是当时世界上唯一实现宗教自由的中心。这项崇高事业是靠蒸馏和销售烈酒来支持的，殖民地的发展也是以此为基础。

截止到 1640 年，英国已经在北美洲建立了五个主要的殖民地，弗吉尼亚在名义上是国王直辖属地，1624 年弗吉尼亚公司的特许证被取消后，它便由枢密院的一个常务委员会管辖，这种管辖其实相对松散，第一批清教徒建立的普利茅斯殖民地缺少资本，尚未发展起来；马萨诸塞海湾殖民地正在兴盛起来，另外两个是由它派生出来的康涅狄格和罗德岛殖民地。

除了弗吉尼亚之外，其他的四个殖民地都在新英格兰。这四个殖民地在宗教方面有分歧，而在其他方面相类似。沿海地区，贸易、捕鱼和航海活动将它们紧密联系起来。不久，它们又被迫联合对付毗邻的殖民地。另外一批富于冒险的苏格兰人在圣劳伦斯河上游居住了一段时期后，被法国人驱逐，这些人便从自己在加拿大的定居处不断向外扩张，在 1603 年完全控制了这条河。另外的哈德逊河却被荷兰人控制，他们于 1621 年在河口建立了新荷兰殖民地，即后来的纽约。马萨诸塞海湾公司前往新的定居点后，马萨诸塞殖民地同英国政府中断了联系。普利茅斯殖民地的股东们于 1627 年抛售了股票后，实际上已经取得了自治权，所以不存在向英国当局要求独立的问题。这种状况使得他们易受到来自法国和荷兰人的进攻，不过这个危机尚未来临。此时的英国正忙于国内事务。1635 年，查理一世及其枢密院打算派远征军到美洲殖民地，以维护他的权威统治。殖民地当局抓紧修建堡垒，以便迎战。而此时，英国不巧却发生了内战，查理一世的远征计划被迫搁浅，这样，殖民地又自由发展了近四分之一个世纪。

其他两次以贸易为主要目的的冒险活动使英语民族在新大陆迅速壮大了起来。自从伊丽莎白女王时代开始，英国人一直尝试在西班牙控制的西印度群岛夺取立足之处。1623 年，萨福克地方绅士托马斯·沃纳从圭亚那的冒险空手而归，归途探索了人烟稀少的西印度群岛的圣克里斯托弗岛。他在那里留下了几名留守人员后，急忙赶回国，向国王申请大规模开拓殖民地的许可证。他得到该许可后，返回加勒比海，却遭遇了西班牙人的不断攻击，但他在这个有争议的海域建立了英国人的实际控制。到了十七世纪四十年代，巴巴多斯、圣克里斯托弗、尼维斯、蒙特塞拉特和安提瓜这些岛屿均落入了英国手中，有几千名殖民者到达那些地方。丰富的蔗糖生产保证了这些地方的繁荣。西班牙在西印度群岛的统治受到了威胁和挑战，双方在随后的时间里进行了残酷的战斗。在很长一个时期内，这些岛屿在经济上比英国在北美洲的殖民地有着更高的回报。

这个时期的另一次拓展殖民地的活动是由国王本人发起的，在原则上，英国人开拓的土地都属于英国国王。他有权根据自己的意愿把这些土地授予某公司或者个人。正如伊丽莎白和詹姆斯曾经把工业和贸易的专营权授予某个大臣那样，查理一世也想把向外拓居的权利作为赠礼。1632 年，巴尔的摩勋爵乔治·卡尔弗特申请到了弗吉尼亚附近的拓殖权。他本人信奉天主教，长期渴望去殖民地活动。他死后，他的儿子继续获得国王的特许。特许证上规定的条件同当初弗吉尼亚公司获得的权利类似，特许证也把新地区的所有权授予申请人，并要求把采邑制度引入新大陆。统治殖民地的权力也一并授予巴尔的摩家族，使得他们在当地拥有任免官员和制定法律的最高权限。朝臣和商人纷纷向这项拓殖活动捐款。将要建立的殖民地准备以查理国王的妻子昂里埃塔·玛丽亚王后的名字命名，叫作马里兰。新殖民地的统治者虽然是一名天主教徒，但他在统治初期采取温和的宗教政策，巴尔的摩只有宣布英国国教为当地的正教，才可领到殖民地的特许证。实际上，国王查理的权威有所削减，巴尔的摩在当地却扩大了支配能力，当然这是以特许证上的权利换取的。

在大规模移民活动的最初几十年里，有八万多讲英语的人渡过大西洋。从日耳曼入侵不列颠以后，如此规模的大迁徙还是第一次。撒克逊人和维京人曾经使英格兰殖民化，一千年后，他们的子孙又开始拓展美洲大陆。将有源源不断的新移民汇聚到新大陆，为塑造美利坚合众国的多重性格发挥了巨大作用，在这些新移民里，最先到达的是英国人，并占据了移民的主流。殖民地运动的领袖们一到达美洲，便在感情上同英国政府决裂了。移民在荒野中建立新的城市，同印第安人战斗，完全置身于全新的环境，这使得新旧大陆之间的鸿沟更加难以弥合。在新英格兰建立和巩固的艰难时期，它的母国被内战消耗得无暇他顾。当英国国内恢复秩序的时候，北美殖民地已经完全能够独立存在，并业已形成了自己的传统和思想。

第十三章　查理一世和白金汉

许多文献记载了即位不久的查理一世的情况，其中最引人瞩目的是对查理一世有深刻研究的日耳曼学者兰克的著述，他写道：查理一世“刚满二十五岁，正可谓风华正茂。他骑在马上威风凛凛，人们经常看到他娴熟的马术。他善于武功，射箭打枪都百发百中，甚至懂得给火炮装炸药。他和他的父亲一样，酷爱打猎，但论及见识和智力，他不如他的父亲，论性格的温和讨喜，他又不及他的亡兄亨利。……但在道德上，他却居于父兄二人之上。他属于人们所说的完美的青年，举止得体，近乎腼腆。从安详的眼神中，可以看出他稳重的性格。他具备领悟复杂问题的能力，并且善于写作。他自幼养成了勤俭的习惯，既不过分奢华，也不寒酸。他善于思考各种问题。”[1]令人遗憾的是，查理一世患有小儿麻痹症，并且他讲话有点结巴。

英国正面临着一场严重的政治和宗教危机。在英王詹姆斯统治时期，议会的地位已经有所提升，它不仅掌握着税收决策权，而且干预国家事务的权力也越来越大，在对外政策的制定上尤甚。有必要指出的是：英国有文化的人对欧洲事务的关注具有引导性，他们如何思考和行动，英国广大人民就如何跟随。对英国人来说，发生在布拉格或者雷根斯堡的事情如同发生在约克或布里斯托的一样重要，波西米亚和莱茵侯选国的局势同国内政治一样受到重视，在金雀花王朝时期，人们由于王室争夺欧洲的霸权而关心整个欧洲的

1　兰克《英国史》第一卷，第 537 页。

局势，而此时的情况已经完全不同，人们出于对宗教的狂热而关注着欧洲大陆。英国人民深感，只有新教取得胜利，他们才能生存，灵魂才能得到拯救，因此他们关注着整个进程的每一步，不管新教运动在哪里受到进攻，英国都应在反击中发挥领导作用，这种强烈的愿望推动了议会运动，它的推动力量远远超过以往国内问题产生的影响。阿克顿勋爵说：“如果没有十七世纪宗教运动的推动，世界向民主前进的步伐就会停止。”

然而，世俗的问题同样不能忽视，当时人们之所以接受都铎王朝的统治，是因其有能力结束玫瑰战争带来的混乱以及痛苦。而随着社会的不断发展，都铎王朝已然不能满足社会的需要了。人们不禁回忆起过去的年代。科克和塞尔登等伟大的律师们将目光移至议会在兰开斯特王朝时期所拥有的权利。他们自豪地谈到西门·德·孟福尔的丰功伟绩，谈到大宪章，甚至谈到了盎格鲁撒克逊国王统治时代的古老权利。对历史进行一番梳理之后，他们得出了一个结论：从不列颠岛的习惯中，他们可以继承一套根本性的法律，这套法律对于解决当前社会问题依旧适用，同时也必不可少。对他们来说，过去的历史几乎可以提供成文的宪法，而国王却有背离这套宪法的趋势。但国王在回顾过去的历史时，也同样发现了许多完全相反的事例，尤其是近一百年来，许多先例证明国王可以行使绝对的权威。国王和议会各有一套立论充分的说辞，这给未来的斗争平添了几分悲怆和宏伟。

一个比都铎王朝时代更加复杂的社会正在孕育中，内外贸易均不断扩大，采矿和其他的工业也得到了提升，更大的既得利益集团已经形成。这次推动社会进步的先锋是伦敦市，它一直是维护自由与进步的伟大旗帜。那里有成千上万充满朝气的学徒以及资本雄厚的公司和同业公会。在伦敦之外，许多地方绅士已经成为了议会议员，他们同新兴的工业和贸易建立了紧密的联系。这一时期，下议院的主要作用与其说是立法，不如说是促使国王遵守古老的传统，以防社会进步沦为国王独裁统治的工具。

在这场艰难而且对我们来说非常重要的运动中，居于领袖地位的是一批显贵。科克帮助议会于詹姆斯统治末期掌握了维护自身的本领和制胜的方法。他本人精通英国的习惯法，从历史中寻找各种先例。把他们经过取舍后加以利用。有两位乡绅与他同一阵营，一位是英国西部康沃尔郡的约翰·埃利奥特爵士，另一位是约克郡的托马斯·温特沃思。二人都有惊人的能力和坚韧不拔的精神。有一段时间共同战斗，随后又相互对立，进而成为死敌，他们在各自的方向上都做出了最后的牺牲。在他二人身后，是清教徒绅士阶层的领导人登齐尔·霍利斯、阿瑟·黑兹尔里格和约翰·皮姆。他们这些人同样拥有刚毅的品格，皮姆把他们的事业最终推向更高的阶段。他是萨默特人，是一名律师，坚定地反对国教中注重仪式的派别，对殖民地的拓展也充满了兴趣，此人对政治倾轧的规则十分熟悉，并以冷酷的手段加以利用。

詹姆斯时代，议会主张发动战争，参与欧洲事务，查理时期的议会同样如是，议员们妄图利用自己对财政的控制权迫使国王和大臣们踏上这条危机四伏的道路。他们其实清楚地认识到，战争的负担会迫使国王向他们屈服，如果采取他们的政策，便是他们自身理念的胜利，他们的势力也一定会发展壮大。而詹姆斯采取的绥靖政策，虽不光彩，但有效地避开了这个陷阱。而查理国王和白金汉公爵都是意气风发的年轻人。查理国王的父亲为他向西班牙求亲遭到拒绝后，查理本人也在马德里遭受冷遇。他将此视为奇耻大辱，因此力主对西班牙发动战争。他甚至想另辟蹊径，在国王驾崩后不举行新的选举就召集议会。他迅速与法国公主昂里埃塔·玛丽亚结了婚。昂里埃塔带着大批的法国天主教徒和传教士来到多佛，查理的威望第一次受到了严重的打击。新议会批准了对西作战的军费，同时它还决定，国王在和平时代依赖的关税收入也应由投票决定。关税条例本来在国王统治时期终身有效，可今后却是每年表决一次，多少个王朝均未有此种做法，这表明议会想要重新审视间接税的问题，这大大地激怒了查理一世，虽然此事伤及他的自尊，但却动摇不了他发动战争的决心。这样，查理即位之初便陷入了受制于议会的窘境。另一方面，议会提出的越来越多的要求也令其感到深深的不满。

对西班牙初战失利。白金汉率军攻打西班牙加的斯，企图获得比伊丽莎白女王统治时期还要大的丰功伟绩，结果铩羽而归。他回国后，下议院就着手弹劾这位衣着华丽、腐败无能的大臣。议员们对查理说："在这位大臣停止干涉国家大事之前，我们反对将议会即将或者能够拨出的预算交由他作出有损国家利益的事。”白金汉遭到弹劾，而查理一世为了保护他的朋友，不得不解散了议会。

当时的政治背景下，又一个复杂的新问题凸显出来。查理一世同法国结盟，以便对付统治西班牙和神圣罗马帝国的哈布斯堡王朝，而法国本身并不想参与英国收复莱茵候选国的战争。在查理一世与昂里埃塔·玛丽亚王后履行婚约的问题上，英法双方也出现了分歧，胡格诺教派的问题使得这个问题显得更加尖锐。握有实权的新任法国大臣、红衣主教黎塞留决心阻止胡格诺教派在法国的独立运动，特别要彻底摧毁他们的海滨要塞拉罗歇尔。英国人从情感上自然会支持信奉新教的胡格诺派，在纳瓦拉的亨利执政之时就支持过他们。英法两国因此发生了战争。1627 年，白金汉率领一支军队来到法国支持胡格诺教派，他们在雷岛附近登陆，却未能攻入这座城堡，又一次铩羽而归，白金汉的军事指挥生涯又多了一个劳民伤财的污点。在国内，安顿士兵们的留宿成为了千家万户的负担，农户因此怨声载道。当时是以军事法来仲裁军民之间的纠纷，而造成的不公引发了农民更深的怨恨。

这场战争急需军费，而议会则可能利用国王召集他们批准拨款的机会再次弹劾他的朋友白金汉，来自两方面的压力使得国王焦头烂额。在战争期间，他不理智地采取了方法欠妥的手段筹集军费。他索要义务贷款，许多上层人士拒绝出钱时，他便将他们逮捕入狱。这些囚犯中有著名的“五骑士”，这五个人上诉法院，最高法院最后裁决说，这些人是“根据国王的特殊指令”被逮捕的，所以人身保护令在这一问题上是无效的。这次事件引起了巨大的骚动，涌现了著名的《权利请愿书》。

义务贷款并不能满足国库的需要。在得到了议会的保证——不再弹劾白金汉公爵后，国王查理又重新召开议会。全国处于骚乱之中。议会重新进行了选举，人们坚决反对随意征税。1628 年 3 月召开的议会反映了真实代表民意的领袖们的意愿。议会支持这场战争，但不愿意继续拨款给国王和白金汉公爵，因议会已经不信任这两位。贵族和乡绅、上下议院都坚决保护财产权，也坚决拥护与此相关的自由事业。而国王扬言要采取极端手段，无论如何也要得到这笔款项“以保护我们自己，使我们的朋友免于灭顶之灾。……每个人都必须忠于自己的良知，如果你们不顾及上帝的意志，不能满足当前国家的需要，我就必须……利用上帝授予我的其他权力去抢救可能由于人们的蠢行而丧失的东西。不要把这番话仅仅当作恫吓，而是该视为圭臬，我不喜欢恐吓地位低于我的人”。

我们不要将所有的错误归结到一方身上，议会同意发动战争之后，却同国王一样为难，企图迫使国王放弃帮助胡格诺教派，或者放弃历代国王长期享有的特权。议会的策略比较巧妙，根据它的理念和当时的实际情况，采取这种策略是必要的。它一共拨出五笔款项，总额高达三十万英镑，必须在一年之内付清。这笔钱足够支撑那场战争，但议会在一项法案中正式批准这项款项之前，提出了自身的限制条件。

有四项决议案获得一致通过：凡无合理根据不得随意监禁任何自由民；对在押犯人发出人身保护令，即使是国王或者枢密院下令逮捕的人也不例外；如无关押的正当理由，应将犯人给予释放或者允许其保释；每个自由人对自身的动产以及不动产拥有完全的所有权，这是无可置疑的传统权利，国王或者大臣在未经议会法案批准之前不得索取捐款或者贷款。

在科克的带领下，下议院开始起草《权利请愿书》。它的主旨是限制国王的特权，反对义务贷款、未经审讯的监禁、军队进驻民宅以及军事管制法。国王的上述行为被指责为“侵犯人民的权利和自由，违反国家的法律法规”。如果国王不接受这个请愿书，他便无法获得议会的拨款，必须依靠自身的力量来维持议会敦促他发动的这场战争。查理一世采用了灵活的手法，秘密同法官们商讨对策。法官们对他说，即使承认上述权利，他的最高权威仍旧不会受到影响，但他本人对此并不敢确信，因此在上议院给出了模糊的答复。这引得全场的哗然，不仅下议院喧哗声四起，参会者大多激动起来。他只好采纳了法官们的建议，完全承认应该按照众人的愿望办事，同时心底依旧有所保留。他说：“现在我已经尽了全力，假如这次议会不能得到满意的结果，那便是你们的错误，与我本人没有关系。”听到此番说辞，众人大喜过望，下议院投票通过了各项拨款，认为这是一笔成功的交易。

在这场混乱的斗争中，英国人的自由传统起到了关键作用。政府出于政策的需要可以监禁任何人的行为遭到了制止。通过艰苦斗争赢得的这一成果，给守法公民带来了基本权利。如果触犯了现有的法律，只有陪审团的审讯才能做出裁决被告是否应该被监禁。而国王认为这有碍于他本人的权威。当时，他可以借口状况紧急，必须把危险人物监禁起来。当时的统治者尚未想出“监护”和“逃跑者格杀勿论”这样的说辞，这些词语是人们在后来的一个时代创造出来的。

在议会运动的背后，潜伏着巨大的危机。欧洲各国的君主一意孤行，日益蛮横。法国议会自 1614 年巴黎会议之后，再也没有召开过一次会议。后来直到 1789 年爆发革命才重新召开了议会会议。常备军的出现使得贵族和平民失去了抗争的能力，因为这支军队使用火器，并拥有大炮。前几个世纪里，尽管社会动荡不安，却没有一位国王可以无视议会的“立法权和反抗力量”，如今议会处于软弱的不利地位。

国王和议会双方都有更多的要求。国王得到拨款之后，便开始相信法官的保证，认为自己的权力不会受到掣肘。下议院则提出了下一步打击的对象，反对天主教仪式派和英国仪式派的发展，指责战争指挥失当。由于海军力量的软弱，贸易活动在英吉利海峡受到了挫折。下议院恢复了对白金汉的弹劾，并且质问国王说，屡屡招致祸端的人却继续担任要职，与国王关系密切，这难道是对国王以及国家安全有利的吗？而国王和白金汉此时寄希望于发动一次成功的战争，就此替胡格诺教派解拉罗歇尔之围。查理一世解散了议会，在国王再一次需要议会支持之前，他与近臣们试图取得外交和政治上令人满意的成就。援救国外的新教徒，比迫害国内的天主教众要有意义得多。如果国王能够为拉罗歇尔解围，他甚至可以要求拥有对国内天主教徒施恩的权力，这并不会有损他的声誉，但幸运女神并没有眷顾他。

白金汉深知他自己已是众矢之的。他打算再次率军前往拉罗歇尔，希望此举可以获得全国的一些支持，至少也可以分化他的敌人。这位统帅去意已决，在朴次茅斯准备起航。船上装备有最新的武器，能够击溃黎塞留为封锁拉罗歇尔港口而设置的水栅。可正是在这个时刻，白金汉被一名狂热的海军中卫刺死。

凶手的名字叫约翰·费尔顿，他似乎生性剑走偏锋，因此才能干出此事。他因没有获得升职而心怀怨恨，看到从未参加过战斗的军官得到晋升而更加不满。从他留下的书信中可以看出此人还曾计划着更大的阴谋。议会在国王面前指责白金汉奢侈浪费和贪污腐败，这给了他极大的刺激。他认为，人民的利益是至高无上的法律，“上帝批准了这个法律，凡是对国家有利的事情就应该视为合法”。行刺以后，他立刻混入人群中。当听到人们咒骂是哪个无赖刺杀高贵的公爵时，他站出来说：“不是无赖干的，而是一个正直的人，这个人就是我。”他身材瘦小，长着一头红发，黝黑的面孔显得意志消沉。周围的人们对他咆哮不止，他反唇相讥：“你们心里却为我的行动而欢呼。”一些船上的水手呼唤他的名字。后来在死期来临时，他发现自己铸成大错，他认识到“公共利益不能成为某项恶行的借口”。他希望在行刑前可以表达这一想法。

白金汉的去世对年轻的国王是一个沉重的打击。国王并没有原谅埃利奥特，认为他的煽动性讲话导致了费尔顿的行刺。同时，这次行刺也使得国王摆脱了一时的窘境，因议会的不满随着白金汉的去世而消失了。这个刺杀事件还给他带来了第一次融洽的婚后生活。在此之前，他在精神上一直深受“斯蒂尼”的影响。此人是他青少年时期的密友，他对这个密友无话不谈。他已经与王后分居三年，甚至有人说，他和王后从来没有真正地完婚。他还遣散了王后的法国随从，这使得王后不免伤怀。白金汉去世后，国王对王后重新投入了感情，从此，他们开始共同面对接下来的暴风骤雨。

下议院虽然批准了五笔款项，在税收问题上却是一步未让。它投票通过的税收权只有一年的有效期，一年之后，国王仍旧按照惯例收取税款。全国各地的议会支持者因此而格外愤慨。拒绝交税的人被质押了财物，遭到了监禁。从此可以看出，国王并没有真正地接受《权利请愿书》，并且拒不承认他曾经接受过。请愿书印发之后，人们只看到国王对第一次的闪烁其词的答复做了补充，而没有看到他后来明确做出的肯定答复。另一名司令官率军远征拉罗歇尔，结果再次以失败告终。黎塞留红衣主教设置的水栅极为成功地阻止了英国军舰，胡格诺教派最后在绝望中打开城门向法兰西国王投降。他们的失败让英国全国感到震惊和失落。

1629 年初议会再次开会时，议员们对内政和外交问题心怀不满。不过他们的发难是从宗教问题开始的，下议院们采取了非常强硬的态度，他们认为反对天主教教义的法令过于宽容和松散，对此进行了长期的辩论，因而个个满腹牢骚。这种情绪促使他们的大多数人团结起来，狂热分子们持偏激的意见，热衷于彻底肃清腐败的教会，他们同奠定英国自由基础的爱国者联合起来，采取一致行动。这些怒火中烧的议员把英国的宗教偏见视为团结的契机和发动战争的动力，正如穆斯林依靠《古兰经》保卫自己的领土，犀牛依靠尖锐的角，老虎依靠锋利的爪一样。

下议院在一个内容丰富的决议案中宣布：提倡天主教仪式者、在税收获得批准前而擅自征税者以及帮助征税者以及交税者，均为社会的公敌。以前弹劾白金汉的许多罪名此时落到了财政大臣理查德·韦斯顿的头上，说他就算不是耶稣会的成员，也是天主教徒，参与过非法的征税活动。这些罪名罗列在一份谏言书中，但议会议长被国王拉到自己的阵营，他在 3 月 2 日宣布，国王决定把议会会议推迟到 3 月 10 日。因此阻止了谏言书的通过。会场上顿时不满声四起，议长准备起身离开之际，被态度坚决、身体强壮的议员霍利斯和瓦伦丁拦在椅子上，黑仗侍卫被阻拦在门外。霍利斯背诵谏言书的全文，议员们以鼓掌的方式通过。接着下议院四门大开，议员们蜂拥而出。他们在可预见的时间内无法在下院会议厅重聚了。很显然，国王和下议院正式决裂。一个星期后，议会被解散，查理一世开始了个人独裁统治。

第十四章　个人独裁

国王查理一世的独裁统治来得直白又直接，他公开宣布过自己的意图。他说："我们通过经常召开议会会议已经向人民表明，我们乐见议会所发挥的作用，但是，最近议会滥用权力的行为使得我们必须终止他的活动。如果有人想规定议会会议召开的时间，我觉得那是自以为是。召集议会和解散议会的权力一直在我们自己的手里，如果人民能够清醒地认识到自己的利益所在，以及所有行动背后的意义，如果那些扰乱议会秩序以至于迫使议会解散的人最终伏法，那么我们很愿意重新召开议会会议。"

此项政策需要其他重大举措的配合。首先，必须同法国和西班牙停战。没有议会的支持，国王就无法进行海外战争。实现和平本不困难，法国政府和西班牙政府自动释放了它们在拉罗歇尔和尼德兰抓获的俘虏，这说明它们本没有将英国当作强大的对手。第二个条件是至少要争取议会一部分的领袖支持，在这个问题上一定经过长期的争论。那个时代，几乎人人都想博得国王的恩宠，有人采取的是服从的方式，有人采取拉帮结派搞抗争的方式。国王认为，埃利奥特是冥顽不灵的人物，而亨利·萨维尔爵士、托马斯·迪格斯和温特沃思则是可以争取和利用的人。迪格斯起初甘愿为议会事业抗争到底，后来在国王恩典的感召下很快就改变了初衷。在其余那些人当中，温特沃思是最值得被争取的人。他在讨论《权力请愿书》的时候，态度就比较缓和，在他对国王的抗辩中，人们可以发觉他其实也有倾向国王的意愿。他具有过人的能力与野心，他的影响力足以决定国王所建立的新制度的成败。

因此，查理一世努力争取他的辅佐，甚至在白金汉在世时，这位领袖就做出了明显的缓和举动，既不丧失尊严又极为得体。争取他的支持此时已然成为了独裁统治的必需。这也正中他本人的下怀。他知道自己有着过人的眼光以及能力。他天生是个政治家，急需一个施展政治抱负的舞台。1628 年 12 月，他被任命为北方事务委员会主席和枢密院成员。从此，他不仅放弃了曾经阐述过的精辟观点，也抛弃了同他并肩战斗过的朋友们。他在国王的恩宠下，在权力的阶梯上平步青云，而他的政敌、曾经长期视他为友的埃利奥特却被冠上藐视国王的罪名，最后在伦敦塔慢慢地死去。现实主义的温特沃思开始考虑另一套说辞，说这种转变也不是突然就发生的。有人认为，他是唯一能促成国王与议会合作的人选。当时人们对国王的恩宠和社会义务的看法不同，我们考虑这些看法时必须有所保留。兰克做过一段正面而尖锐的论述："英国的政治家们能够把他们在枢密院和内阁里的活动同他们在议会里的行动统一起来，这一点使得他们比其他国家的政治家更加伟大。当然，他们如果不能在议会立足，便无法在枢密院和内阁占据席位。……一位大臣的行动必须同他在议会里的步调一致。这条原则对于杰出人物在道德上和政治上的发展是极端必要的。然而人民也尚未清楚地认识到这一原则。从温特沃思的行为里可以明显地看到这一点。他反对压制他的政府，只是为了使其个人成为政府不可或缺的人物。他又一次坦率地表明，他自然喜欢国王对他的微笑，而不喜欢对他的皱眉。他可以先反对政府，随后应邀加入这个政府，虽然它的政策并没有改变。"所以，温特沃思激起的仇视与碌碌无为的大臣们受到的仇视并不相同。他是"变节的魔鬼"、"堕落的天使"和"议会的叛徒"，无论是其辉煌的政绩还是干练的政治手腕，以及出众的口才和不平凡的品格，都不能使他的旧友饶恕他的背叛。他们可以有十一年的时间来旁观这场政治风云。

萨维尔和迪格斯早就被委以官职，几名反对国王的著名律师也被收买，站到了国王的阵营。温特沃思完全被国王拉拢过去，议会运动的次要人物，有的在国王的狱中遭到迫害，有的像霍利斯、黑兹尔里格和皮姆那样，在抑郁的谪居生活中抒发不得志的感慨。

个人独裁的第三个条件，也是最无情的条件，便是决定一切的金钱。怎么才能筹措到金钱呢？首先必须厉行节约，不能发动战争，不能进行任何的探险活动，也不能发生任何的内乱，国事则必须减少到最低限度，保持稳定。这些都是查理一世新政中必然奉行的原则。我们以二十世纪的角度观察下，从这个专制政权中至少可以看出布赖特和科布登在十九世纪力图达到的目标。这个政府已经没有力量再进行海外的探险活动。王室靠着传统税收这项微薄收入节俭度日。在维多利亚时代有一句口头禅说："传统的税款根本不值得收取。"全国人民通过辛苦的工作积攒起来大量财富，他们的荷包越来越鼓。国内呈现了一派繁荣景象，不会有大的动荡。国王以及文雅尊贵的朝臣们实行着有节制的统治，他们的形象曾出现在梵戴克的画笔下，他们的礼貌和道德为所有人树立榜样。查理一世是一个专制君主，然而是一个没有强大力量作为基础的专制君主，没有任何常备军推行他的命令。宫廷里对宗教分歧比任何地方都要宽容。国王坚信他是根据国内的传统习惯进行的统治。他的法官极力渲染这一点，他的人民也并不否认。如果把这段时间的个人独裁当作名副其实的君主暴政，那么也未免滑稽。后来在克伦威尔的军政统治下，所有的英国人都开始怀念十七世纪三十年代这一段的平静时期，把它视作祥和安定的时代。遗憾的是，人类寻求的不仅仅是安定。一个人在人生的轨迹上本来可以见好就收，坐享其成，但他的本性驱使他不断前进，其结果可能更好，也可能更坏。

国王的特权范围是十分广阔的，而且边界并不清晰，他可以在这个范围内征税。国王在法官们的支持下，尽力采取各种适宜手段，他不仅征收为人们所熟知的船吨税和每磅税，而且提高了某些项目的税率，他授权专员在收取一定的税金后，批准某一些人的非法土地所有权，并且减轻对土地买卖过程中的欺诈行为的惩治。他对许多未满年龄的继承人的地产行使监护权，并从中攫取大笔收入。他举行加冕仪式的时候，有些人没有应邀前来接受册封，他对他们统统处以罚款。长期以来，出席加冕仪式仅仅是一种形式，而这一次却给国王增加了一大笔收入。查理一世把伊丽莎白女王和他的父亲不顾议会反对而批准的零星专利权加以重新调整。现存的反专利权法案中有许多的漏洞，查理一世因此以更高的要价重新批准专利权。许多专利权被赐给了有大臣和地主参加的财团。实际上，这是国王赐予一些得力的收税者的间接税收。每批准一项专利权，国王就得到大笔的收入，而且能够从每年的贸易活动中获得可观的财富。从专制中获益的人拥护查理的个人独裁，而更多一无所获的人则站到反对立场上，使得反对派的阵营日益强大。人们普遍对伦敦的发展感到不安，包括郊区在内，伦敦的人口有二十多万。住宅拥挤，随时都有发生瘟疫的可能。公众舆论反对建立新的住宅，尽管如此，新的住宅仍旧拔地而起，伦敦和其他的城市不断扩张，国王的专员此时有了新的工作，人们面临两难境地，一是拆毁房屋，二是缴纳罚款。有些住房条件较差的穷人拆毁了他们新建的住宅，但绝大多数人则缴纳了罚款。

这时候，担任爱尔兰总督的温特沃思刚柔并济，使得爱尔兰王国对英国王室的效忠尤甚于任何时代。他解决了部落之间的世仇，恢复了秩序和繁荣。他以爱尔兰人普遍都默许的方式，建立了一支爱尔兰军队，并筹措了一大笔贮备金，以维护查理国王的统治。他在历史上的名誉地位与他在爱尔兰的统治是分不开的。经过七年的努力，他平定了爱尔兰，攫取了大量财富，他没有采取明显的激进措施，也没有诉诸暴力手段，而爱尔兰却成为他手中驯服的工具。

政府由于厉行节约，查理一世在不召集议会的情况下也能够维持其统治。反对势力仍在暗中窥视机会，他们坚持的观点仍旧没有从他们的脑海中消失。但是他们并没有表达出来，也没有一个集中的目标。交通的不便，聚会的危险以及安逸的生活阻碍了他们的行动。如果有机会，他们一定会发动猛烈的进攻，而他们此时却安于享受各自的生活。英国有很好的地理环境，春夏秋各有美不胜收的景色，冬天人们享受圣诞节的欢愉和其他的庆祝活动。农业和猎狐让每个人都有事可做，从中获取一份慰藉。农产品丰富，物价也相对稳定，劳动阶级的不满已经消失，《济贫法》的执行情况完全体现了博爱精神，普通乡绅无法参与到国家的政治生活当中，但在自己的领地还是统治者。他们通过每季开庭的地方法庭统治着各郡，他们只要做到奉公守法，规规矩矩地缴纳税金，就能过上安稳的日子。在这种条件下，议会势力要鼓噪他们关心国家大事，就必须付出更多的努力，心中积聚着不满的人，在寻找机会，将人们从惰性里唤醒。

不久，查理一世的律师和爪牙们注意到了多年以来形成的一个奇怪现象。英国有一条古老的法律，大概源自阿尔弗雷德大帝时代，根据这条法律，全国都要承担维护舰队的费用。可是长期以来，只有沿海各郡缴纳了这笔费用。这支海军难道不是在维护不列颠的和平和自由吗，既然是整个国家收益，为什么不由全国承担海军的军费呢？各郡应该同样缴纳海军维护费用，不列颠岛国对人民提出这个要求再正当不过，古老的传统姑且不论，仅仅就这个要求的合理正当性来讲，如果把它交给一个正常运转的议会，也会得到一致通过。然而，内陆郡不缴纳海军军费的做法已经成为了惯例。即使在西班牙的无敌舰队大举进攻的时代，伊丽莎白女王也从未改变这个传统。查理一世想要改变现状，从 1635 年 8 月开始，他对全国征收“海军税”。

白金汉郡中一名坚决反对国王的前议会议员率先发难，带领大家抗税。他的税款估计不超过二十先令，可是他坚持任何税金的征收都必须先得到议会的批准。抗命给他招致了惩罚，财产被扣押，自己也锒铛入狱。他的名字叫约翰·汉普顿。双方都把他的抗税行为当作一种信号，议会派没有其他的方法来表达他们的意见，便把汉普顿的案子当作一个工具，希望引起全国的关注，而且不吝惜有人主动牺牲，希望以此给沉寂的社会一点刺激，他们希望人民对国王专制表达自己的不满。另一方面，王室由于自认为税收合理而备受鼓舞。汉普顿的案子因此在当时造成了极大反响。在里斯伯勒王子城有一座方形尖塔，上面刻着他大胆的主张：内陆郡和皇家海军毫无关系，只有议会下令他们缴纳“海军税”，他们才会服从。结果王室获得胜利，法官们的判决不无道理，并没有明显地曲解法律。可是国内却民怨沸腾。1637 年，最终收缴了百分之九十的海军税，而到了 1639 年，这个收入降到了百分之二十。各地的乡绅从安逸的生活中警醒，重新高喊《权利请愿书》中的口号。

单单凭借这些活动并不能激发足够的民怨。议员们懂得，把问题局限在法律问题上是远远不够的，于是他们继续煽动宗教情绪，把它当作将英国人从政治冷漠中唤醒的工具。这个时候查理一世身边的昏庸军师是坎特伯雷大主教威廉·劳德。他是个虔诚的英国国教信徒，坚决反对罗马教廷和日内瓦教派，是脱离加尔文派运动的领袖。他渴望参与政治，是已故白金汉伯爵的亲密朋友，据说他是白金汉几次成功演说稿的实际起草人。在宗教问题变得棘手的时候，他毅然放弃了牛津大学的学术工作，登上了政治的舞台，进入了枢密院。伊丽莎白女王的国教依赖国家，教会单凭自身是无法应对各种危机的。国家和教会因此结成了一种非正式的合作关系，即国家承认教会的财产，教会宣布服从国家的政策以及国王的神圣权威。

劳德并不是这种关系的缔造者，但他努力加强这一纽带，但只是时机不对。他的革新里有一项是用栏杆把圣坛隔开，重新强调宗教仪式和教士们的尊严。教士与信徒们的关系日益疏远，教会的权力不断扩张。国王的宗教观点和他的政治主张是同步发展的，民众的不满情绪日益高涨，劳德还为国王开辟了新的财源。根据伊丽莎白时代的法令，每个人都必须到教堂去进行礼拜。至于内心是否虔诚，则无关紧要，但形式上必须要信仰国教。这个制度逐渐松懈下来，有些人干脆不去参加礼拜，另外一些人甚至对此事心怀不满。此时，英国各地的人们突然因为没有参加礼拜而被带到法庭，每次被罚款一先令，一般人都知道其中的玄机，这并不是值得律师和法官花力气的严重问题，而是带有愚民性质的蹩脚规定。早已被惹怒的清教徒认为这是宗教迫害，他们不禁议论起史密斯菲尔德的火刑，认为依照目前的形势，必然走向那样的宗教迫害。在国王危机重重的时刻，多年来经过不断怀柔政策安抚的议会派又开始蠢蠢欲动起来。

普林和他的清教徒作家在特别法庭上受审，被处以枷刑、烙刑和割耳的刑罚。这对国王查理的政府而言，不过是一个不算严重的污点罢了，它同不久之前以及今后一段时间出现的其他政府相比，还是相对宽厚仁慈的。[1]其实，纵使放任其发展，英国也未必会发生大的叛乱。动乱的发源地反而是斯图亚特王族的故乡，查理一世出生地苏格兰，星星之火，足可燎原。劳德对这个北方王国的宗教现状感到不满，说服国王采取措施加以改善。苏格兰人必须

1　写于 1938 年。

拜读英格兰的《祈祷书》，同英格兰兄弟保持步调的一致。

国王除了计划在岛内统一所有的宗教仪式外，还有世俗和物质的目标。他的父亲詹姆斯国王生前在苏格兰恢复了主教制度，试图以此约束频频发难的长老会。詹姆斯还巧妙地支持了苏格兰贵族反对苏格兰教会的运动。查理刚刚登位，便颁布了一项法令，企图剥夺贵族自宗教改革以来，所获得的教会土地，这致使贵族离心离德，更紧要的是，他决意改革已经落入贵族腰包的什一税，以减轻小地主们的负担，增加牧师们的薪水。他甚至计划加强苏格兰主教的权力，从而遭到了苏格兰贵族坚决的抵抗。而另一方面，作为国王代理人的苏格兰主教在地主和教士那里越来越不受爱戴。为了支持苏格兰主教，宗教法有了新的阐释，其中强调了国王的权威。新的《祈祷书》在伦敦起草完毕，以统一苏格兰的宗教活动。1636 年颁布了这些《祈祷书》，然而谁也无法预计这将带来何种后果。

查理和他的谋士们并非要与新教教义作对，更不会转向天主教，他们想维护新教中注重仪式的那一派别的观点。他们强调国王的权威，规定了更为严格的宗教仪式，尤其是完善了圣餐制度。在此过程中，他们同贵族的物质利益、各阶级的宗教信仰和苏格兰民族的独立精神产生了激烈的矛盾。苏格兰人普遍感到不满，迅速反弹。他们自己认为，同时也被其领袖们灌输，英国国王最终将迫使他们屈服于罗马天主教，这是灾难性的一步。他们怀着强烈的不信任感仔细地阅读了《祈祷书》。不禁质疑起来：国王娶了一个身为天主教信徒的王后，王后本人在自己的小教堂里崇拜偶像，天主教在英格兰全国获得了默许，对新教的地位产生了威胁。那么英议会不会同罗马重新建立起联系？

1637 年 7 月，苏格兰政教界的上层人士于爱丁堡的圣贾尔教堂聚会，准备首次郑重其事地朗诵新的《祈祷书》。许多牧师和无数的信徒从苏格兰各处来到爱丁堡。当教长准备朗诵新《祈祷书》的时候，骚动和谩骂掩盖了他的声音。一名下层的妇女甚至用脚凳，去追打这位衣冠楚楚的伪君子。整个仪式变成了一场闹剧。爱丁堡这座古老的城市一下子群情激愤，主教和国王的权威在这里受到了挑战。爱丁堡藐视王权，没有任何力量可以阻挡这座古堡的沸腾。查理一世为此大感惊讶。他力图说服苏格兰的臣民们，他本人是仇视天主教的，并且有意修改新的《祈祷书》。这些尝试均告失败。只有立即废除这部令人生厌的《祈祷书》才是最行之有效的举措。可是国王没有收回新《祈祷书》，双方仅仅就一些枝节问题开始了长期的谈判。国王不断地退让，而苏格兰的愤怒情绪却并未减少。在长期的争论与法律方面的争端下，一场规模更大的骚动拉开了序幕。苏格兰人策略性地在律师的指导下起草了一份请愿书。至此，国王才不得不收回了新《祈祷书》，但为时已晚，一场骚乱已然发动起来，它推动着苏格兰人不断前进，他们仍旧效忠于国王，将斗争的矛头直指主教们。查理一世最终放弃了原先的初衷，但它已经激起了一场声势浩大的反抗运动。1637 年的整整一年里，国王一直考虑使用武力解决危机，但其表面上还是一再让步，实际上就是承认了自己的失误。同时，苏格兰民族正在形成一个团结的整体，向教会和国王发起了挑战。

1638 年初，苏格兰人放弃了请愿书，同国王签订了一项协议。这协议并没有什么新的内容，主要是重申了五十年前詹姆斯六世统治下人人接受的宗教政策。那时候，欧洲大陆的宗教战争不断，人们反对罗马教廷的权威和种种弊端。如今，这个协议成为了全国团结在一起的神圣纽带。所有在协议上签名的人宣誓保证“坚持和保卫上述的真正信仰，未经过最高宗教会议和议会审查批准，不得对宗教活动进行任何的改革”。他们当中最弱者的遭遇同所有人息息相关，1638 年 2 月 28 日，爱丁堡的一个黑衣修士教堂宣读了这个协议。萨瑟兰伯爵第一个在该协议上签名，随后有许多重要人士也签了名。他们身不由己，被大众的情绪推动着。教堂里有许多人以血签名。一份份复制的协议书几乎散发到每个城镇和村庄，以便民众签名。这个协议体现了一个民族宁死也不屈服于罗马天主教的坚韧不拔，国王查理是这场风暴的始作俑者，然而，他完全未曾预料到会有如此结果。

查理一世将汉密尔顿派往苏格兰之前，同他进行了一场重要的谈话。查理告诉汉密尔顿，如果妥协失败，他可以调动军队镇压叛乱。汉密尔顿询问“如果当地没有足够的军队怎么办？”查理回答他“那么就从英格兰增派军队。我将率军亲征，宁可牺牲，也绝对不允许王权受到藐视”。查理描述的这种局面竟然不幸成真，苏格兰宗教会议藐视国王的权威，它要解决宗教纠纷，而此时已落入世俗力量的控制之中。他们追求的目标是废除主教制度。查理国王下令解散宗教会议，而它则决定设置常设机构。它做出这一决定的时候，完全不计后果。苏格兰宗教会议在1638年11月不顾钦差大臣的要求，拒绝解散。人们一度将这次行动与1789年法国国民议会首次反抗国王意志的行动相提并论。这两起事件的经过以及背景毫不相同，但它们由一系列因素导致了相同的后果，即处决了国王。

未能完成任务的和平使者汉密尔顿回到白厅，为自己向国王提出的绥靖建议而不断忏悔自责。现在他表示应该采取严厉的措施。枢密院对这个问题也进行了长时间的讨论。有人不解“为什么要对效忠于国王的民族发动战争呢？没有金钱与军队，也没有英格兰全体支持，靠什么来发动战争呢？更主要的是，查理的大臣们看到了苏格兰叛乱对英格兰的局势会产生毁灭性的影响。英格兰的局势表面平静而内在紧张。倘若苏格兰的骚乱不断升级，将如何收场呢？国王依靠法庭的协助，已经在不召集议会的情况下统治了十年，虽然也遇到过麻烦，但尚可行使有效统治”。可是北方的苏格兰竟然公开藐视国王的权威。劳德在英格兰同身在爱尔兰的温特沃思保持经常性的联系，此二人都主张尽快镇压苏格兰的动乱。这个主张最终占据主导，查理一世和苏格兰双方都已经开始为战争做起了准备。

查理一世开始调动军队，枢密院考虑调集温特沃思的爱尔兰军队，甚至打算雇佣西班牙的军队。它们计划从西班牙雇佣两万步兵作为主要战斗力量，再将来自苏格兰东部高原的大量亲英格兰分子编成一支军队。然而，苏格兰的反对派也可以寻求国外的援手，且力量更为强大。古斯塔夫斯·阿道夫指挥的一些苏格兰军队在德意志立下了赫赫战功，使得苏格兰拥有了无比强大的军事潜力。亚历山大·莱斯利在三十年战争中晋升为陆军的统帅，他感受到来自祖国的召唤，应该回到苏格兰为伟大事业而战斗。对他来说，新教信徒同罗马天主教会的这场斗争，苏格兰是侧翼战场。苏格兰对她的海外武士发出的召唤颇有号召力，数以万计的人回到苏格兰，其中有训练有素的士兵，也有在艰苦卓绝的战斗中不断锤炼、指挥经验丰富的军事家。他们立即成为一支正规军的中坚力量，他们当中产生了精明富有才干的参谋人员和运筹帷幄的指挥官。苏格兰贵族仰慕莱斯利已久，佩服他的军事才能，听从他的指挥调度。贵族间也放弃了过去的一些龃龉。数月后，英格兰还远远没有做好准备，而苏格兰却已经组建了不列颠岛上最强大的军队。这支军队军事素养极高，有经验丰富的指挥官，尤其重要的是，它有着强大的宗教狂热。教士们身佩刀剑，手提马枪，以他们的布道配合教官的训练。士兵们排列成一排排，虔诚地祷告，唱诵圣歌。总的来说，不管是宗教还是政治方面，他们言行都是谨慎的，仍旧尊敬国王，有的甚至还欢呼他的名字。可是他们的战旗上写的口号却是“为基督的荣誉而战、为协议而战”。苏格兰的反抗阵营在坚定的信仰中诞生了，1639 年 5 月，这支约二万人的强大军事力量抵达苏格兰的边界，准备迎战查理及其谋士组织起来的软弱无力、缺乏战斗精神的军队。

从一开始就可以清楚地看到，查理国王的军队并不希望与苏格兰一战，与此相反，和谈却开始了。6 月 18 日，双方签订了所谓的《贝利克合约》。苏格兰人答应解散他们的军队，归还攻占的城堡。查理一世同意在同年的 8 月召开宗教会议和议会会议，这两个会议今后会定期举行，前者处理宗教事务而后者解决世俗的问题。但查理一世拒绝承认格拉斯哥宗教会议通过的条约，因为其藐视了国王的权威。不过，查理也同意暂时废除主教制度。他制定新的《祈祷书》时所持的乐观期待，到头来变得如此不堪。其实，查理一世同意签订和约，不过是他的一个缓兵之计。苏格兰反对派很快就识破其诡计。于是独立精神再次感召苏格兰上下，人们由于归还了城堡而深感被欺骗，为解散苏格兰军队而深感不安。汉密尔顿重返苏格兰之时，苏格兰已是一片愤怒的海洋。1639 年 8 月底，在爱丁堡召开了苏格兰议会，要求国王的枢密院对议会负责，国王任命驻军指挥官，尤其是要塞指挥官时，也要听取议会的意见。议员们抨击财政部的权力过大，尤其不满货币管理工作，当时的货币不断贬值。他们甚至提出了官员的授勋也由议会的意愿决定的要求。这些要求摆到台面上后，汉密尔顿只能用休会的方法进行拖延，最后宣布闭会到 1640 年 6 月。苏格兰议会闭会期间，选出了代表委员会，成为了事实上的苏格兰政府。

在西欧纷繁复杂的形势下，苏格兰人不仅是新教运动的积极力量，也是法国人反对奥地利西班牙联合势力的同盟。他们认为国王退居孤岛的中立外交政策有利于天主教。苏格兰人试图恢复同法国的亲密盟友关系。到1639年底，查理一世发现北方业已存在了独立运作的国家和政府，这个国家和政府在表面上仍奉他为国王，但实际上已经在内政和外交上独立自主。这种做法不仅有损国王的权威，也威胁了国家的版图完整。查理一世已经感受到战争的紧迫必要性。可是他依靠什么力量进行这场战争呢？

汉密尔顿从苏格兰回来以后，提出了一个紧迫的问题："如果按照国王的意志，钱从哪来？没有议会，怎么能筹集到这笔款项呢？"温特沃思被召回英格兰，以加强枢密院的力量。他在皇宫内的威望很高，因其将倾向于天主教的爱尔兰恢复了秩序，还使得爱尔兰人普遍效忠国王。这位总督在爱尔兰实行开明专制，在当地建立并训练出了一支八千人的爱尔兰军队。他自信可以在苏格兰和英格兰实行独裁统治，因此在不列颠姐妹岛上已经有了成功的经验。"彻底"是他的信条。我们无法断定，他如果成功，还会在独裁的这条路上去往何方。他极力主张对苏格兰开战，希望挑动起英格兰人对苏格兰人的历史宿怨。他希望再次赢得弗罗登战斗般的大胜，随时准备把他的爱尔兰军队投入到对苏格兰的战斗中。

在这个关键性的历史时刻，英国国王本来可以继续实行在欧洲大陆逐渐形成的专制制度，可是形势却发生了变化。查理国王并不想违背法律传统，因其本人对法律有比较深入的了解。国王尊重教会和国家的传统，而冷酷精明的投机分子、个人力量伴随危机不断强大的温特沃思则缺乏尊重传统的精神。他清楚地认识到，国王的岁入根本不足以维持这场战争，于是他得出结果，必须要召集议会。他过于自信，认为下议院会比较容易驯服，后来的事实证明，他这个判断是错误的。根据他的判断，一个重要的进程开始了。将近十一年的个人专制统治后，查理一世发布了召集议会的命令，英国各地开始了选举。议会同国王进行的举世闻名的斗争之幕就此被拉开。议会派虽然没有施展的舞台，但也没有一刻停止过活动。他们在比较开明的专制下，牢牢地控制了全国许多地区的统治权。突然的选举活动，使得他们很快就组成了新的议会，在上届议会失败的地方重新燃起了斗志。并且，当时他们再一次将1629年议会所提的问题摆上台面时，已经压抑了十一年的仇恨已然无法抑制。国王只好妥协地将他轻蔑赶走的那些势力又请了回来。由于时过境迁，议会的成员有所变动，上届议会的成员只有四分之一继续留在本届议会中。埃利奥特已经死于伦敦塔；温特沃思已然成为了斯特拉福德伯爵，并且被任命为首相。在重新当选的上届议员中，有一个人地位显赫，能力出众，学识渊博，且伺机寻找一雪前耻的机会，这个人就是皮姆。后来被称为“短期议会”的这一届新议会，一经建立，皮姆便成为了核心。他的同时代人克拉伦登在评论他时写道“他看出了政府错误所在，而且懂得激化这些矛盾”。他在一次长时间的精彩演说中重新陈述了主要的危机和种种弊端。查理国王以及其谋臣斯特拉福德伯爵和劳德并未从新议会那里得到援助，相反，他们听到的尽是不满的呼声。他们意气用事地在数日后便解散了议会，此举直接把英格兰引入更加激荡的政治漩涡中。

召集议会的权宜之计无法顺利进行下去了，斯特拉福德伯爵因此又重新奉行起了“彻底”之信条。苏格兰的军队在边境集结起来，而英格兰只能以一支松散的军队迎战。军队投入战斗需要金钱，而且需要正当的理由，当时这两个条件都不具备。许多贵族为查理一世提供捐助或者贷款，以保卫英格兰王国。英格兰的天主教信徒尽管处于劣势，受到了压制，但仍旧感念国王的恩典，也慷慨解囊。他们的捐赠是秘密进行的，但是这微小的数目对于战争的耗费来说，只能算是杯水车薪。

斯特拉福德伯爵想把他的军队从爱尔兰调集来，但枢密院担心影响甚广，不敢贸然行事。他以北方事务委员会主席的身份，在约克将贵族们粗暴地训斥了一顿，可贵族们仍旧是无动于衷。不久，苏格兰人有序地渡过了特威德河。骑兵站在上游减缓水势以协助步兵过河。他们一直推进到泰恩河才遭遇了战斗。两支军队像签订《贝里克和约》以前那样对峙。苏格兰指挥官因看到了英格兰各地风起云涌的议会运动和清教徒运动而备受鼓舞，而皮姆则处于两个运动的联合中心。又过了数日，两支部队仍旧只是对峙，一日清早，一名苏格兰骑兵在河边饮马时距离英格兰哨兵太近而被击伤。苏格兰军队发动猛烈攻势而英格兰全线溃败。当时有人讽刺道："从来没有哪只军队在少数敌人面前如此不堪一击。"英格兰士兵为自己辩解道，他们的逃跑不是出于惧怕，而是自己本就不满于没有军饷。苏格兰军队势如破竹地一直推进到纽卡斯尔城下。这时苏格兰的将军们宣称他们是为整个英国的自由而战斗，呼吁所有拥护议会和清教徒事业的人给予援助。有人直接告诉纽卡斯尔的执政官，这座城市已经快被攻克，听闻此语后，城门竟然被打开了。当时斯特拉福德伯爵正在约克积极组织防御，寄希望于英格兰人民知耻而后勇，重新振作民族精神。他还希望可以获得枢密院的多数支持，调动爱尔兰的军队，但这些都已经没有意义。

正在伦敦开会的贵族们要求国王召集上院贵族开会，不让下院议员参加。这样的会议几百年不曾召开过，而应对当下的危机需要这一会议。国王同意了召开这个会议的要求，但是贵族会议的作用仅仅是建议召开议会，国王一己之力不能保卫英格兰，只有议会有能力将英格兰从苏格兰的铁蹄下解救出来。此时的国王不再意气风发，他尝尽失败的痛苦。国王的宿敌正在密谋彻底地消灭他，最终他们实现了这个目的。他们建立了一个党派和阵营，用以消灭任何他们试图打击的目标。

第十五章　议会暴动

来自各个方向的反抗迫使国王查理一世不得不勉为其难。苏格兰的军队侵占了达勒姆和诺森伯兰。他们的领导人同英格兰的议会派和清教徒保持着密切的联系。他们所提出的要求不仅对苏格兰，同时也对英格兰产生了深远的影响。苏格兰的军队并没有切断通往伦敦的海上运煤航线，而是在侵占地区大肆劫掠，查理一世无力抵抗。斯拉特福德自以为靠一己之力可以守住约克郡，但是他的能力也仅此而已。枢密院建议同苏格兰人展开和谈。苏格兰提出在其要求得到满足之前，每个月英格兰要支付其四万英镑的费用，作为苏格兰在英格兰驻扎军队的军饷。经过协商，最终这个数目减少到每天八百五十磅。于是，双方休战，对战双方在下一轮谈判之前的费用全部由王室提供，而此时的王室早已囊中羞涩。“主教战争”就此终结，而真正的战争尚未开始。

全国各地都要求召开议会。而至少一半上院的议员此时尚未离开伦敦，同皮姆关系密切的贝德福伯爵带领一部分人拜访了枢密院，提出了召集议会的建议。他们甚至暗示，可以撇开国王，单独召集议会，假使国王不同意签发召开议会的命令。王后以及身边的幕僚们赶紧给国王去信，也认为召开议会是唯一解决问题的办法。国王本人也同意这个意见。在这段时间里，他个人的思想发生了转变，他意识到不得不修改他的王权理论。他同意召集议会，表示采纳建立国王与民众新型关系的要求。

召集议会暂时缓和了紧张的局势，议员的选举活动有效分散了各派势力的狂热。那些对国王不满的上院议员也支持要伦敦金融界缴纳款项的提案，并且愿意充当担保人，伦敦金融界才同意在议会开会期间缴纳五万英镑，用于支付在英格兰北部的苏格兰占领军的军费，并谨防英格兰军队的哗变。

连续不断的大选是挑动人们神经的良策。每个人都满意地推杯换盏。这次大选的组织工作不如苏格兰的 1639 年选举，不过当选派系还是游走各地，为他们的支持者鼓劲。查理一世也向支持他的当选贵族呼吁，并得到了一些回应。有些地方出现了四五个候选人竞争的局面，但总的局势对王室并非有利。1643 年流传的一本小册子上写道："当选的人不需要有任何长处，只需反抗的精神即可。"在上一次的"短期议会"的四百九十三名议员中，有二百九十四名再次当选，占总数的五分之三。新当选者几乎都是反对派，那些著名的反抗领袖全部当选。新一届议会中实际支持国王的人，还不到总数的三分之一。

1640 年 11 月 3 日，英格兰历史上最具有影响力的一届议会开始运作，它的会期较长，在历届议会中排名第二，它的生命力来自于政治和宗教两方面的压力。召集这届议会是当时社会的需要。随着社会的发展，需要比都铎王朝专制统治更为广泛坚实的社会基础。在策略上，这次议会利用了苏格兰对英格兰的军事威胁。当苏格兰的军队领袖和教士到达伦敦时，他们获得了人们的欢迎，这令他们非常惊讶。英格兰人将他们视作救星。苏格兰人发现在议会里，有些朋友比他们更加痛恨主教。谈判绵延数周，一切费用均来自王室，可是只有议会有支付能力。英格兰和苏格兰的各种势力相结合，再一次提出了对业已存在了几百年的行政和宗教制度进行改革。詹姆斯一世继承英格兰王位后，英格兰和苏格兰的王位合二为一。现在这两个王国的主要力量汇聚一处，为着共同的目标而进行斗争。这是詹姆斯和他的继承者查理未曾预料的。这些力量像火炮里的炸药，而炮口对准了国王以及他的谋臣。

在国王的这些大臣中，最遭人记恨的是斯特拉福德。下院领袖皮姆和汉普顿迅速获得了满腔怒火的议员们的拥护，议员们要先发泄不满，才考虑拨款问题，国王对此无法提出异议。只有发泄报复，才能平息议员们的不满。斯特拉福德掌握了皮姆等人同苏格兰军队暗通款曲的证据，只要国王签发命令，就可以将他们以叛国罪论处。据说斯特拉福德准备将此公布于众，但是皮姆却先发制人。议会的愤怒，暂时被搁置的嫌隙以及拼命压抑着的各种不满，如火山喷发般直指“可憎的伯爵”，这在英国历史上堪称前无古人后无来者。11 月 11 日上午，圣斯蒂芬小教堂四门紧锁，钥匙置于桌上，外人无法进入而议员们也无法出去。傍晚的时候，皮姆和汉普顿带领着三百名议员，携着弹劾斯特拉福德的文件进入上议院。而伯爵此时已经奉命回到伦敦，那天上午他刚刚受到了来自上议院的礼遇，让他觉得风向有了转变，便又回到议院，可是此时一切都不一样了，迎接他的是一片指责。有些人喊道，他不能参与问题的讨论，必须离场，伯爵只好照办。不到一个小时，这位权倾朝野的大臣就成了犯人，跪在被告席上听候贵族们的裁决，这一转变使得他自己以及在座众人都很震惊。黑仗侍卫卸下了他的佩剑，将他逮捕。他穿过人群走向黑仗侍卫的看守所时，受到众人的横眉冷对。他的垮台在猝不及防这一点上，堪比历史上的罗马皇帝提庇留的佞臣塞扬努斯。

国王的宠臣无一幸免。劳德大主教在上议院受到弹劾，他被剥夺了辩解的机会，又从水路押送伦敦塔。国务大臣弗朗西斯・温德班克爵士和其他一些人逃亡欧洲大陆。掌玺大臣约翰・芬奇爵士离开他的上院议长席位，身着官服，用刺绣的袋子携带着国玺来到下院为自己辩护。他字字珠玑，骚动的议员安静地听他讲话，可这也只能为他的逃亡争取一点时间。这一切都是愤怒的下议院一手促成的，他们有伦敦市民的支持，同时有远方苏格兰军队这一后盾，还得到了上议院贵族的赞同。

在我们眼中，清教徒的抗争都是有节制的。而此次斗争的双方都怒火中烧，手段残酷，不仅议会的议员间彼此反目，想方设法把对方送上断头台，伦敦的居民们也彼此渐生嫌隙，甚至大打出手。不过最终他们还是尊重法律以及人的生存权。在这场残酷的斗争中，暴力得到有效的抑制，即使升级为内战的时候，人们仍旧遵守法律，使得人们表达自由意志的过激行为不至于演变为历史前后都发生过的那些野蛮暴力。

下议院被人们的恐惧心理和各种谣传所困扰。它谨慎支付苏格兰军队的军饷，因为此时真正物资短缺的是英格兰的军队。关于军队哗变的谣言不胫而走，皮姆以冷酷无情的方式利用这些谣言，至少可以恫吓议会，这些谣言便有价值。下议院多数议员咄咄逼人地要求废除主教制度。已经成为英格兰北部实际控制人并且有能力左右伦敦政局的苏格兰人企图建立长老会制度。局势急转直下。由一万五千人签名的请愿书被提交到议会，要求彻底废除主教制度，这一提议得到了大多数议员的赞成。但是，这时出现了有实力的对垒阵营。有七百名教士签署了另外一份请愿书，建议把主教的权力限制在宗教事务范围内，并且在该范围内对他们的权力进行进一步的制约，但这仅仅是一条保障措施，但沿着此项规定，可以建立一支捍卫主教制度的军队。众所周知，查理国王坚决要求保留主教制度的原因在于，他认为该制度从十二使徒开始就是基督教信仰不可分割的一部分。英国的主教制度始于圣奥古斯丁时代，亨利八世同罗马教廷决裂后，也没有打破这一传统。查理一世坚决要保留主教的权力，但反对派却认为这是一切危险的根源。在这场宗教斗争中，双方都是基督徒且都信奉新教，分歧之处在于教会统治的方法。双方各自都绝不退让。政治上的斗争即反对个人专制已经取得了胜利，但在宗教问题上，双方僵持不下。皮姆看到了这一点，便决定推迟最终的辩论时间，将两份请愿书共同提交给专门的委员会。

对斯特拉福德的审讯也在同时展开，但即使根据对法律的不同解释，也很难给这位民怨沸腾的大臣定罪。显然，斯特拉福德是现阶段人们争取胜利的大敌，也是人民权利与自由的敌人。可是要以通敌叛国的罪名定罪又几乎是不可能的。在威斯敏斯特宫内的木制审判台上，列席着贵族、政治家和教会上层。大厅里三分之一的空间被围观人群占据。国王携王后每日出席，坐在他们的专座上，希望亲临现场可以将可能的迫害降到最低。斯特拉福德出色地为自己进行着辩护，他每天清早先向审判长行礼，然后向上院议员们和围观人群鞠躬，他通过晓之以理、动之以情顶住了各项对他的指控，并且成功驳斥了所谓的累加叛国罪。即一些错误行为相叠加最终构成叛国大罪，他认为弹劾者的错误就在于此。他着重指出了英国的自由原则："没有法律规定，就无所谓犯罪。"他到底触犯何罪呢？其凭借着自己的口才，或者如他的政敌所指控的那样——演戏的本事，影响了围观群众的看法和他们的感情，查理一世不断游说上议院，为了能救出斯特拉福德，他不惜做出任何让步。国王已经向斯特拉福德保证，他不会失去生命和自由。包括所有显贵的夫人们在内的观众，渐渐流露出了同情，上议院的议员们也为之动容。到了审判的第十三天，斯特拉福德有了乐观的前景。

皮姆和他的伙伴们此时使出了一个撒手锏。枢密院亨利·文爵士的儿子是反对派中的活跃分子，他做了一件极不光彩的事：偷出了父亲保存的 1640 年 5 月 5 日枢密院秘密会议记录。经过动荡年代之后，他为自己卑鄙的行为付出了生命的代价。记录上有斯特拉福德的这样一段话："只要权力允许，就可以采取任何措施，他们拒绝了，而你该为上帝和人类尽责，你在爱尔兰有一支军队，可以把这支军队调来征服这个王国，请保持信念，英格兰一定坚持不到五个月。"

下议院想用这句话为斯特拉福德定罪，因为他鼓吹用爱尔兰军队征服英格兰。根据当时的背景，这段话似乎是针对英格兰的。那时，苏格兰正在进行反对国王的叛乱，枢密院秘书亨利·文爵士反复确认了记录，但是却说不出或者不愿说出这里的"王国"到底指代什么，其他的枢密院官员受到盘问时均称不记得这段话，不过他们还宣称，当时谈论的是如何征服苏格兰的问题，而不是如何征服英格兰，他们从来不曾知道有任何人要把爱尔兰的军队用于苏格兰以外的地方。可能人们会有这样的联想，这支爱尔兰军队在苏格兰战场取得胜利，就会被派往其他地方，然而这并不是当时争论的焦点。斯特拉福德为自己辩解道："如果枢密院成员没有完全理解甚至误解了某人在枢密院的发言，这一发言竟然构成犯罪，那么，产生的后果就是今后没有人再敢向国王进言了。"律师们表示赞同他的说辞，毫无疑问，他已经赢得审判的胜利。

下议院的议员们遭受挫折，誓要找出新的证据。而斯特拉福德要求说，如果允许他们提出新的证据，自己同样拥有此权利。上议院对他的要求表示同意，而下议院中却有人高喊退场。随即人们全部涌入圣斯蒂芬小教堂，重新锁上大门。难道英国自由的公敌就要逃脱法律的制裁么？他们深知斯特拉福德是他们的敌人，因此要把他置于死地。他们试图不通过审判途径而直接通过议会给他定罪。皮姆和汉普顿并没有直接起草这个建议书而是授意他们的一个追随者提出这个建议，此做法还以场外愤怒的暴民为后盾。上议院不采纳下议院的提议，明显地同情于斯特拉福德的遭遇。因斯特拉福德的自我辩护对他们的触动很大："议员先生们，这是我目前的不幸，也永远是你们的不幸……如果你们不凭着自己的智谋去防微杜渐，我的血就为你们的灭亡铺路。今后惯于进行这种迫害活动的博学绅士们也将对你们下毒手，而你们的朋友和律师不能帮助你们，敌人出来作证，但不是根据法律，而是根据事情的后果，或者罗织罪名把你们的言论、意图定为叛国罪，那么你们本人，你们的财产和后人都会处于极大的危险之中。请各位先生们考虑，这些危险的做法会有什么样的后果。那些先生们声称他们在维护国家的利益，反对我的独断专行，可是请让我说明一下，我也在维护国家的利益，反对他们无所顾忌的叛国罪行。如果授予了他们这项特权，如果你们和你们的后人被这些人摒除于国家大事之外，国家和国王都会受到伤害。而我本人，如果不是为了大家的利益，不是为了我过世的妻子和她留下的孩子，我就不会苦苦支撑到如今。我希望大多数人可以理解，我以我的遭遇表达了我对上帝、国王和祖国的忠诚。可是我不得不在这个时候忍痛离开我的家庭。"

1641 年 4 月 21 日，下议院以 204 票对 59 票通过了死刑判决书。在投反对票的少数人中，有原来反对国王的代表人物迪格比勋爵。他以过人的睿智试图反驳自己的同僚，但是最终无果，反而被质疑是一个叛徒，这引起一阵骚动。楼上的一块木板发出了破碎的声音，人们以为是炸药爆炸。五十九名投反对票的名单逐步扩散出来，他们被指控为保护叛徒的罪人。每天都有许多人封锁通往议会的道路，气氛日益紧张。上院议员们被人指责为斯塔拉福特开脱，他们被这种狂热的气氛震慑了。奥利弗·圣约翰在上下两院全体会议上要求处死斯特拉福德时，不仅提出了法律上的根据，还提出了革命性的主张。他说，议会和低级的专门法庭不同，不受现有法律的约束，有权根据形势的需要制定新的法律。它唯一需要关注的是人民的利益。它是一个政治机构，代表从国王到乞丐的所有人，可以为全国的利益同单个人做斗争，甚至剥夺其生命。当时有一种传统，认为只有法律存在，才能谈到犯罪的问题，没有法律规定也就无所谓犯罪了。对于企图推翻所有法律的人来说，这个传统已经不适宜了。圣约翰说：“打碎狐狸和狼的脑袋，不算是残忍或者不合理的行为，而为了保护兔子，养兔人诱捕其他猛兽也是合理的。”

斯特拉福德听到这一派说辞便知道自己在劫难逃，他将双手举过头顶，似乎请求上帝的怜悯。在参加审判的上议院议员中，只有一半敢于投赞成票，处死斯特拉福德，以人数的优势最终定了他的罪。他们意识到，如果放走了斯特拉福德，国王就会依靠他继续同议会作对。伊丽莎白女王的宠臣之子、心怀怨恨的埃塞克斯伯爵冷酷地说：“大势已去，树倒猢狲散。”

在其他地方可能还尚有一线希望。国王试图将伦敦塔和在押的斯特拉福德控制起来，但是守卫伦敦塔的威廉·鲍尔弗爵士紧闭大门，阻止国王的进入，而且也轻蔑地拒绝了斯特拉福德的大笔贿赂。要求依法处决斯特拉福德的呼声响彻伦敦街头，几千名暴民聚集在王宫前，其中有人携带了武器。议会里也有人扬言要弹劾王后。

这是查理一世这一生最大的危机。他此刻关心的问题不再是斯特拉福德，而是国王的权威会否一并覆灭。他求助于主教们，主教中除了两人外，都向国王提出了忠告，他必须把自己作为普通人和国王这两者的感情区分开来，但是，真正使国王得到解脱的是斯特拉福德，其在上院投票表决之前给国王写了一封令人赞叹的信，他请国王不要因他个人而许下危及国家和王权的诺言。查理最后不得不让步，并为此抱憾终身。他批准了死刑判决书。他经受着良心的拷问。他在放弃国王权威的第二天早晨，派年轻的威尔士亲王去请求将死刑改为终身监禁。在场的议员断然拒绝了这一请求，甚至拒绝给斯特拉福德几天时间来安排后事。

刑场上聚集了无数围观者，人数之多是岛内历史上未曾出现过的。斯特拉福德慷慨赴死。他清楚地知道自己身负政治才能，怀抱万丈雄心。他通过议会攫取了权力，依靠国王的宠信而得以独断专行。他建立了自己理想中的制度，并使其为自己的意愿服务。对他进行审讯和判处死刑的人将无法洗清罪恶，因为他们处死了一个无法以法律定罪的人。不过，如果斯德拉福德继续施展抱负，那么英国的自由之窗还要继续关闭多年。

在斯特拉福德受审和被处以极刑一系列事件的打击下，查理做出了许多的让步。《三年法案》规定至少三年召集一次议会，必要时可不经国王而单独开会。这项法案彻底结束了国王的专制统治。船舶吨位税和每磅税每次批准后只能征收一次，同时，议会取消了造船税，因抗缴该税而受到惩罚的人也得到了补偿。查理无奈地批准了这一切。此外，他也完全屈服于另外一项政策，该政策旨在防止本届议会不合时宜地解散，如果它自己主动解散，就另当别论。查理在批准斯德拉福德的死刑判决书的同天，批准了该政策，其实质已经成为了一项法令，即议会将长期存在。这届议会也被称为“长期议会”。同时也采取了一系列缓和民怨的改革方案。法官们以前只能靠屈从于国王才能保住职位，而现在必须秉公执法才能保住乌纱；亨利七世为了约束贵族而建立的星室法院后来成为压迫人民的工具，也在此时被取消了，推行宗教统一的最高宗教法庭也一并取消；枢密院的权力被严格控制在一个有限范围内；《权利请愿书》中提出的个人权利，尤其是个人不应遭受肆意逮捕的权利最终得到了保障。国王批准了上述决定。他意识到自己过去过分的独裁，从此便放松了紧握的权力。斯图亚特王朝从都铎王朝继承的整个制度也发生了根本性的改变。

世事难料，以前不管英格兰人如何以坚韧、粗犷、顽强品格，不断开拓稳固的立脚点，从斯特拉福德身首异处那天开始，一种保守主义倾向占了上风。这种倾向虽然只存在于一些人当中，却在全国各地表现出来。国王在议会中曾经是孤立无援的，因其身边有人人憎恶的权臣，而此时人们越来越同情他，假如任由这种同情发展下去，国王可能赢得更多的社会支持。清教徒极端的狂热，向英国国教发起进攻，同苏格兰人连成一气，这也引来了极大的敌意。在这场角逐中，势单力孤的王室只是一个旁观者，但它通过耐心巧妙的努力，可能会恢复一些往日的荣光，即使不如当年那般强大，也会取得更加牢固的地位。从此，斗争的双方不再是国王同人民，而是两大派别，他们的斗争一直持续到现在。二十世纪初，人们还能够厘清自己的祖先在这场斗争中是属于那一方阵营。

国王认为同苏格兰的缓和可以为他的统治带了新的希望。驻扎在北方的苏格兰军队同威斯敏斯特宫内的清教徒互相扶持，形成了一股强大的力量。查理一世决定亲自到苏格兰去，在爱丁堡召集议会。皮姆以及其追随者对这个计划无法提出异议，温和派则赞成这个计划。查理的秘书、睿智的爱德华·尼古拉斯爵士写道："如果国王能解决同苏格兰的争端，那么英格兰国内的一切争端也将随之得到解决。"于是，国王欣然前往苏格兰。至此，当初颁布新的《祈祷书》时，提出的将苏格兰和英格兰政教两方面都统一起来的设想，此时已经遥不可及。查理一世不得不接受他过去所厌恶的一切。他争取苏格兰反对派的支持时，虔诚地聆听布道，效仿苏格兰教会的教徒，咏唱圣歌，同意在苏格兰建立长老会制度。可是查理的这些行为都是徒劳无益的，苏格兰的亲国王一派计划绑架反对派领袖阿盖尔侯爵，不过失败了。苏格兰人因此指责查理参与了这个计划，对他的敌意根深蒂固。国王不得不失望地返回英格兰。

本已经动荡的局势，又出现了新的危机。斯特拉福德被处死后，他在世时曾经压抑的一切力量全部迸发出来。以前对他唯命是从的爱尔兰议会，此时也立即表达了对斯特拉福德统治的不满。同时，信奉罗马天主教的凯尔特人，对英格兰的国教也极端不满。斯特拉福德建立起来的那支纪律严明的爱尔兰军队已经解体。查理的谋臣们企图利用爱尔兰人的宗教信仰为国王服务的努力也宣告破产。爱尔兰那些忍受贫穷、备受压迫的大众也把怨恨撒向英格兰辖区内外的乡绅、地主和新教徒。1641 年秋，爱尔兰爆发了类似法国扎克雷起义那样的农民暴动。有产阶级带着家眷和仆人逃亡几个设防城市。兰克写道："无人能描绘出那样的可怕场景，对没有抵抗力的人们进行残酷的迫害，成千上万的人被迫害致死，到处尸横遍野，成为鸟兽的食物。……宗教仇恨和民族情绪交织在一处，形成一股巨大的破坏力量。西西里人民反法暴动的动机和圣巴塞洛缪节之夜大屠杀的动机结合在一起。"[1] 各地纷纷出现人间惨剧，政府在最高法院法官的带领下残酷地镇压暴动，在乡村地区见到男性就屠杀，实行坚壁清野的政策。有关这些惨剧的消息传到英格兰之后，人们大感错愕。

1　兰克《英国史》第一卷，第 537 页。

尽管他们手上棘手之事不少，但也对爱尔兰所发生的一切不能释怀。这种情形对国王本人危害最大。清教徒从爱尔兰的暴行中看到，或者自以为推测出，如果主教中亲天主教一派同国王的王权结合，他们一定会下场悲惨。他们把爱尔兰人当作可以任意屠杀的动物。他们在后来胜利之时，所采取的残酷暴行，便是从爱尔兰暴动中获得了灵感。

在查理国王离开伦敦期间，议会势力可以任意活动。这给国王带来的好处大大超过了他本人留在伦敦勤于政务。9 月至 10 月之间，保守势力迅速壮大起来。英格兰和爱尔兰的军队此时都已经解散，谁也不能再用此作为借口指责宫廷利用军队进行不可告人之事。英格兰人不管是从宗教信仰或者对立宪问题的态度，均不愿为供养苏格兰军队缴纳税款。苏格兰的长老会教派对英格兰人也没有任何吸引力。他们对英格兰的国教感到不满，因此要从宗教改革所产生的动荡里，寻求偏激教派提供的刺激，或者在清教内部的再洗派和布朗教派中获得精神慰藉，后两派既反对长老会制度，也反对主教制度。1641 年底的下议院，已经发生了极大的转变。皮姆以及其追随者依旧占据领导地位，而且偏激程度尤甚从前。此时，也出现了反对派，他们也像皮姆一派般坚定。上下议院之间也产生了分歧，会议期间，多数人站在国王一边。清教徒从民族事业的忠诚的奴仆变为偏激派。即使对于英格兰这个崇尚坚韧不拔品格的民族来说，这场斗争也未免过于持久，仅仅依靠口舌之争似乎并不能解决问题。人们感到热血躁动，想随时拔出刀剑，似乎只有武力才能解决问题，推进他们的事业。

在这个局势极不明朗的时刻，皮姆和汉普顿提出了《特别抗议书》，企图以此提升士气。几个委员会用数月时间草拟的这份篇幅冗长的文件，实际上是一份党派宣言，其目的是宣传议会在过去为纠正一系列错误而贡献的成就。并且阐明了领袖们未来的方针。皮姆希望通过这种方式把各种追随者重新集结起来，因此，他放弃了进行宗教改革这种过激要求。抗议书中提出了限制但不废除主教权力。力量日益强大的保守派，或者被人们称之为“主教派”的一方，感到极大不满和屈辱，坚决抵制。他们对皮姆的做法极不赞同，准备“用掩饰国王的过错而不是宣扬这些错误的方式争取国王”。皮姆准备把此次斗争推向新的阶段，争取民众的支持，力求议会可以完全地控制宫廷大臣。早在一封关于爱尔兰叛乱的信件中，他就提出过“国王任命枢密院或者宫廷大臣时，应该获得议会的批准”。他的这项提议是对王权的彻底颠覆。可是现在枢密院的情况与之前大不相同。许多过去反对国王的人在迪格比及其父亲布里斯托伯爵的带领下，开始同皮姆为敌；以前攻击过劳德的人此时又调转枪口；福尔克兰和科尔佩珀反对多数人的暴行，不久就在查理的政府中任职。爱德华·海德，即后来的著名历史学家克拉伦登，更是引发了一场关于抗议书的大讨论。他坚持说，他的初衷是维护稳定，如果抗议书得到批准，进而推而广之，那么，目前的争端会更加激烈且持久。

议员们就抗议书进行了长时间的严肃辩论，虽然尽力自控，但是讨论依旧激烈。最后在午夜，他们就稍加改动的抗议书进行了表决。一年以前议会开会的时候，支持国王的议员不到三分之一，而此时抗议书仅以 11 票的多数通过。多数派提议将抗议书立即付梓。这时所有的下议院成员都在进行最后的较量。在大约午夜一点的时候，律师杰弗里·帕尔默要求记录员记下所有持不同意见的人员名单。之前或之后的时间里，上议院允许少数派发表意见，但下议院仍旧采用多数决原则，许多人立即叫喊着“反对！”四处挥舞着帽子，人人手持刀剑，有些人已然宝剑出鞘。菲利普·沃里克议员对此时拥挤昏暗的圣斯蒂芬小教堂作了描写，他写道：“我以为我们都坐在死荫的幽谷里，像艾布纳和乔布的后代那样，彼此揪住头发，将自己的宝剑插入对方的腹中。”此时，在汉普顿的及时劝阻下，才避免了一场流血冲突。然而辩论就此结束，唯有战争才能推动事态的发展了。

代表剑桥市的议员奥利弗·克伦威尔一直是一个不起眼的人物。他的举止不够优雅，但仍不失作为托马斯·克伦威尔后代的风范。他在离开下议院时对福尔兰说：“假如抗议书遭到了否决，我将变卖家产后远离英格兰。我知道所有正直的人都与我有同样的想法。”他和皮姆都对大西洋另一端的新世界充满了希望，那里非常荒芜，但他们为之奉献生命的事业却可以得到发展。他们的思想在美洲引起了反响，直到一百多年后，经过大规模的战争，这种反响才逐渐消失。

国王虽然在苏格兰与爱尔兰均遭受了打击，但他意识到有越来越多的人支持他，因而采取了一系列极端错误的举措。他试图以下议院多数派的力量组织朝臣。上议院反对派的十二名议员宣誓就职枢密院。几周后，伦敦各处都可听到议员们以极端恭敬的口吻谈论国王，各派势力便开始了大肆地打击报复，辱骂他们不合时宜。国王仍在努力，试图寻找王权稳固的支撑点，他邀请皮姆担任财政大臣，结果被拒绝。后来科尔佩珀担任了该职务，福尔克兰出任国务大臣。接着，国王又突然转变，决定以最严重的叛国罪起诉他的五名政敌。这是他的王后昂里埃塔·玛丽亚促使他做出的过激举动。王后讥讽国王是一个懦夫，并且威胁他，如果还想见到她，就必须法办那些日夜计划推翻国王、处决王后的人。查理一世也认定，皮姆会对王后不利。

在王后的鼓动下，国王带着三四百名军士来到下院，我们可以称其为“保皇党党员”。这发生在 1642 年 1 月 4 日，在此之前，没有任何一个国王去过下议院。当他的随从上前敲门，并宣布国王驾临时，议员们都错愕不已。查理的军队封锁了大门。他进去时，全体议员起立迎接。议长威廉·伦索尔离开议长的席位，在他面前行跪礼。他在议长的座位上对下院动之以情，然后要求议会交出皮姆、汉普顿、霍利斯、黑兹尔里格和斯特罗德这五个有罪的议员。王后宫中的一名婢女向皮姆通风报信，这五名议员早已经逃走，被伦敦市民兵和法官保护起来，伦索尔议长拒绝提供任何消息，他说：“我的眼睛和耳朵只为下议院而存在。”国王意识到自己的这个计划落空了，对惊恐的议员扫视一眼道：“我知道，这几只鸟已经远走高飞了。”他比较礼貌地搜查了一番后，带着充满怒意和失望的军士离开。下议院便发出低沉持久的抱怨声。也正因如此，代表伦敦市的议员至今在会议开幕时，坐在下议院的政府大臣之位上，由此来感激伦敦对于这五名议员的保护。

经过此事后，伦敦市民怨沸腾，愤怒的人群自发走上街头，在王宫外叫嚣，吓得国王带着他的朝臣离开了首都，逃亡汉普顿宫，直到他接受审判前才返回伦敦。在他闯入下议院之后的第一个星期内，那五名议员就在伦敦政府的保护下意气风发地回到了下议院。两千多军士陪同他们乘船沿着泰晤士河而上，两岸也各有一支军队与船同向前进，每支军队都携带了八门火炮。

国王已经无法挽回地失去了伦敦，他不断撤退，先后退至纽马克特和诺丁汉，最后来到约克。他在 1642 年初的几个月里，一直待在约克，伺机而动。在这段时间内，他逐渐恢复了权威，建立起了一支军队。而这时，英格兰出现了两个统治中心，一个是皮姆、清教徒和部分议会成员以国王的名义在伦敦进行的独裁统治；一个是汇聚英格兰民族精英，摆脱暴民威胁后重新握有实权的国王。这两股力量不间断地扩充着军队，为即将到来的内战做着准备。

第十六章　大动乱

1642年头几个月里，国王查理一世同议会进行了漫长的谈判，然而这仅仅加深了双方的分歧。他们各自在加强自身的实力。圆颅党的一名军官曾写道："究竟国王该如神祇般统治人民，而全国人民只能像野兽一样被驯服，还是人民被自己制定的法律所统治，并生活在根据自由意志而产生的政府之下，这便是保皇派同我们的分歧。"他如果加上"或者是仿佛根据他们的自由意志产生的政府"就更加贴切了。1642年6月1日，议会向国王提出了十九条要求，这其实是最后的通牒。他们提出：枢密院、政府大臣和国王的谋士们应该由议会任命；议会完全控制民兵和派往爱尔兰的军队，也就是说，要掌握全部的武装；何种宗教方面的问题也由议会决定。简而言之，就是国王不再拥有任何的政教权力。在明朗的立宪局面背后，其实隐藏着宗教和阶级斗争。清教徒在议会里占优势，国教里的仪式派则在宫廷里占优；商人和工厂主等新兴阶级在地方要求分得更多的权力。在此之前，这些统治权力几乎被贵族和大地主所把持。

当我们审视内战前国内各派力量的情况时，发现各阵线的划分并不是那么清晰，兄弟阋墙、父子相争的现象也是屡见不鲜。虽然保皇党处于劣势，但仍旧不能被忽视。他们呼吁人们忠于国王，同议会一派进行斗争，他们号召国教信徒们团结起来，同狂热的清教徒进行斗争。他们拥护有着历史传承的、体现了优越性的专制统治，反对前途不明朗的民主。保皇党的一名骑士在战斗前不得已戴上佩剑的时候写道："上帝说过'不准藐视王权神授'。"

双方的军队投入战斗时，各自都充满疑惑，也都各有崇高的理想。品行不端的大臣、野心勃勃的政客以及蛰伏等待政治投机的雇佣兵，这些人充斥了对峙的双方阵营。总的来说，这场悲剧性的冲突双方是保皇党和议会派。

议会派们过分贪婪，不断提出新的要求，致使两派泾渭分明，并把很多人推到了国王的一边。大部分的贵族渐渐地加入到保皇一派，而商人们则普遍站在议会派这一边；不过也有很多的贵族支持皮姆，也有很多自治城市支持保皇党。各地方的乡绅和自由民也分为了两派，距离伦敦较近的人一般支持议会，而北部和西部地区则大多支持保皇党。斗争双方都以国王的名义发动攻击，也都承认议会制度。圆颅党常常将“国王与议会”挂在嘴边，他们命令其第一任总司令埃塞克斯伯爵把国王同王子从邪恶的大臣的控制下解救出来，如有必要可以使用武力。国王查理承诺实行君主立宪制，尊重法律。这场战斗根本不是专制与共和制的斗争，用兰克的话来说，“一方维护有国王存在的议会制，另外一方拥护有议会的君主制”。在阶级和政治斗争之后，宗教冲突是主要的推动力量。克伦威尔说：“起初双方斗争的焦点不是宗教问题，然而上帝把这个问题投入到冲突中，把它当作额外的事件摆在我们面前，最终证明这是我们最宝贵的东西。”

七十多年以来，英国一直处于和平的时代，只有为数不多的军官在欧洲大陆参加过战斗，其余人对军事一无所知，保皇党人受过军事训练，善于狩猎，又获得了猎场随从们的帮助，因而在战斗初期占了上风。国王待在约克郡，观察着赫尔的形势。以前同苏格兰人对峙的军队解散时，将武器都藏在了那里。刚满十二岁的威尔士亲王和九岁的约克公爵前往赫尔，受到了热烈的欢迎。可是当查理一世前去的时候，该城的守城军官约翰·霍瑟姆爵士却拒绝国王的进入。然而这不仅仅是一个闭门羹，而是一个沉重打击，因为武器是决定战争成败的关键。诺丁汉郡人民一致表示效忠国王，于是查理一世 8 月 22 日在当地誓师，号召忠诚的臣民都投入到他的麾下。这是让人履行封建义务的传统信号，使人们不仅回忆起了祖先的忠君之心。德昆西以其锋利的笔法描述了当时的悲剧：“和平相处，同席而坐，有着血缘或者姻亲关系的人们，在 1642 年 8 月的某天后，彼此怒目而视，兵戎相见。在马斯顿荒原、纽伯里和内斯比等地的战斗中，刀剑无情，斩断了友情，鲜血抹去了过去的记忆。”

国王在诺丁汉对议会宣战时，只有骑兵八百、步兵三百，他能否组建一支军队还成问题。然而议会的倒行逆施倒是帮了他的忙。到了九月底，国王已经拥有了两千骑兵和六千多的步兵。仅数个星期，他的军队人数又激增一倍多，同时，全国各地都在为他征兵。躲在荷兰的王后，卖掉珠宝购置了军火，雇佣有经验的军士，并把这些物资与人员运送回英格兰。可是，国王同他的大臣们进过艰苦努力才得以保存的海军却转而支持议会派，海军封锁了归路。豪门贵族为国王提供了大量财力支持，据说纽卡斯尔侯爵为保皇派花了将近一百万英镑，伍斯特侯爵花了七八十万英镑。牛津大学熔掉了金银餐具，而许多高门显贵也模仿起来。剑桥大学本要效仿，克伦威尔得知后用武力进行了阻止。议会派从伦敦的财富以及税收中获得了大笔的军费，以此建立了一支二万五千人的军队，指挥官是埃塞克斯。同保皇派的情况相似，很多军事组织都是以个人名义建立。组织一个团或者一支军队，国王仅仅拥有授权的能力而已，而议会却能提供资金和武器支持。议会派的军队素质低劣，但是却有狂热的精神，这在一定程度上弥补了纪律和军事才能上的不足。德意志教官训练的伦敦市民兵早就具备了极强的战斗力。

国王军巧妙地避开了埃塞克斯的军队，到达西部同威尔士军队会师，然后整军南下，一直逼近泰晤士河流域以及伦敦。这一切让伦敦陷入了恐慌。议会派匆忙给国王去信，建议国王重返议会，同时命令埃塞克斯的军队追赶上来。国王面前有伦敦的守军，后方是追兵，他不想遭到前后夹击。10月23日，保皇军趁议会军队还未到达基尼顿村之际，在沃里克郡的埃奇希尔反身回击。这次战斗的双方均对形势不甚明了，但战斗热情高涨。查理一世的外甥、莱茵候选国的鲁珀特王子和他的弟弟莫里斯王子刚刚参加完欧洲战争，他们星夜兼程来到国王查理一世的身边，指挥骑兵，击溃了敌军的左翼。鲁珀特王子越战越勇，或许是受了骑兵们的鼓舞，他紧紧追击议会军，一直逼近了基尼顿村，缴获了敌军的军需。而此时，国王和保皇派的步兵缺少骑兵的支援，勉强抵挡议会派的骑兵和步兵的联合进攻。经过血战，国王的禁卫军也被打散，火炮被夺走，王旗也一度被敌人缴获，旗手埃德蒙·维尼爵士阵亡。汉普顿率领议会军随后刚到了基尼顿村，王子鲁珀特和他的骑兵只好放弃缴获的物资，及时回到战场，这才避免了国王彻底的失败。两军各自撤回到清晨时分的阵地。在这一轮较量中，五千多名士兵战死沙场，基尼顿村的牧师埋葬了其中的一千二百人。

人们都认为，埃奇希尔之战没有胜者，国王查理一世本可以获得这场战斗的胜利。然而，埃塞克斯做出了正确的决策，驰援伦敦，事实上，这也是一种撤离。国王占领了班伯里，以胜利者的姿态挺进牛津。从此牛津成了他的军事大本营，直到战争的结束。

至今还有人有质疑，国王查理一世能否在迎战埃塞克斯前攻入伦敦？如果这种情况发生，会产生何种结果呢？王子鲁珀特建议在埃奇希尔战斗结束的第二天就大举进攻伦敦。保皇党也许会与伦敦的市民发生激战，而埃塞克斯大军则会步步紧逼，并在人数上占据优势。保皇党的军队从牛津出发，不断击溃了沿途的武装，国王对这一切感到欣慰和满意。随后，国王查理一世接到了议会的第二封来信。双方又开始了谈判，此期间并没有停火。埃塞克斯的主力继续向伦敦驰援，已经同伦敦的守军取得了联系，并在布伦特福德到了兵员的补充。王子鲁珀特在泰晤士河畔对他的军队发起了猛攻，一举击溃了埃塞克斯的军队。双方都在指责对方背信弃义。议会派说，他们的军队在和谈期间遭受了德国式的无情打击。保皇派反驳说，埃塞克斯正在全速赶去同伦敦的守军会师。双方的指责都是无的之矢，议会派指责国王失信，而实际上这也有失公允，因这只是战争的需要。

几天后，伦敦以西几英里的特楠格林，查理一世遭遇到了埃塞克斯的军队以及伦敦守军的夹击，国王的军队在人数上处于不到一比二的完全劣势。一阵火炮攻击后，他不得不撤退回牛津。一些人认为，国王能有效避免这场战争是幸运的。按照此观点，我们也可以得出此结论：埃奇希尔之战避免了向伦敦冒进的错误。立即攻入伦敦，可能会取得彻底的胜利，也可能被敌军困住，最后归于失败。至此，1642 年的战争到此告一段落。

在战火绵延的英格兰，每个郡、镇、村庄和家庭都分裂成了两派，人们关注着两支大军的行动。双方都希望军事战斗可以尽快决出胜负，从而实现和平。当双方都发现为了获得胜利还将长期斗争下去时，暂时停止的战斗又重新打响。战争和烧杀劫掠蹂躏着每一寸国土。关乎立宪、宗教和家族仇恨的斗争，又引发了新的、更激烈的党派搏杀。斗争双方所占据的区域大体上同十九世纪保守党和自由党的势力范围一致。这场内战造成了英国国内的割裂，这个影响一直持续了二百多年。在当今实行普选制度的英国社会，仍奇怪地保留了当年那场内战的阴影。

1643年初，战火烧至全国各地。党派、教派以及各阶级和利益集团间都展开了殊死的斗争。大多数港口、城镇和工业中心都支持议会派，而被称为“旧英格兰”的那些落后地区则效忠国王。国王的势力主要集中在北部和西部地区。此时昂里埃塔·玛丽亚王后已经从荷兰回到北方。她涉险将满载的火炮和弹药送到约克郡海岸的布里德林顿。议会派的军队曾紧紧追赶她。当时正值退潮，军舰一直驶入了浅滩区，直到不能再前进，议会军队向王后的船只开炮，王后的随从誓死保卫王后的船只和宝贵的物资。王后本人赤足躲避着炮火。人们认为，议会军队指挥官巴顿炮击王后的行为是不正当且不道德的。在那个时代，尊重女性、讲求男女之分、地位之别的骑士精神，在人们心中仍占据重要地位。而在当今，已经有一位皇后被处决于一间地下室，文明时代的人们竟然没有做出丝毫反应。

昂里埃塔·玛丽亚王后在约克郡受到了热烈的欢迎。忠于国王的人将道路挤得水泄不通，人们看到王后带回的数目可观的火炮无不异常兴奋。有些人原本以为作为女人她会劝服国王进行和谈，而实际恰恰相反，她像安茹的玛格丽特那样性格坚毅，英勇无畏，给国王查理一世带去了战斗下去的信心。

起初，决定战争成败的关键不在北方。议会开始讨论埃塞克斯作为统帅的军事能力。主张和谈的一派支持埃塞克斯，而主张战斗的一派则支持威廉·沃勒爵士，并把他派往西部指挥战斗。西部康沃尔郡的人们都忠于国王且骁勇善战。在那里指挥国王军队的是军事才能卓越的将军拉尔夫·霍普顿，他同沃勒进行了三次小规模的战斗，尽管二人私交甚笃。但正如沃勒写给霍普顿的信中所述“每个人都必须在有关于名誉和忠诚的问题上负起责任”。霍普顿指挥的康沃尔人在巴斯城外的兰斯多恩向沃勒的阵地发了猛攻，沃勒率领的是来自于伦敦的骑兵。这些士兵一身重甲，仿佛如“流动的城堡”一般，双方都称之为“龙虾”。保皇派的军队向山顶的“龙虾”发动进攻，他们手足无措。沃勒战败，而霍普顿的军队也伤亡惨重，只好暂时退回到德维齐斯城。霍普顿在本军队唯一的弹药车的爆炸中，负了伤。他的骑兵在王子莫里斯的带领下撤离。王子莫里斯在牛津得到骑兵支援后又重返战斗。这时沃勒在郎德威高地迎击他。保皇党的军队向“龙虾”再次发动进攻，把他们从陡峭的山坡上赶了下来。霍普顿趁机率领步兵从城内进攻，最终获得战斗的胜利。

在这一战役的鼓舞下，王子鲁珀特率领牛津的主力军同霍普顿的军队会师，先向布里斯托城劝降，进而又发动了攻势，最终迫使该城投降。布里斯托是当时英国第二大城市，城内的居民大多数支持国王。他们捣毁议会军的装备，把王子鲁珀特当作拯救他们的英雄。港口内的军舰宣布效忠于国王，皇家海军因此有望控制布里斯托湾。至此，国王查理一世实际上控制了英格兰的西部地区。

查理在约克郡也获得了胜利。在那里领导议会派军队的是费尔法克斯勋爵和他的儿子托马斯爵士，他们的军队主要来自利兹、哈利法克斯和布雷德福。克伦威尔在几年后写道：“这个三个城市人口稠密、财力雄厚，主要是由纺织工人组成，大然仇视贵族和地主阶级。”费尔法克斯父子包围了约克郡。拥有惊人财富、富态、骄傲、不熟悉军事但对国王忠心耿耿的纽卡斯尔侯爵带着领地上的士兵“白衣军”前去驰援，于夏日时分在艾德瓦顿荒原打败了费尔法克斯父子。这时，议会军队中出现了手持镰刀大棒的农民，他们被称为“棒子军”。他们的参战并没有积极意义，成为了被屠杀的对象。对于议会军队来说，这次的战败，使得他们在北方只拥有唯一一个要塞赫尔镇了。斯卡巴勒城的守备、著名的议会议员休·乔姆利早已经偷偷背叛圆颅党，率领部下开城投降。镇守赫尔的霍瑟姆长期以来一直属于坚定的议会派，而此时却倒戈到保皇派阵营。这种转变一方面是由于他的俘虏迪格比勋爵的游说，另一方面则受到国王接连大捷的影响。要是退回到一年半之前，在赫尔的弹药贮备对全局有着关键作用，他可以将之拱手交给保皇党。可是，此时市民却有着坚韧的抵抗精神，并未随着领袖的转变而改变自身的立场。市民把他和他的儿子抓了起来，从海路押送至伦敦。保皇派在英格兰中都地区也获得了胜利。黑斯廷斯家族在莱斯特郡占尽先机，查尔斯·卡文迪什本人同克伦威尔上校的战斗中，战死沙场，但他的家族却在林肯郡取得了优势。克伦威尔上校组建并训练的东部诸郡联盟军，在同卡文迪什作战时，投入了大量骑兵。但这支骑兵队伍并不能阻止保皇派占领林肯地区，双方的骑兵均不能成功地守卫城镇。

国王查理一世具有战略视野，虽然他不是一个可以运筹帷幄、做出英明决断的军事领袖，但他能从全局出发，行动上也很果断。1643 年初，他计划进军伦敦。霍普顿率军从西面而来，纽卡斯尔侯爵从北面向南，国王自己从牛津出发，三路军队要会师于伦敦，彻底粉碎这个动乱的中心。到了仲夏时节，他的计划都进行得比较顺利。但他的力量和权威都不足以支持他进行规模巨大的联合军事行动。西部的地区的战斗使他失去了最忠诚可靠的战士。霍普顿的军队也缺少西部保皇党势力的支援而在进军过程中受阻。这些保皇党的军队在兵临普利茅斯城下的时候已经意气风发了。守备普利茅斯的议会军在该处四面出击，军事行动不断。保皇党的势力范围内还有一座城掌握在议会军的手里，查理一世便无法再征调那里的武装参与全国性的战斗了。纽卡斯尔侯爵不听众人劝阻，坚决要从陆路攻打赫尔城。该城附近海水湍急，设置障碍物封锁港口是不可能的。由于纽卡斯尔侯爵的军队没有南下驰援，英格兰中部的战斗呈现了胶着状态。王后及其他的主战派怂恿国王查理一世进军伦敦。另一方面，格洛斯特是布里斯托和约克之间唯一的属于议会派的战略要地，这个地方一旦被保皇军攻下，那么保皇军的军舰和运输船就可以在塞文河上畅行无阻了，牛津和英格兰西部也将同支持国王的威尔士地区连成一片。因此，国王查理一世乘胜追击，围攻格洛斯特。他的行动是可以理解的，但英国人民具有顽强的精神，人们不顾从各地传来的不利消息，在当地顽强抵抗，在感情上也不会轻易地屈服。更主要的是，根据可靠的消息，人们确信守备总指挥梅西准备投降。随后，国王的军队于 8 月 5 日包围了格洛斯特。

在伦敦，议会的实际领导人、议会派的军事统帅皮姆则陷入了危机。他的计划全部落了空。作为政府的首脑，他不得不为这场越来越失去民心的战争筹款，所使用的手段与国王 1640 年对苏格兰人所做的那些如出一辙，这与他一直以来维护的原则背道而驰。这些手段包括索取义务贷款和向每一个人征税。伦敦弥漫着保皇情绪和停止战争的要求。议会不肯做出让步而保皇倾向也难以压制。一次七十多名的商人因为拒绝缴纳非法税款而遭到了逮捕，还有一次，几百名妇女聚集到威斯敏斯特宫前，递交和平请愿书。当骑兵闯入她们中间的时候，她们怒火中烧，试图将骑士从马上拉下来，并高喊“我们把皮姆这条狗丢入泰晤士河吧”，骑士们拔刀，冷酷的向妇女们砍去，沿着宫殿追赶着她们，以至于很多人都受了伤。剩下不到二十名议员的上议院通过一项动议，要求举行和谈。甚至连空荡荡的下议院都以微弱的多数同意这一项提议。而此时，皮姆本人身患绝症，即将离世。那一年他的同伴，伟大的汉普顿在同王子鲁珀特的军队交战中，负伤身亡。皮姆的事业一溃千里，而死亡也在不断逼近，这似乎成了对他领导的这一切的回报。可他本人却毫无畏惧，同所有反对他的人进行着最后的斗争。他心脏的最后一次跳动也许能改变整个战局。伦敦的清教徒均反对和谈，教士们极力游说人民，主战的人群包围了威斯敏斯特宫。下议院不得不撤销了和谈的决议，决定立即派兵营救格洛斯特。

埃塞克斯伯爵失去了作为军人的荣耀，人们怀疑他在政治上的忠诚。他过去一直忠于自己所坚持的事业，可就在此时，却希望双方举行和谈。他提出了完全不切实际的解决方案，但初衷却是理性的。他建议国王离开保皇党的军队，恪守中立。保皇党与圆颅党各以数量相等的骑兵、步兵、火炮到达指定地点，一决生死，让上帝来裁决战斗的结果。这个方案，实际上是以战斗换取和平。这时候，议会下达了让他驰援格洛斯特的命令，他接受了这项任务，渴望以此加强自身的力量，防止英国在内战中自我毁灭。而伦敦民兵们各个战斗情绪高涨，力求血战到底。他们出发时市民夹道欢送，场面感人。首都伦敦的领导人物又一次掌握了不可抗拒的权威。

格洛斯特的守备司令梅西拒绝了国王查理一世的劝降，城内的清教徒坚决主战，梅西本人也无法采取其他的措施了。当国王要求该城投降的时候，城里派出了两个人，他们冷着脸说："国王的命令，只有通过议会，我们才能执行。"他们还未离开就将埃塞克斯大军的橙色帽徽贴上了帽子，这被认为是极端不敬的行为。不过，橙色帽徽随后就流行开来。当时的英国，讲求军事实力，而国王真的没有足够的力量进行有效的进攻。同后来的大规模军事行动相比，英国内战时期所能发动的围攻战实在是规模甚小。仅仅是几门弹药不足的火炮向城墙开火，打开一个缺口，双方随后便短兵相接，直到一方弹尽粮绝，或者居民由于害怕遭到劫掠而迫使守军投降为止。埃塞克斯的军队在数量上占尽优势，在九月接近格洛斯特的时候，进攻的保皇党的军队仍旧没有取胜，国王下令停止战斗，退回到牛津。

埃塞克斯以胜利者的姿态进入了格洛斯特，可是却发觉粮草短缺，而且在他和伦敦之间还横亘着一支实力强大的保皇党的军队。双方的军队同时向伦敦进军，于 9 月 20 日在伯克郡的纽伯里遭遇。战斗进行得十分惨烈，且持续时间很长。王子鲁珀特的骑兵再一次击败了敌人的骑兵，可面对伦敦的长矛兵和火枪手的时候，却无计可施。双方各损失了三分之一的战斗人员。保皇党里有许多的贵族牺牲，其中有福尔克兰勋爵，他已不忍看到国家的命运和冲突，唯有死亡可以让其解脱。夜幕降临时分，战斗仍在进行，埃塞克斯只好偃旗息鼓，等待黎明。由于伤亡惨重，且军队物资匮乏，国王查理最终撤退。埃斯克斯的军队和伦敦之间的道路因此而又一次畅通无阻。

国王查理一世制定的关于 1643 年的伟大计划彻底破产了，不过战争的形势仍旧对他有利，他控制了英格兰的大部分地区，总体上，他的军队实力超出议会军，战争初期失去的领地大部分都已经被收复，议会派中不断有人投靠保皇阵营。人人都意识到，将英国拖入战争深渊的双方实力相当，双方都渴望和谈，唯独皮姆不曾动过此念。他向苏格兰人寻求帮助，雇佣一支一万一千人的苏格兰军队加入战斗。9 月 25 日，他领导议会同苏格兰签订了《神圣盟约》，试图把战争坚决地进行到底，这是一个有着宗教宣言形式的军事协定，而皮姆尚未看到胜利之光，便于 12 月 8 日长眠地下，幸而议会为表悲恸，替他偿还了债务。他是旧时代议会中的精英，曾挽救了议会，将英国从君主专制中解放出来，并使英国走上了正确的道路。

兰克对皮姆的评价甚高。他写道："皮姆具有革命时代所需要的雄才伟略，既能打破旧的制度，同时也能建立起新的制度；手腕灵活，善于制定战略；大胆计划而谨慎执行，坚定，刚柔并济，目光长远；对朋友关怀备至而对敌人毫不留情。皮姆同西哀士和米拉博有着许多共同之处，他是历史上著名的革命领袖之一，今后还会有如他般的人物涌现，他们摧毁旧制度，而未来社会将沿着它自己该有的样子向前，尽管未来同他们当初制定的原则并不是一码事。"[1]

1643 年的冬天，双方处于休战的状态。掌握着实权的法国大臣黎塞留去世了，权力又一次回到昂里埃塔·玛丽亚王后的哥哥路易十三手中，外加丹麦王室向英格兰王室提供了援助，查理一世备受鼓舞。此时，爱尔兰的总督奥蒙德伯爵业已同天主教徒停战。天主教徒虽然犯下罪行并已受到惩罚，但仍旧拥护君主制度。保皇派企图把爱尔兰的军队调往英格兰参战，然而这对国王并非有利。爱尔兰的停战使得新教军队以及保皇党军队能够调往英格兰，并在随后的战斗中发挥作用。

国王查理一世从来没有宣布解散同他敌对的议会，如果那样，就无异于自己否定了他在 1641 年批准的永远有效的议会法案，也就等于否决了有利于他的支持者们的那些法案。因此，他宣布威斯敏斯特的议会已经不能够自由行使它的权力了，并召集从议会出逃或者被驱逐的议员成立一个敌对议会。这一号召得到了响应，八十三名上议院议员和一百七十五名下议院议员于 1644 年 1 月 22 日，奉国王之名，汇集于牛津召开了会议。

然而，这暂时的胜利立即被苏格兰的入侵打破了，一月份的时候，一万八千苏格兰步兵和三千骑兵跨越了特威德河。为了获得援军，议会每个月需要支付三万一千英镑，此外，还需要负担军需。被雇佣的苏格兰人，除了钱财之外还另有所图。他们希望以武力彻底铲除主教制度，把长老会制度引入英格兰。这是一项彻底性的变革。仅仅不到六年之前，国王和劳德曾试图将英格兰的礼拜制度强加给苏格兰。而此时苏格兰再也无须担心他们自己

1 兰克《英国史》第二卷，第 394 页。

的宗教自由了，反而企图强迫比他们强大的英格兰屈服于他们的主张。他们的野心大有实现的可能，这是一件一石二鸟的交易；为了维护上帝和自己的教派，他们受雇侵略一个富裕的国度，军费由对方支付。只要跨越边界，他们立刻就能获得一笔现款，而且还可以拯救那里的人民。客观讲，苏格兰议会内部通过了这一项军事行动，但内部却有不容忽视的少数反对者，然而，这阵反对声音被强制镇压了下去。

第十七章　马斯顿荒野之战与内斯比战役

1644 年年初，国王的军队控制了英格兰大部分领土，并在牛津当地拥有了初具规模的议会。他在军事上似乎已经胜券在握，但苏格兰人的进攻扭转了局势。苏格兰的入侵自南而下，沿途控制了保皇派的北方各郡，进攻纽卡斯尔城，同时向威斯敏斯特的议会催款，他们的优势明显，成为这场战斗的决定性因素。他们怀着三个目标来到伦敦：第一，在英格兰推行教会长老制；第二，根据《神圣盟约》的规定建立两国委员会，以便参与英格兰的政治，干涉其军事和政策制定；第三，维护君主制度。他们表面上拥护国王的合法性和权威，反对共和制的倾向，因为由苏格兰来保持英格兰的王位，对他们是十分有利的。

虽然已故的皮姆和汉普顿的主张已经越来越无法兑现，但有关筹集军费的提案在议会派中，勉强获得一致通过。议员们不愿意为苏格兰军队提供军费，残存于威斯敏斯特宫的上议院，反对建立两国委员会，认为这是剥夺了英格兰人民的公民权。而他们得到的答复是：苏格兰和英格兰，必须在这场战斗中联合起来。但最大的分歧还是宗教方面。此时奥利弗·克伦威尔成为议会派的重要领袖。这位来自剑桥市的议员此时尚未掌握最高指挥权，他率领东部各郡联盟在盖恩斯伯勒取得胜利。他的部队无论在纪律或战斗力方面，都是交战双方所有军队里的佼佼者。这让他成为不可轻视且不能轻易弹压的对象。他于 1644 年进入到权力核心，一方面是由于他的军事成绩，另一方面是他坚决反对长老制和苏格兰军队。他主张，除了天主教和英国国教之外，人们可以拥有宗教信仰自由，因此，其他弱小的新教教派都将他视为自己的保护者。

在威斯敏斯特召开的宗教联合会议上，英格兰和苏格兰的教士们就宗教的统治问题进行了激烈的辩论，长老派和独立派之间产生不可调和的分歧。独立派仅仅在会议中占据七分之一的席位，可是他们对宗教的热忱之心以及勇敢精神使得他们在军队中拥有强大力量。他们反对在任何接受神职的宗教仪式中行按手礼，还指出这种礼仪带有主教制度的色彩。只有恢复原有的宗教独立制度才能彻底地进行宗教的改革。他们的言行不像长老派那样严谨，但每个教徒要仁慈宽容，并彼此实行互相监督。独立派的教徒也有自己的牧师，但这些牧师不拥有任何宗教权力，而圣公会和长老派的牧师是拥有宗教权力的。独立派教徒的观点是产生极端主义的根源。在他们眼中，长老派的规矩同主教制度一样令人难以接受。苏格兰的代表听到这种藐视权威的宗教观点后深感震惊，但由于外有保皇派的压力，他们暂时无力同克伦威尔以及独立派决裂。他们此时的计策是让苏格兰的军队继续深入英格兰的腹地，一步步卷入战争，然后再与持不同宗教观点的教派周旋。于是，军事和宗教斗争交织起来，这在历史上并非第一次，也不会是最后一次。从长期看，君主制度和英国国教得以在英国延续，正是由于圣公会和长老派联合起来，共同反对独立派。在英格兰北部，纽卡斯尔侯爵必须一面同苏格兰人交战，一面对付费尔法克斯父子。他在异常艰难的处境中采取一贯的军事方针。到了春天，他北上迎击苏格兰人，留下贝拉西斯勋爵抵抗费尔法克斯父子。贝拉西斯于4月11日在塞尔比被费尔法克斯父子击败，纽卡斯尔侯爵腹背受敌，只好困守约克城，不敢轻易冒进，而该城也被围困。如果约克陷落，那么国王的军队在北方将彻底失败。查理一世立刻派王子鲁珀特率领一支骑兵前去支援。鲁珀特沿途不断招兵买马，攻入兰开夏，沉重打击了苏格兰和议会的军队。他解除了由德比伯爵夫人守卫的德莱瑟姆城堡之困，击败了围城的敌军，并且洗劫斯托克波特，攻打博尔顿。6月1日，戈林勋爵带领着五千骑兵同鲁珀特会师，他们一起攻陷了利物浦。

国王给鲁珀特送去了一封信，信中写道：“如果约克失守，我仍旧会固守王位，但这一切必须以你向我驰援为前提，并且我们必须赶在敌人从北方到来之前在南方取得胜利。……因此，基于你对我的责任和情感，我命令并恳求你放弃一切其他的计划，立即按照原定方案解救约克之困。假如约克失守，你应该立即率领全部的人马直接赶回伍斯特，以保卫我和我的军队。如果你无法做到，或者不能打退苏格兰人以拯救约克于危难，那么无论你今后取得何种辉煌的战功，也是毫无意义的。”[1]

鲁珀特不需要任何督促，他把这封复杂的信简单理解为要速战速决的命令，科尔佩珀听闻了这封信，也担心道：“至此之后，他一定会遇敌则战。”事实证明，他的推测是对的。

鲁珀特解除了约克的困局。他赶到约克的时候，爆炸的地雷已使城墙倒塌。苏格兰人和圆颅党人也已向西而去，退至利兹同曼彻斯特勋爵和克伦威尔率领的东部联合军会师。这三股清教军队共有步兵二万，骑兵七千，他们的前锋驻扎在马斯顿荒野的一处高岗上。鲁珀特也同纽卡斯尔侯爵会合，他们共有一万一千步兵和七千骑兵。纽卡斯尔侯爵主张停战，他认为既然北方的危机暂时解除了，就应该等待从达勒姆派来的援军。但令其愤慨的是，王子鲁珀特对他随意发号施令。如果王子回去见国王，则正中其下怀，可是，王子却声称收到国王的亲笔信，被授予对敌积极进攻的权力。侯爵因此对他的朋友说：“想打就打去吧，一切听天由命，我只是希望为国王陛下尽忠，生死无惧，别无他求。”于是，保皇军尾随敌军赶到马斯顿荒野，于7月2日逼近敌军阵地。至今人们对鲁珀特的军事决策持有不同的看法，大多数人持否定的态度。然而，鲁珀特的战术也存在问题。他把步兵放在中间，把无往不胜的骑兵放在四周，因此失去了得胜的法宝。他不安地询问一个战俘：“克伦威尔在你们军中吗？”

交战这天，天气时好时坏。战斗双方呈胶着状态，王子本来计划第二天再发动进攻，但是傍晚六点的时候，议会军率先发难。他们的步兵比王子的要多一倍。一支浩浩荡荡的铁甲兵呼啸而来，这是克伦威尔率领的铁甲兵。

---

1 加德纳《内战史》第一卷，第371页。

而这边，仍旧保持队形的保皇党军队正准备吃晚餐。他们所处的地理环境不利于防守，并且也没有任何的思想准备。在这种情况下，他们依旧奋起杀敌。戈林指挥的左翼骑兵击退了议会军的右翼，攻入苏格兰人的军队中，将苏格兰人打得溃不成军。军事经验丰富的利文勋爵亚历山大·莱斯利对此大惊失色，丢盔卸甲，逃离战场。在十英里之外的地方被一名皇家军官俘虏。然而，克伦威尔在戴维·莱斯利指挥的另一支苏格兰军队的帮助下，扭转了战局。英勇又令人胆寒的保皇军首次遇到如此强大的对手。克伦威尔写道："我们击溃了鲁珀特王子的所有骑兵，把他们赶尽杀绝，然后，我们的骑兵转而对付他们的步兵，又是轻而易举地横扫敌军。"

马斯顿荒野之战，是此次内战中规模最大，也是最为惨烈的一次战役。双方损失惨重，共战死四千人。纽卡斯尔伯爵的"白衣军"血战到底，他们曾经夸下海口要用敌人的鲜血染红自己的白色军装。他们的军装确实被染红了，但是，却是用自己的鲜血。由于天黑，议会派的军队停止了追击。这次失败对于国王阵营是一次沉重的打击，他的北方军队被彻底打垮，整个北方地区落入议会派手中。鲁珀特的骑兵在此次战役中颜面尽失，纽卡斯尔侯爵痛心疾首，流亡他处。鲁珀特只得重整残余部队，带领他们安全地抵达南面的什鲁斯伯里。

国王在南方的胜利冲淡了马斯顿荒原之战的毁灭性打击。国王本人出人意料地显示出了军事领导才能，他开始投身戎马。法国大使萨布郎在马背上同他进行过一次畅谈，对他的评价极高。萨布朗说："他预筹帷幄，统摄全局，从来不在危机中采取贸然行动，事必躬亲，从来不会签署没有仔细阅读过的文件，无论骑马还是步行，都走在队伍的前面。"直到5月，国王才勉强集合到一万名士兵迎击埃塞克斯和沃勒，这二人的军队各有一万。国王希望议会派将军之间的分歧能够给他制造机会，进而将他们各个击破。可是议会派将军齐心合力奔赴牛津。这座城市的物资储备不足，难以抵挡长期的围困，显然无法满足守备军队和保皇派的需要。议会派预计他们将在牛津擒获国王，并且迫使其投降。其实就算是保皇派，也在隐隐担忧。然而查理一世为该城作了战略部署后，巧妙地躲避了两路敌军的锋芒，安全地抵达了伍斯特。

不出查理的预料，两位议会派将军被迫兵分两路，沃勒追击向北移动的国王，埃塞克斯向西进攻保皇派的领地。而这时查理突然向东移动，6 月 6 日这天，在牛津郡的克罗普雷迪桥附近伏击沃勒的军队，重挫敌军，缴获了全部的火炮。国王并没有因此前的马斯顿荒野之战的失败而气馁。他的指挥才能和行军速度都超出了沃勒。8 月的时候，他突然向西进军，计划从后面攻击埃塞克斯。后者已经成功地解除了莱姆和普利茅斯之困，但在当地遭到了顽强的抵抗，当地农民普遍反对议会派，更何况国王此时正在亲自领兵。埃塞克斯处于劣势，运输补给也被切断。他拒绝投降，然后率领军官乘船逃亡普利茅斯，同时，他命令骑兵突围，而剩下的部队听天由命。9 月 2 日，八千步兵和炮兵在康沃尔郡的洛斯特威西尔向国王投降。

冬日将至，战斗仍在持续中。保皇派的势力范围不断缩小，议会派在人力物力上占尽上风。可是保皇派并未放弃希望，他们在各处誓死抵抗。议会派调动大量军队直扑国王查理一世。曼彻斯特和沃勒等到了克伦威尔的驰援。以牛津为核心的保皇派领地，包括了威尔士和英格兰西部地区，其中多个城镇建有防御要塞。国王就在这个范围内同议会军缠斗周旋。10 月 27 日，战斗双方在纽伯里再次相遇。这又是一次难分难解的战斗，最后以保皇派退出战场告终。到了 11 月底，战役进入尾声。国王以胜利者的姿态重新进入牛津。这次战役是他个人力挽狂澜，在物资匮乏的劣势下，顶住了敌人两三倍的优势兵力。并且，敌人的火炮占尽先机，这种优势对比在胜利的天平上一直是关键的砝码。

克伦威尔从战场赶回议会，以便履行自己的职责。他同苏格兰人的分歧以及对长老派制度的反对，早就左右了议会的方向。他对作战失利进行了猛烈而全面的抨击，将矛头指向了缺乏战斗激情的贵族将军埃塞克斯和曼彻斯特。洛斯威瑟尔战斗结束后，埃塞克斯已经完全失去了人们信任，克伦威尔指责曼彻斯特行动迟缓且毫无战斗精神，因此才导致第二次纽伯里战斗的失败。克伦威尔渴望在军事上独揽大权，他相信自己的实力。不过他在追求权力的过程中懂得审时度势。他要求根据他在东部建军的经验改编议会军，而他在下议院的同僚们则提出了“弃权法案”。根据这个法案，上下院的议员都不能在军中担任职务。仍然留在上议院的贵族们意识到，此举不是针对他们所属的阶层，而是要剥夺他们在军中的指挥权。但是根据当时的形势，这个措施是必要的，他们和畏惧克伦威尔的苏格兰人无法阻挡该法案的通过。埃塞克斯和曼彻斯特从战争伊始，就加入了对国王的战斗，他们建立军队效忠议会派，而此时却遭到了彻底的抛弃，永远地退出了政治的舞台。

议会军在冬天的几个月内，根据克伦威尔的命令进行了改编，贵族以个人名义组建的兵团被拆散，军士被重新改编。他们组建成了十一个骑兵团和十二个步兵团，每个骑兵团有六百人，每个步兵团有一千两百人，加上一千名龙骑兵。总共人数为二万二千人。当时实行义务兵役制，在苏塞克斯一个地区，仅 1645 年就三次征兵，召集了一百四十九名新兵，这些人被一百三十四名士兵护送到所在部队。

根据保皇派的预计，这次改编会让议会军士气低落。而刚开始的时候，情况的确如此。这时候的议会派有了更完善的军事组织，但是负责指挥军队的人出身都不高，除了军事才能和狂热之外，并没有其他的优秀品质。托马斯·费尔法克斯爵士受命为军事总指挥；克伦威尔是剑桥市的议员，因而不能担任军事职务。可是人们不久就发觉，所谓“放弃法案”完全是针对他的政敌。新战事仍旧不容乐观，军中又一次出现了不满的骚动，而这种局面只有克伦威尔可以应对。因此，上议院只好破例让其担任军职。1645 年 6 月，克伦威尔被任命为骑兵的总司令，成为在议会以及军中同时掌握大权的唯一人物。至此，他成为了这两个权力地带的统治者。

在议会军的危难之际，伦敦塔中奄奄一息的劳德大主教被推上了断头台。议会派、苏格兰人和清教徒都参加了这一泄愤行动。劳德请求以砍头代替绞刑。下议院驳回他的要求，不过意见出现分歧，经过一夜，这个野蛮的决定有所松动，最终，在他慷慨激昂的一段陈述过后，愤怒的刽子手砍下了主教的头颅。

此时，英格兰人民要求结束这场惨无人道的内战，这给那些狂热派带来极大的压力。“棒子军”又一次集结。大批农民和雇佣工以及城市贫民随手拿起身边适合作为武器的东西，在全国各地聚集起来，抗议战斗双方的野蛮行径和随意攫取民脂民膏。他们此时更倾向于支持国王。议会派在伦敦附近的阿克斯布里奇村同国王举行和平谈判，主要目的还是为了讨好苏格兰人。议会派中一些顽固分子对和谈不抱任何希望，然而更多的人则期待积极成果。双方代表分别住在村舍和客栈里。和谈一共持续了二十天。他们严阵以待，守礼地进行了谈判，可是国王和议会派均不想在主教制度和兵权问题上做出任何让步。内战进行到第四年，这两个问题仍旧是死结。阿克斯布里奇会谈仅仅证明了，双方在争夺最高权力的过程中，都是异常顽固而坚定的。

苏格兰人对克伦威尔极端不满，他们妄图通过法律途径把长老制度强制加给独立派，为此他们向独立派施压。有关马斯顿荒原之战的争议同宗教分歧杂糅在一处。独立将战斗中的一些情况当作挡箭牌，特别是利文和部分苏格兰军队曾经做了逃兵这件事，而反观克伦威尔的军队，却血战到底，并且赢得了胜利。苏格兰人不甘示弱，指责克伦威尔本人在战斗中怯战怕死。然而这种说法根本没有说服力。苏格兰人虽然在干涉英格兰内战上获取了丰厚的报酬，却激起了强烈的不满情绪。他们要在英格兰推行长老制度的目标被抵抗力量粉碎，这些力量过去并不起眼，而此时却异常强大地发挥着作用。

蒙特罗斯侯爵在这个时候脱颖而出，他来自于苏格兰的反对派，同阿盖尔发生冲突后转向了查理一世。这让他名垂青史。他宣誓忠于国王，曾经率兵以寡敌众，取得了辉煌的战绩，转移了全苏格兰的注意力，而他的部下有时候连火炮的弹药都难以为继，他一度占领了敦提、阿伯丁、格拉斯哥、珀思和爱丁堡。他曾去信国王，如果陛下能坚守下去，他将率领苏格兰的全部兵力驰援。可是，一场决定全局胜败的战斗即将在南部打响。

1645 年 6 月 14 日，双方进行了最后的决战。国王的军队攻陷了莱斯特之后，在内斯比地区与费尔法克斯和克伦威尔的军队再次遭遇。保皇派的军队依靠着顽强的战斗精神一次次力挽狂澜，鲁珀特王子的战斗精神比他的军事素养更加值得称道。保皇军此时毫不退缩地向山上比自己兵力多一倍的敌人进行猛攻，战斗的过程同上一次如出一辙。鲁珀特击溃了议会军的左翼，他的骑兵虽然像埃奇希尔战斗中那样被议会军中的物资所吸引，但随后还是重新回到战场，给敌人阵中步兵以沉重打击，克伦威尔在另外一侧击溃了保皇军，并获得了议会军预备队的指挥权。此时，保皇军的步兵被敌人优势兵力包围，但仍然血战到底。国王企图率身边最后一批禁卫军前去驰援，但他身边的人及时阻止了他。于是，保皇军向右侧转移，与一路高歌猛进的鲁珀特的军队会师。保皇军的骑兵因此得以全身而退，步兵则或被杀死或被俘虏。议会军采取缴枪不杀的政策，故战死的人数少于马斯顿荒野之战。克伦威尔的铁甲军在保皇党的阵地里发现了一百多名的爱尔兰妇女，出于民族偏见以及道德上的一些考虑，他们将这些妇女尽数屠戮。内斯比之战是保皇党的最后一搏，随后那些城镇争夺战以及各种大大小小的军事活动，早就无关大局，最终结果在此时已经注定。

克伦威尔后来以令人厌恶的笔法描述了这场战斗："在内斯比战斗中，敌军的队伍向我们进攻，而我们的军队素质低下"——他竟然不顾事实，实际上他的军队训练有素、军饷充足，老兵占主体而且在人数上比对方多一倍——"尚未决定如何战斗的时候，总司令委任我指挥全体骑兵，我只身巡视阵地，对上帝微笑，希望得到胜利的承诺，因为上帝是可以让占尽优势的人失败，而让处于劣势的人获得胜利，我对这一点毫不怀疑，而上帝对这场战役的安排恰恰如此。"

第十八章　斧头终落

1646年春，保皇派对议会派的武装抵抗已经完全瓦解。国王的部队在斯托昂泽沃尔德的最后一战中，雅克布·阿斯特利爵士战败被俘。他对俘获他的人说："行了，孩子们，你们完成了你们的事业，现在回家玩去吧，不然，你们之间就会打起来了。"

清教徒取得了战争的胜利。这实际上是拥护议会派的坚定团结的中产阶级打败了意见不统一的贵族和上层人士，伦敦新贵们的财富打败了旧的忠君思想，城市统治了乡村，其他教派战胜了英国国教。尽管有的地方与之不符，但全国总体的状况如此。政体仍旧悬而未决。国王个人专制统治被彻底推翻。但是，更严峻的问题马上又出现了。这些问题的核心是国王本人以及王权，而英国社会的各种条件不具备解决这些问题的可能。查理一世本计划在军队的领导权问题上做出一些让步，然而为了维护英国国教的主教制度，他决定一个人战斗下去。早在1645年秋天，在靠近边界的菲利普霍，入侵的苏格兰军队就将蒙特罗斯的军队击垮。此时，国王准备依靠苏格兰的帮助，因为他发现了苏格兰同铁甲军之间的嫌隙。国王失去了财产和权力，但他不打算放弃坚定的信念，期待着逆袭。他还希望能从法国那里得到援助，王后昂里埃塔·玛丽亚正在那里避难。在这场内战中，王后为国王所做的一切已被证明是徒劳无功的，她从此再没有见过自己的丈夫。

在艰苦的几个月里，鲁珀特王子放弃了坚决的抵抗，退出了布里斯托城，保皇派的城堡接连被攻破。国王计划单独前往首都伦敦，在臣民面前捍卫他在这场战争中失去的事业，社会各界也均期待此行。查理一世几乎没有考虑个人安危。伦敦议会以及军中的实力派也都赞成此举，国王把最终决定权交给了苏格兰人。一名法国人从苏格兰人那里得到了对国王的安全保证，同时国王也将获得尊重，也绝对不会被强迫做出任何违反本心的事。国王在得到保证后，前往苏格兰军指挥中心，当时这支部队正在攻打纽瓦克。在纽瓦克被攻入后，苏格兰军队立刻北上。

查理一世将自身定位为一名客人，但是不久他发觉自己其实是囚犯。他在军队行军过程中向一名苏格兰军官打探自己的处境，但遭到了戴维·莱斯利将军的粗鲁阻止，尽管受到了各种礼遇，但是却处于严密的监视下，国王不能同他的随从接触，有人甚至还监视了他的窗户，防止他将未经审查的信件掷向街道。被软禁于纽卡斯尔的时候，国王就一些有争议的国家大事进行了长达一年的谈判。苏格兰人企图让他接受当年的协议，并且在英格兰推行长老会的制度，查理一世同他们做了最坚决的斗争。同时，国王与英格兰议会就政体问题也展开了争论，议会的策略是将国王尽可能长地关入监狱，直到可以在政体和宗教问题上完全钳制国王。同时借用国王的名义和亲笔信为他们的党派服务。国王必须在协议上签字，废除主教制度，议会负责控制海军和民兵，时间为二十年。这些被统称为“限制条例”的措施，使忠于国王的人被褫夺了公民权利，其惩罚力度不亚于当年兰开斯特在陶顿战斗后所遭受的一切。一位洞察秋毫的现代作家这样写道：“国王需要做的就是放弃自己的王权、教会和朋友，以便保住英格兰的王位……然而所谓英格兰国王，实际上只是外国军队中的一名阶下囚，不能与自己的牧师见面，只能独自于卧室之中读《祈祷书》。英格兰国王这个令人心驰神往又有着巨大风险的角色。实际已经沦落为一个‘受害者’。”[1]

查理一世本想利用议会与军队，苏格兰政府和英格兰政府彼此之间的嫌隙坐收渔利，因此踌躇不决。但英格兰和苏格兰政府已经跨过国王，单方面达成协议。苏格兰人获得入侵英格兰的一半酬金之后，于 1647 年 2 月，在议

1 G·M·扬《查理一世与克伦威尔》。

会派承诺保障国王安全的前提下，将国王交给了议会派，然后便退回自己的国家去了。这笔交易很划算，却又让人愤慨，许多人时常念叨这两句歌谣：苏格兰人是叛徒，卖了国王换银币。1646 年的局势紧张又动荡，关于政体和宗教的问题喋喋不休，国家政治完全瘫痪，处处民怨沸腾，人民此时对国王忠心起来。

苏格兰人获得酬金后，国王受到了新主人的礼遇并被送往北安普顿郡的霍姆比城堡。他似乎又重振了声威，从纽卡斯尔向南进发的过程中，百姓向他欢呼致意，车上的铃铛发出悦耳的声音，全国处处欢迎国王，希望停止战争带来的戕害，恢复英格兰的旧制度，进行一场重大的改革。尽管查理一世在军事上如同在之前的议会斗争中那样一败涂地，不过他仍旧是英国无法取代的核心人物。假如国王能够满足人民的要求，人民还是会拥戴于他。查理一世失势后，比以前更清楚地认识到，他所代表的制度具有极大的影响力。此时，克伦威尔的铁甲军，走上了英国的政治舞台，成为了新的参与者。这支军队的人数有两万两千，它尚未成为缔造者的主人，但已经不是缔造者的仆人了。这支军队的领导者是一些赫赫有名的将军，分别为总司令托马斯·费尔法克斯、胜利的代表奥利弗·克伦威尔和运筹帷幄并且是整军精神领袖的亨利·艾尔顿。这些领导人之间充满了政治和宗教方方面面的分歧，而这些分歧将会在战争平息后掀起更加凶猛的狂风巨浪。

议会举行了新的选举，用以填补保皇派留下来的空缺，因此出现了些许活跃气氛。独立派在议会拥有强大的势力，他们支持铁甲军。大多数议员仍旧代表长老派，主张实行严格限制的君主制。然而军队不赞同长老派的宗教政策，那些战功彪炳、讲话掷地有声的人士，几乎如反对主教制度那样，坚决反对长老会制度，如反对主教劳德那样反对苏格兰人。军中有许多活跃的教派，产生了宗教自由的思想。但是军队时刻准备镇压别人，谁又能控制他们呢？

议会派在内战中取得了胜利，大多数议会议员以及领袖们理所当然地不再需要军队。他们认为有必要进行大规模的裁军，掌权的应该是文官，军费也要削减。军队应该被派往爱尔兰，跟爱尔兰清算 1641 年的旧账；在英格兰保持数量相当的军队。至于剩下的军队，应该全部就地解散，由下议院出面表彰，让他们在今后的生活中还能回忆往日荣光。可这时候，一个棘手的问题出现了，那就是下议院拖欠的军费。到1647年3月，步兵已经连续十八个星期没有发饷，而骑兵也拖欠至四十三个星期。被胜利光辉笼罩着的下议院认为，补发六个星期的军饷就可以解决问题了，而士兵们却不能同意。尽管军队在很多问题上有着重大分歧，但在军饷问题上空前一致。他们已然决定，军饷以及关乎他们个人的问题没有得到解决前，绝对不会前往爱尔兰或者解散。议会和军队的激烈冲突由此展开，斗争的双方都徜徉在胜利的荣光里，各自沾沾自喜。

在这场斗争的初期，议会以为它握有发号施令的权力。剑桥市的议员克伦威尔对议会做出保证，以上帝的名义承诺军队会按照解散令返回家乡。可是，他还是另有准备，在军队接到解散的命令时，军官们递交了一封言辞恳切的请愿书。这份请愿书的起草人可能是艾尔顿。军官们在请愿书中要求补发拖欠的军饷，对他们在战争过程中的行为不予追究，并且要求今后不再征兵，对伤残人员、寡妇和儿童发放抚恤金。他们说："鉴于战争的需要，军队采取了很多非法的行动，而这些行动在和平时代不会出现，我们希望议会在遣散军队之前，通过法令明确这些行为不负任何责任，如果能有国王的批准自然更好。"即使有了马斯顿荒野和内斯比这样的胜利，铁甲军仍旧不敢断定，没有国王的批准的事情是否合法。他们试图获得一个永久的安全保障。掌握着强大武力的人始终牢记着实力不能给予保护的道理。这个突出的现象表明了英国的革命与他国截然不同。英国人的最大特点是：即使在动乱时期，也具有尊重法律和传统的本能，那些破坏王权的人也承认，以国王名义制定的法律是带来保障的唯一凭据。

议员们接到军官的请愿书后非常震怒。他们一直以为自己掌握着控制权。最后，他们命令各个军团奔赴不同的领地，以便将它们逐个解散或派遣到爱尔兰去。可军队的答复却是，它们要集中驻扎在纽马克特。他们在该地郑重决定，在请愿未获批准前绝对不会解散。掌握权力的一方和掌握武力的一方势均力敌，双方都在寻找支持者。议会中的长老派想依靠苏格兰人，军队则企图依靠国王。按照实际权威，将军们的次序应该是克伦威尔、艾尔顿、总司令费尔法克斯。他们都认为，将来彼此的地位要降低，最终排到政客们的后面，这些政治家们妄图独吞胜利果实。在此问题上，将军、低级军官和士兵们一致对外。

克伦威尔和艾尔顿认为，应该在议会行动前，将国王掌握在手里，这将是一个不小的胜利，如果能赢得国王的支持，那么斗争就有了保证。艾尔顿开始同国王进行私下的秘密接触。6月初，骑兵旗手乔伊斯奉艾尔顿和克伦威尔之命，率领近四百铁甲兵奔赴霍姆比城堡。国王此时在宫廷大臣以及议会代表的陪伴下，过着安逸的生活。议会派去看守国王的上校见状仓皇出逃。查理深知自己不会受到伤害，于是坦然地度过了那个夜晚。宫廷大臣们和铁甲军的军官互相以礼相待。

第二日清早，乔伊斯毕恭毕敬地告诉国王他的意图，查理一世没有表示反对。国王走到外面的阳台上，以主人的高傲对整齐的列队巡视一番。乔伊斯对他的骑兵说："我以你们的名义做了三点保证：不伤害国王陛下，不强迫他做违背内心的事情，允许国王陛下的随从和他待在一起。你们都同意这些保证么？"士兵齐声高呼："同意！"查理问："乔伊斯，你的军令呢？你有托马斯·费尔法克斯爵士书面的命令么？"乔伊斯非常的困窘，四处打量后指着他的军队说："在这。"查理露出威严的微笑，凭借着君主的自信和神圣权威说道："不错，这是一个不言自明的手令，同我长期以来面对的军队一样威武……那么乔伊斯，我们去往何处呢？"

乔伊斯和下达命令的人都认为，只要把国王掌握在手里，可以尽一切可能满足他的要求。国王认为牛津对他的健康不利，剑桥好一点，而纽马克特则更优。而军队也正好驻扎在该处。查理一世和乔伊斯等人同行，仿佛闲庭信步，感觉到手中掌握着英国的前途。查理一世在纽马克特附近的奇尔德利休息了三天，剑桥大学的师生怀着崇敬之心觐见国王，这种礼遇在内战时是不存在的。克伦威尔、艾尔顿和费尔法克斯也纷纷觐见国王。查理随后被转移到哈特菲尔德，接着又是汉普顿宫。他有时候连续几个小时在花园里散步，一边同将军们谈话，大家似乎都感到愉悦。内廷官员们惊异于此番景象。最后王室发表了公告书："国王陛下认为，议会的政策对军队的根本利益是不公的，也损害了军队支持者们的根本利益，国王审视了军队的请愿书之后，相信议会上下两院会同他一样，认为请愿书的要求更能满足各方面的利益，是实现永久和平的坚固基础。因此，请议会再一次考虑军队的请求，国王陛下认为这是实现和平的途径。"[1]

在这一切的背后，进行着一场政治交易，但无人知道其中的确切细节。这是一场关乎宗教和解、议会和国王拥有相互制衡权力的国家政体以及军队在解散时获得赦免和嘉奖的交易。交易的内容是嘉德骑士——克伦威尔伯爵策划的，他同时又是爱尔兰的总督，平定了爱尔兰的动荡，将斯特拉福德为之奉献了宝贵生命的"彻底之政策"以不同的面貌实现了。具有超凡政治才能的掌玺大臣艾尔顿可能超越了社会前进的艰难步伐，规划了英国的政体。英格兰民族本来可以趁此机会实现自身的心愿，但是这个计划过于美好而根本无法实现。人类不能跨越历史进程中的坎坷。国王本人同军队领袖的交易本就没有诚意，他还在希望苏格兰人给予他帮助。议会反对军队和国王的提议，坚持自身的政策，也将目光投向苏格兰人，希望可以借以镇压曾经支持过它的军队，而军队此时承受着来自议会以及其自身内部的两重压力。

至此，将军们控制着下级军官，而后者又控制着士兵，他们内心充满着强烈的宗教热忱。士兵们对《旧约全书》中的人物简直入了迷，尤其敬佩撒母耳，虽然步履蹒跚，却仍在上帝面前将亚甲砍成碎片。将军们则希望可以为国家、国王以及他们自己争取来最满意的解决方案，而普通士兵却难以放下成见。使国王和克伦威尔之间的协议成为现实的唯一方法，就是快速有效地将其付诸实施。然而将军们却迟迟不行动，他们似乎更注重军心的稳定，可是过去口头的承诺在军人会议上已经归于无效，军人大会成员们敌视国王，认为他是"背负血债的人"。他们惊讶于那些平时里可敬的领袖们竟然毫不自重，与国王狼狈为奸。士兵们的不满越积越多，军官们察觉到形势可能有失控的趋势。

---

1 G·M·扬《查理一世与克伦威尔》，第 67 页。

下议院的长老派此时意识到，他们无法掌控军队。伦敦城内的学徒和乱民也在施加压力，迫使长老派履行自己的责任。长老派在各种骚乱和暴力的压迫之下，废除了他们曾经对军队做出的决议。议长和五六十名议员因惧怕伦敦的暴民而逃往军队驻地，寻求克伦威尔的保护。军队答应了他们的请求，于8月6日开赴首都，占领了威斯敏斯特宫，控制了商业区。除了一些棘手问题外，剩下的一切争议都在军队面前平息了。

1647年的秋天，军方在帕特尼进行了激烈的争论，将军们特别是艾尔顿，企图控制骚乱。他们召开了军事议会，或者叫军人协商会。每个军团都选出了自己的代表，称为“代理人”或者“积极分子”。艾尔顿起草了军队章程，在不引起社会动荡以及财产权的前提下，采取彻底的措施。他们在当地进行了长达数周的激烈争论。同时还任命了一个记录员，负责会议的记录工作。这份会议记录后来流传到牛津大学的一个学院，得以让十九世纪的人们一窥当时的场景。各种人物接连登场，其中有塞克斯比、雷恩博罗、怀尔德曼和善于煽动的戈非上校。他们慷慨激昂，每次发言都正中靶心。克伦威尔听到了如下的说法：“英国的穷人和上层富人应该有同样的生活。”“一个人不必去服从他未参与建立的政府。”这些观点带有福音书的宗教意味和冷酷的武力至上论调。

关于每个人在政治上都是平等的这一要求，伯克和福克斯都颇感意外，就连艾尔顿同样是大吃一惊，他本人试图在不能解散的议会以及无法遣散的军队之间保持中立。克伦威尔很赞赏艾尔顿的思想，但没有在政治上采取同样的立场。同样这些主张也没有获得士兵代表们的拥护。艾尔顿阐释了他的“同国家利益攸关”的个人才拥有选举权的观点，这使得他的听众们陷入了沉思。他表示如果根据上帝或者自然法提出政治平等，那将涉及财产所有权的问题。他还指出：“根据自然法，每个人对他所见到的物品拥有同别人相等的权利。”士兵们对此并不感到惊讶。随后不久便产生了十九世纪宪章派的主张：二十一岁的男子拥有选举权，各个选区平等，每两年召集一次议会。除此之外，还有许多新的主张。

克伦威尔听到了以上的观点主张，对此进行了认真的思考，他同伊丽莎白一世拥有类似的想法，即这些平等要求会导致无政府状态。许多演讲者要求打倒国王和贵族，平分财产，这些想法得到了军人大会的欢迎，而克伦威尔考虑到了自己的财产问题。上述看法对他来说简直荒谬至极。艾尔顿将军为了安抚士兵，又做了一番演讲，结果只是引发了新的骚动。除了政治主张外，克伦威尔不得不考虑关于秩序的问题，他仍手握大权，而且毫不吝啬地使用这些权力。他设法使军人大会的代表返回各自队伍，以军官代表取代了军人大会。铁甲军通过帕特尼提出的那些政治主张，一直到我们这个时代才得到实现。

1647 年深秋，克伦威尔和艾尔顿认识到，即使补发军饷并赦免军队的不当行为，国王和军队之间仍旧不能同心同德。他们无法劝服士兵们，后者在秘密集会中鼓吹着皮姆和汉普顿在世时所反对的那些宗教观点以及“长期议会”曾经试图阻止的共和制，这些问题的背后，是成年男子选举权和另外的一种思想倾向的问题。这种倾向，用现代的词汇概括起来，就是社会主义和共产主义。一旦有了机会，这种倾向必然摧毁军队同国王之间脆弱而至关重要的关系。英国的保皇势力尽管在军事上一败涂地，财产被剥夺，但他们仍然存在，并伺机东山再起。议会仍在寻求具有坚实基础的政治目标，充满宗教狂热和贪得无厌的苏格兰军队仍在边境伺机而动。在这些压力下，战败的国王和胜利的军士们之间的结合纽带终于断掉了。铁甲军的一名上校根据上司的命令暗示国王，他的生命处于危险之中，有些人会在会议上出于国家利益考虑而提议处死国王，在这段时间内，国王的行动并未受限。

11 月，国王对那些不受军官控制的士兵将要杀害他的说法深信不疑，在夜色的掩护下慌忙逃离，经过多个驿站顺利地到达了怀特岛上的卡里斯布鲁克城堡。他在这个偏僻的城堡居住了将近一年的时间，没有任何保护，但仍旧神圣不可侵犯。他是名义上的国王，众人觊觎的工具，阴谋家的最终牺牲品。他仍旧固守自己的原则，或成功或彻底失败。然而他此时在英国已经没有谈判的筹码了。他还想借助苏格兰人的力量。他同苏格兰人签署了一份协议，保皇派和长老派因此串联起来，这种联合不久就引发了第二次内战。

可以看出，克伦威尔和查理一世都在竭尽全力争取达成协议。而军队即将哗变，他们策划逮捕或者杀害将军们，上校们准备弹劾克伦威尔，防止他“效仿霍瑟姆”。12 月 15 日，将军们同士兵们会面，一些军士立刻归顺，而罗伯特·利尔伯恩和托马斯·哈里森的部下却抗命不遵。历史学家加德纳曾对这个场面进行过描述：“他们聚集在一处，帽子上叉着《请愿书》，自己在上面又加上了‘英格兰自由’和‘士兵的权利’这样的口号，费尔法克斯大声训斥之后，哈里森的军队就驯服了，但利尔伯恩的军队却不为所动。克伦威尔看到此时单凭劝阻已经于事无补，就骑马从队前走过，大声斥责军士们，让他们把帽子上的《请愿书》取下。无人服从他的命令，他便拔剑冲入列队，他冷峻的面孔和果决的行为产生了震慑力量。军士们又恢复了服从命令的本能，几分钟后，违抗命令的军士们就取下了帽子上的《请愿书》，请求宽恕。带头哗变的军官被逮捕，其中三个人面临军事法庭的死刑判决。不过这三个人获准通过掷骰子的方式决定生死，结果阿诺德输了，他在同僚面前被枪决。如此，军队以一条生命换取了秩序，否则将是更大的骚乱。”[1]

第二次内战的起因和阵容同第一次内战并不相同。所有参与角色都发生了转变，甚至是反转。国王及其权威已经不是议会权利的障碍，而是英国人民自由的保证。假使议会有机会召集起来的话，“长期议会”中很大一部分议员，上议院的全体议员都将赞同以上的看法。从前胁迫国王的苏格兰人此时也意识到，他们的敌人另有其人。威尔士也坚决拥护国王。曾经积极拥护皮姆和汉普顿的伦敦，此时也希望恢复国王的权威。当年把国王赶出首都的学徒们，此时仍群情激昂，不过这时怒骂士兵，高喊“国王万岁！”。过去，海军一直是反对国王的重要势力，此时也转而拥护他。哗变的大部分军舰驶向荷兰，官兵们希望威尔士亲王可以担任他们的统帅。保皇势力遭到毁灭性打击，他们饱受迫害，财产也被剥夺，虽然他们对社会的责任感受到伤害，但仍旧渴望重归战场。大部分民众则持冷漠的态度。拥护王位复辟的那种类似 1660 年的情况尚未出现，但英国社会的各种力量正在集中，甚至连最普通的民众也感受到，国王和议会被新的专制势力抛弃了。这个新的暴君将给大

---

1 加德纳《内战史》第四卷，第 23 页。

众带来更多的痛苦。国王查理一世虽然失去了自由，住在卡里斯布鲁克，却比其个人独断专行的时期更有民望，更像一个真正的国王。

第二次内战的持续时间并不长，过程很是简单。国王和议会、地主和商人、伦敦商业区和农村、主教和长老以及苏格兰军队、威尔士人和苏格兰的舰队，所有力量都在反对克伦威尔的铁甲军。军队在克伦威尔的率领下向所有这些力量发起进攻，起初军队困境重重，但困难消除了军队内部的分歧。费尔法克斯、克伦威尔和艾尔顿再次同勇猛的军士站在一条线上，这支军队横扫威尔士、英格兰。它只用了一个支队就镇压了康沃尔郡和西部的大规模的起义。他们在科尔切斯特彻底击溃了保皇军，并且采取了残酷的惩罚措施，下令枪毙了投降的保皇军官卢卡斯和莱尔。克伦威尔镇压了威尔士的起义过后，全力北上与另外一支部队会师，接着向跨越兰开夏的苏格兰军队驰骋而去。此时指挥苏格兰军队的是戴维・莱斯利，可是他指挥的已经不是当年的苏格兰大军了，而列文勋爵统率的训练有素的苏格兰军队则袖手旁观，无所作为。入侵的苏格兰大军在普雷斯顿被断掉了后路，溃不成军。英格兰舰队几年前同国王作战时曾无坚不摧，此时面对强大的铁甲军却毫无办法。铁甲军筚路蓝缕，然而他们拥有耀眼的盔甲、发亮的刀尖以及错误的使命感。

到了 1648 年底，第二次内战宣告结束了，克伦威尔成为了彻底的独裁者。保皇派的势力被连根拔起，议会不起任何作用，宪法也落了空，苏格兰人遭到了失败，威尔士人只得撤退，海军遭到了改编，伦敦屈服于暴力的淫威。国王查理一世仍旧住在遥远的卡里斯布鲁克堡，等待着自己命运的审判，审判结果将使他丢掉性命。

维多利亚时代的文人描述克伦威尔和铁甲军的胜利是民主和议会制度对王权和旧时代的胜利，我们不能轻易相信这种观点，这场胜利无非是二万多名果决、冷酷、纪律严明的军人战胜了英格兰一直期许的一切美好图景。要改变这种局面，需要多年持续不断的斗争，我们所关心的这场内战，起初建立了限制王权的君主立宪制，而最后演变为军事独裁。一个冷酷、恐怖、能量巨大的独裁者成为了国家命运的主宰，尽管他在此后的十二年中尝试了各种努力，用心良苦又踌躇满志，但他的行为还是错误的，具有机会主义和自私自利的倾向，在历史上书写了不容抹去的一笔。

胜利成果中最容易获得的是国王的项上人头。尽管他从来没有离开过卡里斯布鲁克城堡。可是，他是那场反对铁甲军战斗的指挥，是扣发军饷引起铁甲军动乱的那场内战的发起者，是全国舆论的焦点，代表了铁甲军最为痛恨却无力改变的制度，同时也是这场胜利的战利品。人们在处理棘手的国家事务以及应对一切动荡不安的状况时，处决国王是一个极端重要的行为，它可以保证铁甲军的团结一致。只有处决身负血债的查理·斯图亚特，士兵们才能满意，而他们的长官才更容易控制他们。

在一个风雨大作的夜晚，怀特岛上的居民发现了铁甲军士兵乘船横渡了索伦特海峡，在新港和考斯登陆，国王的官员上去盘问并监视他们的行踪。国王的密友劝说国王赶紧逃走，当时似乎还有一些可能。可是国王此时还在试图和议会进行谈判，认为自己的地位稳固，不需要逃跑，其实这是他逃生的最后机会。几天之后，国王被押解回不列颠，囚禁在赫斯特堡。他在那里受到了不公的对待，这是第二次内战发动以来的第一次。在这之前，国王受到的尽是礼遇，生活无忧，此时身边没有仆人，被独自关在一个小塔中，塔内没有蜡烛。此后又进行了一场谈判，但他已经是大难临头了。即使在不见天日的牢房内，国王仍保持内心的坚定。他在自己动荡不安，颇多坎坷的统治生涯里，多次犯下大错，而在生命的尽头，命运却选择了他，使其成为英格兰人的权利和自由的保卫者。甚至，国王可以被视作整个大英帝国权利和自由的保卫者，这场战争波及了整个不列颠岛。又过了一段时间，他于圣诞前后被送往伦敦。起初，国王认为押解他的哈里森上校是来处决他的，实际情况并非如此。铁甲军计划用最具威慑以及最能宣扬他们信仰的方式处决国王。克伦威尔无法安抚和控制那些士兵，而处决查理至少能让他们看到一个可怕的赎罪场面。在前往伦敦的途中，一个傍晚，国王问哈里森上校：“你是来杀我的么？”上校回答：“不是的，国王陛下，任何人都受到法律的同等保护。”国王在得到保证后安然入睡。根据法律，国王是神圣不可侵犯的。

查理一世在温泽休息了差不多一个星期，他在那里受到了尊贵的待遇，这种情况与之前在赫斯特堡的待遇有很大的差别。他身边有一些仆人和内廷官员，他每天都以惯有的方式进餐，仆人跪着上菜，议会派来的军官礼貌地同他一起进餐，离席时向国王行九十度的鞠躬礼，这是一个极端奇怪的情形，他们必须继续奔赴伦敦，那里正有许多的事情亟待解决。

当时的伦敦处于铁甲军的严密控制下，下院议员打算进入议会开会时，一些议员已经站到了普赖德上校这边，他们把那些不配合军队的议员名字记录下来，四十五名打算进入议院的议员遭到了逮捕，在总数为五百多的议员中，有三百多人无法进入议会，这就是“普赖德大清洗”。所谓身负血债的国王，将面临审判。当局翻阅了英格兰有历史以来的所有法律和案例，找不到一条审判的根据。历史上不缺处决国王的先例。比如爱德华二世在伯克利城堡、理查二世在庞蒂弗拉克特城堡，先后被秘密处决，但当局都试图否认或掩盖事实真相。要么严守秘密，要么将这些死亡归结于疾病。胜利者铁甲军妄图通过审判的方式来敲打英格兰人民，让他们知道必须要屈服，一年半之前，还在国王统治下担任爱尔兰总督的克伦威尔，此时已经看出处决国王是维护自身最高权力的唯一选择。费尔法克斯指出，处决了国王，后果就是让身处荷兰的威尔士亲王拥有国王的一切权力，可惜的是，没有人听从他的警告，英格兰没有任何法官可以起草审判的起诉书和组织起法庭，最后，长期生活在英国的荷兰律师艾萨克·多利斯劳斯用古代传统偷梁换柱，开庭时的那一段说法同英国的传统毫无联系，完全引用了罗马时代元老院或者禁卫军有权力处决暴君的例子。余下的下议院议员们通过了一项决议，成立了一个由一百三十五人组成的国王审判团，实际上最终出席的不到六十人，工匠们开始布置威斯敏斯特宫，为随后最重要的活动进行准备。这次要处决的不是一名普通的国王，而是代表了整个不列颠民族精神和传统的国王。

这次著名的审判被描述得越是如临其境，就越是充满了戏剧性。查理一世根据个人独裁统治时任意曲解、利用过的法律和宪法，为自己在敌人面前做出了完美的辩护。正像莫利所写的那样，他“态度镇定，睥睨法官”。他不认可这个特别法庭，认为审判国王是最不可饶恕的违法活动。而审判长约翰·布雷德肖也无法找到法理根据。尽管如此，克伦威尔以及铁甲军仍旧决意处决国王，并不惜一切代价实现自己的目标。威斯敏斯特宫内围观的群众大部分都同情国王。在最后一次审讯的下午，当国王自辩要求遭到驳回被带离大厅时，人群中传出了一阵祈祷“上帝保佑国王”。而异常坚定的士兵根据长官的事前吩咐，高呼“执行死刑！”

在国王受刑前，军队一直尊重他的个人尊严，给予了其处理俗世事务和牧师祝祷的一切便利。这次处决不是野蛮的杀戮，而是一个严肃隆重的仪式，是一种牺牲，用西班牙宗教法庭的术语来说，是一次“信仰的检验”，1649年1月30日上午，国王被带离圣詹姆斯教堂，押往白厅。在此之前，他被士兵从舒适的住所中带走，从水路来到教堂。30日上午下了一场大雪，国王穿着缓和的衣裤，在押送队伍的中间说了一句“快点走”，然后快步走向半英里外的宴会厅。当时，只要他的要求不影响最后的结果，铁甲军便会尽量予以满足。签署死刑判决书的大多数人此时已经被自己的行为吓坏了，因为他们今后还要为此事承担责任，最终面临报复。克伦威尔发觉无法纠集足够的人签字。总司令费尔法克斯善良耿直，他对此情此景无法苟同，因此铁甲军只好将其控制起来，艾尔顿和哈里森同临死的国王一起待在大厅，同时在场的还有克伦威尔，他是不可能缺席任何一个重要场合的。

下午一点时分，国王得到了通知，他的大限已到。他从宴会厅的落地窗迈出去，走上了断头台，刑场上到处都是列队的士兵，克伦威尔一派曾错误地预判，国王不会屈从特别法庭对他的判决，或许会拒绝受死，因此还准备了捆绑他的绳索。查理一世面带微笑，鄙夷地注视着这一切。国王获准在临死前留下遗言，由于他的声音不足以传到远处的士兵那里，便对站在断头台上的人们讲了几句话：“作为一个虔诚的基督徒，拥抱死神的降临，他饶恕这世上所有的人，尤其是那些要处死他的人。他希望这些人可以忏悔自己的错误，采取正确的行动来实现国家的和平，而依靠武力是行不通的，他认为臣民和国王的地位本就不同，民众的幸福不在于参与统治这个国家。假如他施行暴政，用武力改变法律，他今天就不会有如此悲惨的下场，所以，他是人民的牺牲品。”

查理一世从容赴死，他配合行刑人将自己的头发用白色的缎帽收好，自动躺在断头台上，一个手势之后，国王就人头落地。接着，他的头颅被悬挂起来示众，人群中有一个人喊道“这就是叛徒的头！”

人群像洪水一样涌入现场，虽然沉闷，但内心痛苦。当时有一个人在日记中提到，看到砍下的头颅，“无数人发出了哀号，这是一种从未听闻的声音，也再也不愿听到。”

国王查理一世的命运是独一无二的，没有谁如他一般顽固抵抗时代的潮流，他在自己主政时期坚决反对议会民主，而在灾难的不断冲击下，他却成为了英格兰自由和传统的象征。他的错误来自于君权神授的自大，而并非是个人权力欲念的作祟。他从出生一刻就秉持“国王至高无上”这一信念，因为这确实是英格兰的铁律。最后时刻，他同铁甲军进行了斗争，后者将英格兰推入了最恐怖的暴政深渊。国王查理对于自己坚持的事业从不妥协，虽然，他同敌人周旋和斗争时也使用过欺骗等手段，但这是由激化的矛盾和复杂的形势所决定的，何况对手为了实现自身目的的手段更加可鄙。国王在宗教和政体问题上，一直坚持自己的原则。他坚决维护国教的《祈祷书》和主教制度，正是基于此，宗教才具有正统性，在动荡艰苦的岁月里，他坚定不移地捍卫自身事业，他的牺牲并不是那种甘为宗教而献身的行为。他的王室利益同国家大事有着紧密的联系，有人指责他站在普通民众一边反对新兴贵族，这也是没有根据的。他不完全是英国自由的捍卫者，甚至不完全是国教的捍卫者，不过他终究是为了英国的自由和教会献身的。他用自己的生命将这些制度保存下来，传给了他的后代，也传给了我们这个时代。

第六部

王权复辟

第十九章　英格兰共和国

在处决国王查理一世之前，英格兰共和国就已经诞生了，1649年1月4日，一伙跟随克伦威尔和铁甲军的议员就提出了："除了上帝，人民是一切权力的来源……英格兰下议院应由人民选举产生，它代表人民，行使国家的最高权力。"1月9日，他们投票决定今后的国玺上不再刻有个人的名字。因此，他们设计了一个新的国玺，一边是英格兰和爱尔兰的地图；另一边刻着下议院的画面，上面还有"在上帝的赐福下恢复自由元年"的题词。国王查理一世的一尊塑像被推倒了，有人还在底座上刻上了："暴君、最后一位国王的覆灭。"2月5日下议院的那些议员又提出：上议院"没有存在的意义并且极端危险，应当撤销"。至此，上议院果真不再开会了，第二次内战中被俘的贵族遭到报复，博学而富有政治经验的汉密尔顿勋爵和霍兰勋爵也被砍了头。

这时候议会任命了一个政务院，负责管理国家事务，任期为一年。政务院共有成员四十一名，其中有贵族、法官和下议院议员，有些人还参与了处决国王。政务院不惧强权、勤勉奉公。十二名大法官中有六人没有继续留任，留任的六人在正式收回对国王的效忠宣言后，开始为共和国服务。军队领袖们的保守势力坚决要维护习惯法的权威，对所有非根本性问题依旧比照传统来处理。人们意识到，为了防止平均派、投机者和极端分子对特权和财产权的侵犯，新政权必须有律师的参与，这是非常重要的问题。平均派气焰嚣张，但当权者还是将他们镇压了下去。独断专行的政务院竟然也将艾尔顿将军排除在政权之外。克伦威尔以及同僚早已洞悉了极端分子的要求，早在1647年克伦威尔和国王进行那场徒劳的谈判时，约翰·利尔伯恩就煽动五个骑兵团联名签署了《请愿书》，这些要求就已经摆上了台面。

铁甲军中的一部分必须被打散或者遣散。克伦威尔以上帝的名义，率领铁甲军的主力前去讨伐那些崇拜偶像，与英格兰积怨甚多的爱尔兰天主教徒。在克伦威尔看来，此项计划能够获得军民们的狂热支持。为了决定哪个军团可以前往爱尔兰，克伦威尔决定实行抓阄，通过一轮轮的挑选，直到将平均派控制的兵团排除于这次行动之外。一本名叫《英格兰的新桎梏》的册子在军中流传开来，士兵们发生多次的哗变。数以千计的老兵集会示威，要求“人民主权”、成年男子的选举权以及每年召开议会。这种种情绪不仅仅存在于士兵之间。除了以上根本性问题外，以杰勒德·温斯坦利为首的一些人提出了更加激进的要求：不仅公民权利平等，还要财产权平等，这些人被称为“掘地派”。

在萨里郡的公地上，有些人开始准备集体耕种这些土地。这些所谓的“掘地派”们并不侵犯私人的土地，而是把公地划给有权占有他们的人。他们认为整个世界都是人们共同拥有的，公共土地就该人人有份。他们还认为，被处决的国王查理的王权是从征服者威廉那里一代代继承来的，那个时代有许多贵族和冒险家随着威廉来到英格兰，而撒克逊时代的传统权利就是被这些人破坏了。从历史沿革来看，这些传统已经存在了六百年，已经根深蒂固到难以改变。这些新的主张既难以实现，又本身难以自圆其说。然而，这就是那些人的想法。共和国的统治者们认为以上的这些想法是十分危险的，具有颠覆性的一派胡言。

克伦威尔本人也被这些主张震惊了，意外程度不亚于任何一个人，他对财产权的关注完全不亚于对于宗教自由的关注。他说：“贵族、乡绅和自耕农是有积极意义的力量，对英国十分重要。”于是，“掘地派”被政务院驱逐出公地，哗变的官兵也遭到了冷酷的扑杀。这场骚动还是由克伦威尔镇压下来，根据他的命令，追随利尔伯恩的骑士威廉·汤普森被枪决于牛津郡的一个教堂院子里。被枪决者的主张和英勇受到一些人的赞赏，被称为“为民主献出生命的第一人”。克伦威尔还把不报名参加爱尔兰战争的官兵赶出军队，拖欠的军饷也不发给他们。被政务院任命为总司令之后，克伦威尔的军事行动还披上了一层宗教的外衣。他和清教牧师们一起煽动这场对爱尔兰的圣战，他独自乘坐六匹佛兰德斯马拉动的马车去查林克罗斯进行礼拜。这些做法都是他缜密部署过的，用以应对军事和社会方面的危机。如果不处理好这些危机，英格兰还会爆发极端残酷的内战。

由克伦威尔于1649年发动的爱尔兰战争，与以往历次战争一样残酷，也同样充满了《旧约全书》的宗教色彩，这种宗教色彩对清教徒们产生了深刻影响。爱尔兰人的民族气概和恶劣的环境，促使了他们在天主教的容忍精神和君主制度下团结起来，并同保皇派的新教徒结成坚固的同盟关系。此时，保皇派的军队已经有了一万二千人，这支军队是由奥尔蒙德侯爵领导的。而此时，教皇使者的到来更加剧了局势的紧张。在克伦威尔登陆爱尔兰之前，奥尔蒙德的军队已经遭受了打击，1647年，奥尔蒙德把都柏林留给一个议会派的将军，去攻占德罗赫达以及韦克斯福德这两个城市，并在那边驻扎下来。克伦威尔率领一万名战斗经验丰富的勇士向这两个城市发起了猛攻。如果奥尔蒙德率领的正规军在野外同敌人交战，并通过暴露侵略军的倒行逆施来激发爱尔兰人，以获得更多的支持，那么他的结果可能更好些。可是，他在德罗赫达部署了三千名守军，其中包括了爱尔兰保皇派的精锐以及英格兰志愿兵，认为攻坚战会让克伦威尔铩羽而归。克伦威尔却判断出，消灭奥尔蒙德的军事力量，这会震慑整个爱尔兰岛。于是他采取了更加“恐怖的”的行动，这也让十九世纪他的崇拜者，想为他辩护的人们感到词穷。

克伦威尔要求守军投降遭拒后，开始用火炮轰击城墙。他在第三次总攻中身先士卒，并获得了胜利。他的军队进城后进行了大屠杀，其残酷程度堪比野蛮时代。所有俘虏都被杀死，连牧师和修行者们都难逃一死。克伦威尔军在尸横遍野的战场寻找贵重的物品。负责守城的阿瑟·艾什顿爵士有一支义肢，铁甲军以为是金子打造的，可是他们翻找了半天，也仅仅从他的皮带里找到一些财物。直到第三天，他们还在继续搜索和屠杀那些躲藏起来的人。

这些都是不容抹杀的事实，对此克伦威尔给政务院院长约翰·布雷德肖的去信也证实了此事：“我们在德罗赫达的战斗中，上帝与我们同在。

火炮攻势后，我们发动了进攻。守城的三千敌人进行了顽强的抵抗，我们攻入城内的一千人被迫退出城外。上帝又赐予了我们勇气，再次攻入城内，利用敌人自己的防御工事进行打击……我们曾经在开战前要求敌人投降，因此，此时绝对不能宽恕他们，我认为我们的军队将对方屠戮殆尽，只有不超过三十个敌人活了下来，我们监禁了剩下的俘虏，他们将被流放到巴巴多斯岛。……这已经是极大的宽恕了。敌人不愿进行野外的战斗，用最精锐的军队和最优秀的指挥官去固守城池……我不相信，也从未听说有任何军官最后逃生了，只有一个人除外。……这场残酷的斗争使敌人闻风丧胆。我坚信，上帝是站在我们这一边的，靠一场残酷的战斗就可以换取尽可能少的流血……希望人们能把这次胜利的功劳归于上帝，因为是他的恩赐。”

在写给议长伦索尔的信里，克伦威尔进一步描述了详细的情况：“少数的敌人撤退到易守难攻的米尔芒特……敌人守备司令和高级军官都在那里，当我们攻入的时候，我下令全歼敌人，在战斗中，我的确下了杀死全部战斗人员的命令。据估计，我们一夜的时间共杀了两千人。少数敌人逃到城的另一边，其中一百人占据了圣彼得教堂的高塔……他们拒绝投降，我便下令攻击教堂，在战火中有个人的喊声：‘我要死了，我着火了！’”克伦威尔还写道：“我相信，这是上帝在惩罚这些不开化的人，他们血债累累。”[1] 几个星期后的韦克斯福德城，相同的惨剧又发生了。

在安逸的维多利亚女王统治时期，当格莱斯顿和迪斯雷利分别领导的民主党和保守党就过去的事实进行辩论的时候，当爱尔兰民族主义者和激进的非国教教徒又挑起动荡的时候，人们开始怀揣敬仰之情回忆克伦威尔的残忍，有些人甚至暗自钦佩。但大多数人都认为这种残忍已经不会再出现了，在安逸、金钱至上和自由辩论的年代，他们可以向奠定了民主社会基础的残忍军士们致敬。而到了二十世纪，残酷的事实让知识分子放弃了那种不切实际的想法，现代的种种暴行，不亚于克伦威尔的那些手段，甚至更加可怕。我们已经认清独裁者的野心，所以我们不能效仿我们的祖辈，继续对暴行不闻不问。这

1 托马斯·卡莱尔《克伦威尔书信和演讲集》第二卷，第 59 - 62 页。

里必须要重申一个简单的道理：尽管战争残酷，但是对手无寸铁和已经投降俘虏进行大规模屠杀的事实，是历史上难以抹去的污点。

克伦威尔本人忧心忡忡，他记录下自己内心的忏悔，这种情绪是做完坏事后的必然。他鲜廉寡耻，为自己寻找了很多的借口，卡莱尔也与他狼狈为奸。克伦威尔认为通过残忍可以避免更多的牺牲，然而他的想法是错误的。他离开爱尔兰后，战争还继续了两年。他本人厌恶天主教，把它当作一切问题的根源。他错误地将保皇军和信仰天主教的农民视为一伙，这些农民于1641年屠杀了信仰新教的地主。其实，这些守卫德罗赫达的士兵和几年前的暴行无关。他用战斗激烈为自己的罪行辩护，其实他的军队在这场战斗中的伤亡不到一百人。兰克公正地评价了此事："所有的暴行都是有准备的。"而且，这位野心和权力欲望极度膨胀的领袖将上帝描述成一个为党派利益服务的怪物，可以吓退一切尚有意识的人。这个政治家口中的正义与宽恕完全是信口胡说。这些暴行绝不能用形势危急和国家利益来掩饰。克伦威尔在爱尔兰拥有不可匹敌的力量，他以卑鄙残忍的手段运用手中的力量，践踏了人类的行为准则，在历史上留下了污点。自石器时代以来，残忍如克伦威尔在爱尔兰进行的大屠杀这样的事，并不鲜见，此次，对犯下暴行的人，必须剥夺他们的一切荣耀，无论是战斗胜利的光环，还是政治家或君主用以掩盖过往、粉饰太平的长久名望。[1]

在多种合力的作用下，爱尔兰岛的居民可以共同生活在该岛上，甚至新教教徒和天主教徒也勉强生活得下去。克伦威尔的暴行给该岛的军民带来了长期的痛苦。他通过经常性的恐怖战争、不公的拓居、禁止天主教传教等手段，给民族和宗教间带来了新的裂痕。他对当地的爱尔兰居民说："要不下地狱，要不去康诺德。"以至于三百年来，爱尔兰人一直把"克伦威尔诅咒你"当作最恶毒的咒骂。克伦威尔在爱尔兰的统治至今影响犹存，为了消除这些恶果，我们经过了几代人的努力，然而结果并不理想。这些恶果也使得世界各地英语民族间迟迟无法团结起来。直到今天，我们仍旧活在"克伦威尔诅咒"

---

1 写于1938-1939年。

的阴影之下。

当查理一世脑袋落地的那一刻起，他的长子在大多数臣民和欧洲人的心中立刻成为了英格兰国王查理二世。处死查理一世后的第六天，苏格兰接到了这个消息，它的议会马上宣布查理二世为大不列颠、法兰西和爱尔兰的国王。苏格兰在伦敦的代理人也要求承认查理二世的王位。自诩为“议会”的那些政治独裁者们下令将这些苏格兰人的代表赶走。查理二世当时身处荷兰的海牙。大多数荷兰人对他比较友好，对他父亲的不幸遭遇感到震惊。在审判国王的特别法庭中出力最多的是荷兰律师多利斯劳斯，他在吃晚餐时被苏格兰的保皇分子刺杀。凶手得到了他们应有的下场，但人们却对此行为赞赏不已。

蒙特罗斯在战败之时，听从国王生前对他的忠告逃离了苏格兰，最初，他认为国王之死让他的生命再无意义。一位牧师对他进行了开解，他决定复仇，重新燃起了战斗的怒火。他率领人数不多的追随者在凯思内斯登陆，被政府的军队击溃后，又遭到了出卖。他被押解前往苏格兰各处游街示众，最后在爱丁堡被送上了一个很高的绞首架。围观的群众很多，个个群情激愤。他自己异常愤怒，将生死早已置之度外，他的坚贞不屈使敌人感到十分惊恐。他的名字被留在了苏格兰的民谣和传奇中，他的尸体被分割成小块，撒在他战斗过的地方，以儆效尤。苏格兰的阿盖尔和长老派对这位非正统的保皇分子进行残酷镇压的同时，也准备为捍卫君主制对英格兰发动战争，并且与年轻的国王查理二世结成了同盟。

查理二世面临艰难的抉择，苏格兰政府承诺他：“如果你承认我们同查理一世达成的那些协议，支持长老会制度，我们不仅将苏格兰置于你的王权下，还将同你一道进军英格兰，那里的长老派和保皇派也将一同加入反对共和分子和弑君者的战斗，重塑国王权威。”如此艰难的局势下，竟然还有所谓的君主制的捍卫者。但是，这场交易的代价也是昂贵的，查理二世必须摧毁主教制度，把与父亲并肩作战的人们所痛恨的教派强加给英格兰。查理二世受过系统的教育，他清楚明白一切宗教和政治的分歧和斗争。但是，为了自己的王权，他深思熟虑后，决定将灵魂出卖给魔鬼，为王室的事业而背叛上一代人的抗争。贪得无厌的苏格兰代表每天拜访他，晓以利害。其中一个苏格兰代表说：“我们迫使他签署协议并向他起誓。我们明了他内心必定充满仇恨……他违背了自己的良心，屈从于我们的压力。”昂里埃塔·玛丽亚王后抱着为丈夫报仇雪恨的信念，在她看来，不同的新教异端是没有区别的，但是她也认为，查理二世不应在协议上签字。

协议的实施同签署一样充满困难。查理二世在去往苏格兰的船上就被迫做出了更具体的保证。他从位于阿伯丁郡的住所的窗户向外张望，看到了恐怖的一幕：他忠实的仆人、朋友蒙特罗斯的一只干枯手臂钉在墙上。那些恳求他登上王位的人，实际上已将他像囚犯一样控制起来。查理二世日复一日地接受布道、告诫、训斥。除此之外，他还要在长老会的教堂里下跪，这在他眼中，完全是异端。苏格兰政府和教士们对宗教信仰可谓至真至诚，令人惊叹，但如果能逃避与其交往，倒是一份幸运。

苏格兰人主要的工作是，把即将对英格兰的战争同两年前在普雷斯顿的大溃败区别开来，参加过那场晦气战斗的人，不允许参加接下来的战斗。

军队重新整编，裁撤掉的那三四千人又恰巧是有战斗经验的老兵。取而代之的是“牧师的儿子、教会的工作人员，这些人听到的是布道，看到的是宗教仪式，对军事毫无经验”。不过，他们毕竟组建了为国王而战的军队。法国的马萨林红衣主教以及在荷兰的奥兰治亲王威廉也派兵支持。查理二世在战争的急迫性以及求胜心的双重驱使下，不得不发表声明：“愿意在上帝面前洗刷罪过，因他的父亲反对过《神圣盟约》，他的母亲曾经崇拜过偶像，这些行为不算绝对的忠诚，绝对因此必然会招致上帝的震怒，因此，后辈就必将替祖先接受惩罚。”这番说辞使查理二世再也无法面对他的母亲，而实际上，其母也不会再在政治上为他出谋划策了。在这种诡异的局势下，一支苏格兰大军在苏格兰与英格兰的边界上集结起来。

由于苏格兰的威胁，克伦威尔从爱尔兰回到英格兰。费尔法克斯逐渐疏远了以前的同僚们，且拒绝带兵去苏格兰。政务院最终只得任命克伦威尔为总司令，这仅仅是走走形式而已，因克伦威尔本就掌握着军队的最高领导权。铁甲军刚刚参与了对爱尔兰的血腥战斗，刀剑尚未入鞘，他们是克伦威尔手中沉重、锋利又嗜血的武器。他在大战之前仍旧不放弃争论。有些人认为，他所能认知和信奉的那些东西，无非是上天堂还是下地狱的问题。他一本正经地就这个问题与他人争论，情绪激动，喋喋不休：“我请求你们看在上帝的分上，考虑下自己所犯的错误。” 没有人响应他的论调。假如不是战争迫在眉睫，争论还不知道要到何时才能结束。英格兰军队开赴苏格兰低地，沿着海岸进军，以便获得海上的补给，双方的队伍呈现胶着态势。戴维·莱斯利是不容小觑的敌人，他的兵力占优，克伦威尔的铁甲军不得不退守邓巴，从海上获得粮食补给，要根据天气和风向条件。他们仍旧有机会乘船向南，在英格兰东部的港口获得军需，可对于一生战无不胜的人来说，不会接受这样的结果。

此时的苏格兰军中出现了两种声音。以莱斯利为首的人主张放走克伦威尔；而六名宗教领袖认为是时候替上帝惩罚罪人，否则他们会使新教陷入更加混乱的状态。宗教方面的压力最终战胜了战略需要。狂热的苏格兰军队从高地俯冲下来，从四面包围了克伦威尔的铁甲军。双方都将胜败押在上帝的天平上，可是上帝发现双方的信仰和热情等量齐观，只好让军事力量来决定这一切了。时间刚刚是 9 月 3 日，是德罗赫达大屠杀一周年的日子。

上帝再一次帮助了克伦威尔，他轻松地说：“我们对上帝充满了期待，他多次保佑了我们。”约克郡的军官约翰·兰伯特告诉他，苏格兰军队的南侧是他们最弱一环。在那里，两军呈胶着状态，互相渗透，天刚刚亮的时候，克伦威尔下令右翼部队掩护左翼，当太阳完全升起后，克伦威尔激动地大喊：“冲吧！让上帝见证，让他的敌人下地狱去吧！”这两支同样充满政治、宗教狂热的军队一经相遇，高下立判。苏格兰人发现自己的右翼遭到了攻击，狼狈逃离，扔下了三千具尸体。另外还有九千人成了俘虏，跟着克伦威尔的军队受尽折磨。长老派的军队就这样彻底失败了。

这场军事失败使苏格兰的政策摆脱了宗教的束缚，国家安全成为最为看重之处。为了补充战斗减员，他们开始安抚那些第一次入侵英格兰受挫的军人，把之前昏聩政策下，裁撤掉的老兵重新征召入伍。想参军的英格兰保皇分子也得到了衷心的欢迎。查理二世在斯科尼加冕。随着宗教战争的展开，产生了一些新的政治观点。苏格兰政府中大多数人都主张，军队应该向英格兰进军，沿途吸纳英格兰的保皇势力，将克伦威尔拖延在他业已占领的爱丁堡。宗教势力以及在我们看来完全属于激进派别的人，仍拥有很大的话语权，他们不同意这个计划。自称可以取悦上帝的六名长老会牧师说：“因为造物主不喜欢邓巴之战的这支军队，所以导致了战斗的失败。因为这支军队拥护的国王，不同长老会订立盟约。”这种荒谬的借口，迫使很多人离开了军队。

一支苏格兰军队在1651年进攻了英格兰，不是替长老会卖命而是为了国王而战。克伦威尔放走了他们，这也显示了他在政治上、军事上的谋略。如果他率军追赶，可以在边境上赶上，但他却决定从后面切断敌军的供给。而后来的事实表明，克伦威尔是正确的。英格兰的保皇派没有参与，因为他们伤亡惨重，受到无数磨难，对克伦威尔以及铁甲军心怀畏惧。保皇分子那些比较活跃的领袖们，早就被屠杀殆尽。作为国王的查理二世，重返英格兰，他沉默不语地走在军队的最前面。而克伦威尔此时从容地跟在后面，他能够调动一切英格兰的共和军来打击北方的侵略者。9月2日，是决定查理二世最终命运的日子，一万六千苏格兰军队被迫在伍斯特同英格兰决战。英格兰拥有二万战斗经验丰富的铁甲军，还有大量对苏格兰人心怀仇恨的民兵。苏格兰军队的指挥官是莱斯利，他同骑兵一起在城内坚持到战斗落幕。查理二世也表现得十分英勇，他在战斗中策马驱驰多个兵团，鼓舞军心。这场战斗也是数次内战中最为激烈的一次，而结果仍旧以苏格兰和保皇派的失利而告终，几乎没有人活着回到苏格兰。对于克伦威尔来说，这是上帝的眷顾。对与查理二世来说，这是他一生中惊心动魄的遭遇。他历经艰难险阻，最终逃离了尸横遍野的战场，克伦威尔悬赏一千英镑要他的人头。查理二世在博斯科贝尔的一棵有名的橡树上躲藏了整整一天。躲过了四处缉拿他的敌兵。到处是缉拿他的人，但他的朋友也遍及各处。他获得了暗中的帮助，他的行踪也没有泄露。有近五十个人认出了查理，但他们甘愿冒着巨大风险，知情不报。“国王是我们的主人”——这句话感染着各个阶层的人。“英格兰国王是我的，也是你的，是所有真正的英格兰人的主人，他就在我们的周遭陷入困境，你能帮他找到一条船么？”“他还好么？平安无事么？”“是的。”“感谢上帝。”所有知道秘密的人，都怀着这种真挚的感情。

经过六周的辗转，查理二世又一次逃亡他国。忠诚的、国王所剩无几的拥护者——德比勋爵也被送上了断头台，献出了生命。德比勋爵夫人，那个曾经勇敢保卫自己家园的女主人，仍然希望国王的王旗可以继续飘扬在马恩岛的天空。德比郡随即宣布马恩岛独立。英格兰议会依靠舆论攻势和武力，征服了这个保皇派最后的立足之处，勇敢的德比夫人被长期囚禁，后来在贫困潦倒中了却残生。大动乱至此，全部结束了。英格兰、爱尔兰、苏格兰，全都屈服了。这三个王国统一起来，接受来自伦敦的专制统治，不可抗拒的力量书写了英国历史上最浓墨重彩的一章。然而绝对权威的统治，并不能解决所有问题。除了安于奴役的民族外，没有任何人可以忍受独裁者的统治。这个重要的历史规律给那些向往自由的人们带去了慰藉。对于当时的人们来说，黑暗如漫漫长夜，而在人类的历史上也不过转瞬即逝。不过，人们心怀希望，仿佛吹绿广阔田野的春风那般，给勤勤恳恳的人们带来新的丰收。

第二十章 护国公

君主和上议院都不存在了。英格兰的国教也摇摇欲坠，下议院剩下的议员也寥寥无几，被人们戏称为“残缺议会”。他们将自己视为议会的最后一点希望。这些议员认为，很长的时间内，他们掌握着英格兰的未来，克伦威尔远赴爱尔兰和苏格兰作战时，信奉清教的握有实权的人，通过他们的代理人政务院实行了对英格兰的统治。他们在宣传宗教观点的同时也制定了比较符合实际需要的政策，这些政策行之有效，尽管曾激起强烈不满。这些人在战争时期形成了政治寡头集团。仍在持续的战争需要军费支持。当时军费的主要来源是货物税和财产税，直至现在，英国的税收体系中仍然包含这些，政府的收入主要来自对保皇派和被禁的罗马天主教徒的罚没，这些人上缴罚款后，只能拥有数量很少的土地，其余的土地进入了市场。当查理二世重新掌握权力后，也仅仅归还了没收的土地，因此在同一个土地所有者阶级内部，出现了长期关于土地分配的争执，在新的土地所有者当中，诞生了一个唯利是图的集团。在这个基础上，逐渐形成了辉格党以及其党派准则。国王复辟以后，英格兰出现了新的世俗阶级，这是除了原有的两个宗教派别之外的新阶级。这两个新阶级在利益、传统和思想上均是完全对立的，但都以土地为基础，这也构成了历史悠久的两党制的坚实基础。

残缺议会具有民族主义的倾向，既施行贸易保护，又崇尚武力。议会颁布的《运输法》规定：进口货物只能由英国的船舶或者出口国的船舶运输。在当时，荷兰人垄断了波罗的海和印度群岛的香料贸易。议会这项措施就是在同荷兰展开竞争。同荷兰这个同样信奉新教的，与英国联系紧密的共和国因经济动因导致战争，这在英国历史上还是第一次。萨默塞特的商人罗伯特·布莱克被任命为海军总司令。尽管他曾经是内战中的精英，但是对海军却是知之甚少。他在海军将领中很快就树立了威信，他像王子鲁珀特那样，认为海陆作战是一码事，只是手段不一样罢了。英格兰可以轻易对付荷兰人或到处横行的保皇派的海盗们。布莱克很快就学会了向海军将领们委派任务，通过整顿军事纪律，海军很快地团结起来，在同地中海的海盗进行的最后一次激战中，他再一次证明了船舷上载有的火炮可以压制陆地上的炮火，尽管后者曾经被视为无可匹敌。

残缺议会在克伦威尔对外作战之际，逐渐掌握了优势。克伦威尔战胜回来后，发现人们对议会极为不满，这颇让他惊讶。更突出的问题是，一直以来为上帝而战的铁甲军也对那些任意摆布并且控制军需的政客非常不满。他努力调解残存议会与力量可观的军队之间的矛盾，同时也批评了议会的一些做法，他反对同信奉新教的荷兰进行战争，批评侵犯传统权利的《执照法》和《叛国法》。而议会议员的“高傲、野心勃勃和自私自利”也被他看在眼里。克伦威尔认识到，如果残余议会继续统治下去，必然导致凄惨下场。就像拿破仑从埃及回到法国后所做的那样，克伦威尔无视政府，处理他与残余议会的关系。然而议会依旧我行我素，寡头们认为议会在处死国王之后，已经拥有了无上地位。因此他们无视统治基础的摇摇欲坠。克伦威尔倒是有清醒的认识。他坚决地说：“这些寡头是不会下台的，除非军队扯着这些人的耳朵把他们从高位上拉下来。”

1653 年 4 月 20 日，克伦威尔带着三十名火枪手来到议会。听了一会儿议会的辩论后，他起身发言，越讲越激动，直至最后说道：“我不允许你们再一派胡言下去了，你们根本不代表议会。”他命令火枪手们把议员赶出了议会，随后议会大门也上了锁。议员们中本来就有些人脾气暴躁，见此情景更是怒火中烧。克伦威尔将议员赶到大街上后，对着象征议会权力的权杖发问：“这个东西要怎么办？把它拿走！”当日的夜晚，就有人用伦敦的方言在下议院的门上写了一句话：“吉屋出租——不附带家具。”塞尔登和科克为之奋斗过，皮姆和汉普顿为之奉献了生命的伟业，就这样关门大吉了，从西门·德·孟福尔时代一直到《权利请愿书》这几百年中，一直为人们所珍视的立宪程序和保护权利的那些措施，都被放弃了。个人的意志主宰了英国。人们表示不能理解，不禁扪心自问。随后为了捍卫英格兰的传统，人们再一次爆发了战斗的热情。

拿破仑在雾月十八日解散了法兰西共和国的立法机构，之后，天主修道院的院长、议员西哀士回到巴黎对同僚说："我们有了新的主人。"而此刻，英格兰、苏格兰和爱尔兰也有了新的主宰，但这只是一个表象。这个主宰同十八世纪的拿破仑有着巨大的不同，拿破仑自信满满，他明确知道自己的目标，且无所畏惧。他要攫取权力、利用权力，一直到他以及他的家族握有整个世界。他不会在意历史，也知道自己无法完全掌控未来，因此他要夺取眼前的权力，这就是他的全部心愿。

克伦威尔又狡猾又残忍，但他也有拿不定主意、充满纠结愧疚的时候。他承认自己的专制统治，并为此感到难过，可他也会自我安慰地说：上帝授予他权力，人民交付他权力。如果真有光明乐土的话，他就是上帝派来保护人民的另一个摩西，带领人民去往迦南。他是国内唯一能够胜任保护多种教派职责的将军，尤其是当保皇派和激进的平均派侵犯上帝忠仆的财产的时候，他是已经解散了的议会亲自任命的军队总司令，国家权力的实际拥有者，或者是所谓的对三个王国都有无限权力的人。

为了使事情按照自己的看法发展下去，克伦威尔不断攫取权力，这样做的初衷，同他本人以及其名望无关，而是同他年轻时对英格兰的未来憧憬有关。他在伊丽莎白时代是个落伍的人，是个"不合时宜的都铎王朝的绅士"。他希望看到苏格兰和爱尔兰对王国的臣服，希望英格兰成为西方世界所敬畏的大国，有坚毅的自由民、正直的地方官员、博闻强识的教士，充满生机的大学和战无不胜的舰队。"[1] 在外交方面，他仍然同西班牙舰队战斗，率领他的铁甲军同那些宗教法庭的迫害活动以及盲目崇拜罗马教皇的行为做斗争。

---

1 G·M·扬《查理一世与克伦威尔》。

这些事情已经水到渠成了，等待收割胜利的果实。可以用当初在马斯顿荒野之战和内斯比战斗中，或对付保皇派和韦克斯福德和德罗赫达之战中的天主教徒时使用的那把镰刀。精明且忠诚的政务院秘书约翰·瑟洛指出一个显而易见的事实：西班牙江河日下，而由黎塞留和马萨林统一的法国则蒸蒸日上，并成为了英格兰的潜在威胁，可是他的告诫没有起到作用。独裁者克伦威尔根本没有意识到这一点，他正摩拳擦掌，准备去攻打堂吉诃德以及托基马达的继承者们。

克伦威尔的对外政策在整个查理二世时期造成了影响。他试图推进世界各地新教运动的发展，以满足贸易和海洋运输的需要。1654 年，为期两年的英荷海战结束了，克伦威尔提出了英荷两共和国结盟的策略，而这个联盟将成为世界范围内新教联盟的基础，不仅可以自保，还可以对天主教国家发动战争。荷兰的领袖们深感荷兰已经输掉了这场战争，情愿在不影响贸易利益的前提下尽快结束对抗。

而这时，法国同西班牙的冲突仍旧在继续中，克伦威尔在选择盟友的时候，又遭到了政务院的强烈反对，但他仍旧于 1654 年 9 月派遣了一支舰队前往西印度群岛，占领了牙买加。此项军事行动缓慢但无可避免地挑起了英西战争，而英格兰同法国因此结盟。1658 年 6 月，马歇尔·特雷恩指挥的由六千名老兵组成的英军，在佛兰德斯沙丘之战中打败了西班牙的军队，并在随后的攻占敦刻尔克港的战斗中发挥了巨大的作用。英国的海军封锁了西班牙的海岸，彰显了其不容小觑的海上实力。布莱克的海军在特纳里夫岛附近击沉了西班牙的宝船。而充满野心的克伦威尔，也早就将目光投向了直布罗陀。他参阅了一些计划建议，最终决定占领这个地方。这个目标直到后来的马尔博罗时代才得以实现。英国在同西班牙的战争中，得到了敦刻尔克和牙买加。

克伦威尔对英西战争的设计同他建立欧洲新教联盟的计划相辅相成。他随时准备打击一切迫害新教徒的活动。1655 年，他听闻皮埃蒙特以北，一个新教教派被萨伏伊公爵镇压和屠杀的时候，立刻中断了同法国的谈判，并计划派海军进攻萨伏伊公爵统治下的尼斯港。他力邀荷兰一起，共同斡旋瑞典和丹麦新教徒之间的战争。基本上，克伦威尔对外政策的初衷是保护英国的贸易利益和海运，而不是打击反宗教改革的势力。此时，他清除了地中海和英吉利海峡的海盗，对外贸易蓬勃发展，全世界都敬佩英国的海军，为此，诗人沃勒写下了这样的诗句：

英舰千艘霸海天，
夷艇垂蓬表恭谦；
军威远震如风吼，
四海扬帆漫无边。

德赖登也写道：

他使得我们在大路上自由地行动，
而我们以前则像个囚犯；
他送我们的军队去保卫更崇高的目标，让它首先在布鲁塞尔发出了怒吼。

如何建立一个有积极作用的、顺从的、敬畏上帝而又以国事为重的议会，以帮助护国公克伦威尔实现他的目标呢？一个有权威的议会可以使得克伦威尔免于承担如查理一世那样的罪名，可以支持他的政策，但并不影响该政策的前提下，提出一些适当的修改意见。可是这样的议会是无法建立起来的。议会的问题是棘手的，它的作用是在选民的意志之上发挥集体的作用。克伦威尔需要的是一个能限制他独裁但又不反对他政策的理想议会，因此他尝试了多种方案。他首先建立了一个由中上阶层为代表的清教徒寡头政治组织，其中很多人是军人出身，但这个方案并不成功。随后，他又进行了赤裸裸的军事独裁。最后，他不得不恢复了有名无实的君主立宪。他解散了由民众选举产生的，已经逾期的残余议会，一个由清教徒的重要人物组成的议会诞生了，这些人不经过选举，直接由他本人任命。这些人在历史上被称为“贝尔伯恩议会”，其中有一名议员叫贝尔伯恩。这是一种贤人政治。独立派教会提出了一个名单，军队中的委员会也选出了一百二十九名英格兰代表、五名苏格兰代表和六名爱尔兰代表，这说明了委员会对于比例问题的看重。1653年7月，克伦威尔在议会致辞时说，这些代表都是上帝选出来的，为上帝的意志服务，反映上帝的意志。他在讲话里用了比较隐晦的说辞，这表明，以提名议员代替选举的做法使他感到良心不安。他说：“通过公民选举产生的议员知道上帝何时会让人民适应普选权，如果现在的公民已经同议员地位相当的话，我比任何人都拥护普选制。”

贤人政治并没有使克伦威尔满意。这些贤人迅速扫清了一切障碍，以便大展拳脚。议员们试图将政教分离，取消教会的什一税，不给教会提供任何支持。经过一天的激烈讨论，他们还撤销了大法官法庭，提出了平均主义的政策，甚至触犯了财产权。出于宗教的原因，他们轻率地改革了税制，这差一点就威胁到了军队的军饷，这招致了军队的不满。克伦威尔也认为这些贤人既危险又愚蠢，他的劝说已经归于无效了。后来克伦威尔懊悔道，召集议会是“我自己一次懦弱又愚蠢的行为”。为了避免面临再一次解散议会的尴尬，军队的领袖们用尽办法，最终于某日清早，成功迫使温和派在其他议员没有起床之前通过了决议，把权力又移交给克伦威尔。后者并没有如以往那样，同议员发生争辩，而是直接宣布自己的权力再一次“变得同以往一样的不受限制”，此外，他还想方设法为自己的权力披上迷人的外衣。

从表面上看，克伦威尔高高在上，这来自于议会与军队之间脆弱的相互制衡。他随时可以利用军队反对议会，而如果没有了议会，他在军队中就会茕茕孑立。军队的将领们也知道他们和普通士兵之间存在着军阶和社会地位上的巨大差距。他们现有的地位来自于对士兵利益的维护。他们必须找到新的敌人，否则士兵也就不需要将领们了。因此，这些一丝不苟、务实的、常胜的军事家们需要召集议会，哪怕是树立一个假想敌。艾尔顿早已经死在了爱尔兰，而兰伯特和其他各阶级军官也起草了新的执政大纲，这实际上是英国第一部也是唯一一部成文宪法。政务院限制了护国公克伦威尔的权力，它由七名武官和八名文官组成，都是终身制的。这个时候，产生了一院制的议会，它是根据财产选举产生的。旧的标准是拥有四十先令的年地产收入，而新的标准是拥有价值两百磅的不动产。在新的条件下，拥有选举权的人并未减少，只是那些反对派失去了选举资格。克伦威尔心怀感激地接受了施政大纲，从此就任护国公。

这届议会的做派仍旧让人民失望。1653 年 9 月刚刚召开之际，它就表现出了强硬、积极的共和倾向。其中的共和派议员不但不感念军队和护国公对共和的支持，反而破坏施政大纲。克伦威尔马上将这些共和派分子赶出议会，而剩下的议员却打算减少施政大纲中规定的宗教自由，限制克伦威尔对军队的领导权，裁军以及削减军队开支。这种过分又荒谬的做法，直接导致了克伦威尔在施政大纲允许的期限内，早早地解散了下院。在解散会议上，他对议员们大加挞伐，指责他们玩忽职守，攻击军队，损害国家利益，破坏了和平的政治氛围。他还指出："你们的计划就是制造裂痕，而不是解决问题。"他对一名反对派议员说："我们同你们一样，希望政府的统治是基于拥护。"但有人中肯地反问："但是拥护又来自何处？"

军事独裁压倒一切，就算称不上无所顾忌，也是赤裸裸的。1655 年 3 月，保皇派的彭鲁多克上校发动了反叛，攻下了索尔兹伯里。然而反叛很快就被平定了。由瑟洛控制的高效秘密警察，挫败了一系列尚未来得及施展的阴谋，这些同彭鲁多克的反叛一起，让护国公克伦威尔感受到了严重的危机感。护国公曾经对议会说过："人民需要的是安全而不是狂热，是真正的安全而不是流于表面的安全。"因此，克伦威尔把英格兰和威尔士分为了十一个区，每个地区都任命一名军事长官，并派驻了一支骑兵和改编过的民兵。每个军政长官的主要职能是维护社会治安，对保皇派征收特别税赋，推行清教的宗教理念。这些军事长官们在很长的一段时间内，兢兢业业地完成了自己的职责。

没有人敢于挑战军事长官们。现有的税收无法负担与西班牙战争的开销。因此，效仿国王查理一世曾经的做法，克伦威尔不得不重新召集议会。军事长官们表达了忠心，保证一定会组建一届十分配合的议会。可是，平均派、共和派和保皇派利用民众对于军事独裁的不满，使得那些反对克伦威尔的议员又一次当选了。克伦威尔利用了施政大纲中的一条，将一百多名政敌拒之议院门外，另外五六十人为了表达不满，自动辞职。即使经过了大换血，克伦威尔要议会通过军事长官统治地方的提案，也招致了议员们的反对，只好不了了之。剩下的那些议员"对军事长官的专制非常不满"，因此"拥护受法律约束的政治统治"。

这个时候，一些律师和绅士决定给克伦威尔加冕。他们中的一个说："护国公的头衔不受法律约束，而国王则会受到法律的限制。"因此，1657 年他们提交了一份《请愿与劝谏书》。这样尚在起草中的宪法有了具体的内容，不但要恢复君主制，还要重新召集议会，以提名的方式组建新的上议院，尽可能地削弱政务院的权力。克伦威尔对于加冕之事并非毫不动心，尽管他宣称国王的地位轻如鸿毛，因此他宣布“赞赏这个提议”。军队的领袖们强烈反对君主制，士兵们更甚。因此，克伦威尔仅仅获得了可以任命护国公继承人的权力。1657 年 5 月，克伦威尔批准新宪法中主要的条款，只是剔除了加冕的事项。

共和派分子们预计，君主立宪制度的重新确立将是斯图亚特王朝复辟的基石，事实证明他们的判断是正确的。克伦威尔根据《请愿与劝谏书》里提出的内容，重新召回了被赶走的议会，其中那些有才华的、支持克伦威尔的议员被调往上议院。因此，共和派们可以在新组建的议会内外一起发动对政府的进攻。克伦威尔已经未雨绸缪，认为这些人在策划一场阴谋，因此又在 1658 年 1 月突然解散了议会，而这个议会本来是他召集过的历届议会中对他最有利的。他在休会演说中提到：“让上帝在你们和我之间做出选择吧。”那些义无反顾的共和派分子回答：“希望如此！”

克伦威尔和政务院在国内要维护他们的特权和绝对的权力，对外进行侵略性扩张。因此他们的大部分精力被置于制定内外政策上，因此在社会层面上，没有多少立法措施。人们对他们执行《济贫法》的效果给予了“既苛又庸”的评价。即使在 1629 年至 1640 年，即国王查理一世实行个人专制统治的一个时期，各种成就也远远超过自诩为上帝和圣人的代理人所取得的政绩。这些人甚至还认为，贫苦人非但没有资格得到帮助，还应该受到惩罚。

英格兰的清教徒同马萨诸塞州的清教徒一样，反对一切恶习。打赌和赌博活动被禁止。1650 年，他们还制定了一项新的法律，即通奸死罪，这条法律过于残酷，由于法院找不到理据支持，所以这项罪责的严重性还是降低了些。酗酒也在打击范围之内，无数酒馆被关闭。起誓也会遭到惩罚，公爵初犯罚三十先令，男爵罚二十先令，乡绅罚十先令，老百姓罚三先令四便士。清教徒也不许人民拥有过多的财富；有的人说了句“上帝作证”还有人说了句“我以性命担保”，这些人都因言获罪了。那个时期人们的生活举步维艰。教区的节日也成了宗教狂欢而遭到禁止，出现了每个月一次的斋日。圣诞节最令清教徒反感。议会对于圣诞节给予人们的世俗欢乐极为关注。在圣诞晚餐前，人们受到了监视和盘问，大批士兵在伦敦城内巡逻，擅闯民宅抢走厨房里的食物。

全国各地的五月节花柱被锯断，以防止人们围着柱子跳舞而做出不雅轻浮的举动。在礼拜日除了去教堂外，户外的活动也要遭到惩罚。有人因去附近的教会听布道而被罚款。甚至还有禁止在礼拜日坐在门外或者靠着大门站立的建议。为了防止斗熊和斗鸡，这两种动物被扑杀，包括赛马和摔跤在内的一切体育活动也被禁止了，甚至还有取消男女配饰的法令。

我们可以从此清楚地看到：对权力的追逐与欲望导致了虚伪。如果忧郁的情绪、向上看的眼睛、深沉的嗓音，说话中夹带《旧约全书》的词句能使人飞黄腾达，那么除了天赋秉性之外，人们其实也可后天习得。这些伪善的行为背后站着一支强大的军队，而军队在不断扩充兵员和增加军饷，没有什么力量是它的对手。军队领袖们不久便侵占了过去属于王室的土地，奥凯侵吞了安普西尔，普赖德则把诺思萨奇收为己有，克伦威尔的统治时期就是无数个可恶寡头横行的，英国历史上最为黑暗的年代。英格兰人也发现，在护国公政府的统治下，他们毫无权利可言。人民无处发泄的仇恨和不满日益增强。过去的国王也仅是掠夺富人和贵族，而现在这个政权通过血腥和暴力为自己敛财，他们自作主张地更改了每个村子的习俗，也就改变了千百年来的传统。全国各地的农民们，都在橡树下面回忆过去生活的甜蜜和美好，丝毫不奇怪的是，人们盼望国王早日重登大位。

每当权力到达极致后，那可恶的一面就会有所减少，就像给图画增加一种色彩，显示出美丽的一面。处于权力顶峰的克伦威尔，他已经成为了新教改革运动的卫士、欧洲事务的仲裁者、知识和艺术的资助人；他能容忍所有人特别是年轻人；他像查塔姆那样对英格兰充满热情，在一切方面甚至还超越了他。克伦威尔希望给自己的权力找到合法性，对他的国家和上帝充满了责任感，这些都不容抹杀。克伦威尔确信自己是被上帝选定的最高统治者，只要同他的政策保持一致，他也愿意与他人分享权力。他渴望自己的统治是通过议会完成的，只要议会批准他制定的法律和决定的税收。但是，即使清洗和利诱，议会仍旧没有屈服于他。他只得诉诸武力或者暴力威胁，这使得他在君主专制和无政府间所踏上的中间道路，完全沦为他个人的军事独裁。

在许多方面，克伦威尔的独裁统治不同于现代的专制，即使报纸被压制，保皇派被迫害，法官被恐吓，地方权力也被限制，但是坚定的共和党所领导的反对派的声势一直浩大。克伦威尔并没有自组政党，更没有实行一党专政。私人产权得到了保护，保皇派可以通过缴纳罚款或者上缴一部分土地来赎罪，一切也都有正式的手续。几乎没有人因政治问题被处死，也没有人不经过审讯就遭到长期监禁。1647 年，克伦威尔对他的铁甲军说："自发自觉地获取比用强制手段获得好一倍，这才是真正的收获，也是我们子孙的财富……你们用暴力获得的东西在我这里是毫无价值的。"

克伦威尔关于宗教自由的那些主张并不是要人们改信天主教，或者去拥护主教制度和教友派教义。他禁止大规模的弥撒活动，并把上百名教友会会员逮捕入狱。他这样做的目的是维护社会稳定，而并非是出于宗教的偏见。克伦威尔本人是宗教容忍政策的拥护者，这是对当时一切信仰的一种挑战。克伦威尔认为犹太人对英国大有好处，再次向他们打开国门。从爱德华一世以来，英国已经有四百年对犹太人紧闭大门了。此时，真正意义上的宗教迫害很少，就连罗马天主教教徒也没有受到严重的迫害，当时议会试图处死亵渎神明的教友会和唯一神派信徒，克伦威尔出于减少残酷苛政的目的，出面保护了这些人。克伦威尔在那个黑暗的时代写道："我们不想把一种思想强加给别人，我们只想带去阳光和智慧。"他还试图理解和团结犹太人和其他的异教徒。对于这样的一个人，我们不能完全否认他在思想进步方面的贡献。

克伦威尔时而热情时而忧郁。他在青年时代曾经受过严格的清教徒教育，常常自我反省，他相信自己是上帝的选民，对自己的行为是否适当，则没有更多的把握。他把自己在政治和军事上的胜利归功于上帝的恩赐，可是在给朋友的信中他还担心自己道："过分地依赖天命"。这种举棋不定的心态成为其机会主义的根源。他说："没有目的地的人才能攀登高峰。"这一名言充分显示了他的机会主义心理。到了晚年，他在政治上的举棋不定更加严重，越来越依赖别人的建议和意见。他自始至终都处于矛盾之中，一方面，他认为自己为人民利益而掌握神圣权力，另一方面又具备了一个基督徒的谦逊态度，认为自己极为平凡。他在临终前对牧师说："我会失去上帝的宠爱么？"牧师请他不用担心，他就说："我得救了，因为我曾经得到过上帝的恩宠。"

1658 年 9 月 3 日，即在邓巴战斗、伍斯特战斗和德罗赫达大屠杀的纪念日里，护国公在风暴嘶吼声中去世了。他本人是一个珍视家庭和儿女的人，他那个不太遵从清教教义的女儿之死，给了他沉重的打击。他指定善良的长子理查德为他的继承人，当时没有人对此提出异议。克伦威尔在动荡的局势中依靠军队挽救了议会，他理应成为历史上独裁和军事专政的代表，他是一名卓越的军事家和政治家，但这些都和英格兰的民族精神相去甚远。

如果我们破开层层迷雾，便会发现，克伦威尔本人并没有军事将领那样的野心，也曾反对铁甲军的暴行，尽管他曾经遭受失败，也犯下了罪行，但他仍旧是他所热爱的英格兰传统权力的保护者，是名副其实的护国公，他使这些权利免受军队的打击。没有克伦威尔，英国就可能没有前进、没有衰落也没有复兴。在支配不列颠社会生活的各项制度的废墟上，他建立了庞大、鲜明、不可或缺的政治制度，为英国的复兴赢得了宝贵的时间。

第二十一章　王权复辟

无人可以填补护国公克伦威尔死后留下的权力真空。虽然他的长子理查德被指定为继承人，但他的话“模糊不清且不完整”。而理查德本人也被他的敌人蔑称为“地位不稳的混蛋”，他生性善良，令人敬佩，但是缺乏时代所需要的勇气和能力。最初，军队是拥护他的，这使他顺利登上了护国公的宝座。可他并没有实权。当他试图任命军队将领的时候，遭到了军事委员会的反对，而军队的总司令是他的妹夫查尔斯·弗利特伍德。此时，理查德才意识到自己无法真的继承军队的指挥权，而军队的最高权力总会有人去争取。理查德的弟弟亨利很能干，辅佐他的兄长加强政府的力量，甚至以牺牲掉护国公的神圣权威来交换。随后，新的一届议会在亨利的提议下，顺利召开了。

所有的保皇派均无法参与到这届议会里，一直比较活跃的瑟洛尽力将支持护国公的人送进议会。但议会还是马上提出了关乎政府的一系列问题。下议院的议员们在理查德主持隆重开幕式并发表演说后，立即准备恢复共和制，同时还试图控制军队。议员们对1657年以后通过的所有法案的合法性都提出了质疑，因为经过克伦威尔的清洗，议会已经失去代表性。他们还企图策反军队，使军队背离护国公转而对议会效忠。但是军队的领袖决心不依附任何一边，他们对下议院也牢骚满腹，认为军队所进行的事业被议员们破坏了。将领们说：“我们为了这个事业牺牲流血。如果用生命换来的自由再次被剥夺，我们一想到有那么一天，便感到万分恐惧。”而下议院也不允许军队成为一支独立的力量。他们要求军官们返回自己的指挥岗位，他们说：“倘若军队再不听从议会的命令，回到自己的岗位，议会的情况就太糟糕了。”他们要求每一名军官都以书面的形式保证不再干预议会的会议和辩论。

下议院愿意将军队的主要领导权交给护国公，因此下议院同军队的矛盾更加激化了。斗争的双方都掌握了一部分军官和军队，但双方又都不具备控制下层军官和士兵的能力。理查德继任护国公这个职位才不到四个月，就发现连士兵都已经不听命于他了。军队的要求是解散议会，军官委员会就此彻夜等待结果。第二天早上，他们得到了满意的回复。那些试图进入下议院开会的议员被军队驱逐。此时，军队成为了国家的主宰，为首的是弗利特伍德和兰伯特。高级军官们本来想为理查德保留一些尊严，但军队对护国公充满了敌意。他们便下决心实现彻底的共和制，以便让军事利益及再洗礼教派的原则占据绝对的上风。

对于这个兵不血刃的胜利，军队感到有必要用权威支持他们的一切行为。可这种权威从哪里找呢？最后，他们不得不采取了一条折中的办法。他们宣布：1653 年 4 月举行会议的议员是“传统事业的支持者，得到了上帝的帮助”。他们来到前议长伦索尔的家中，请他和 1653 年议会的那些议员重新行使权力。至此，四十二个曾经被赶出议会的清教徒议员，令人震惊地回到了阔别六年的议院。“长期议会”的小部分残余就这样重新回到台前，摆到了充满疑惑的国民面前。

政务院也宣告成立，它的成员有亨利·文、黑兹尔里格和斯科特这三位共和派的领袖，还有八名将军和十八名下议院议员。政务院提出废除摄政制度，并为克伦威尔的儿子们做出了妥善的安置。政务院帮助他们还清了债务，还给他们提供住所和年金。理查德立刻接受这些安排，亨利踌躇一阵后，也接受了。后来，这二位得以颐养天年。护国公的权力被一分为二。军队宣布弗利特伍德为他们的总司令，同时也同意议长拥有签发任命高级军官委任状的权力。于是，英格兰确立了以公民选举为基础的共和政体，全国都服从这个权威。但军队同议会之间仍旧是竞争关系。兰伯特将军说：“我不知道我们双方为何难分伯仲。”

保皇派趁共和政府内部纷乱不堪的机会，在各处活动起来。政府的一系列变化，使得斯图亚特王朝的保皇势力又获得了生命力。武装对抗的条件似乎已经成熟。1659年夏天，诡异的事发生了，保皇派与长老派联合起来，在地方发动了叛乱。他们在兰开夏和柴郡力量强大，特别是德比家族的力量。乔治·布思爵士迅速建立了一支强大的军队。兰伯特带领五千人去镇压。到了8月19日，双方在温宁顿布里奇展开了战斗。兰伯特在战报中说："双方骑兵都拿出了英国人的精神。"但是保皇派还是遭到失败。剩下各处的保皇派也都被民兵击溃。这次叛乱很快被平定，速度之快使得查理二世都来不及参与。当然这倒对他有利。铁甲军粉碎了拥护摄政制和拥护君主制的两方面势力。战斗又唤起了将军们的信心，不久，将军们又同他们一手扶持起来的，残余"长期议会"展开了斗争。

兰伯特此时居于显赫地位。他以很少的伤亡代价，取得了温宁顿布里奇战斗的胜利，返回伦敦。由于对他的傲慢无理感到不满，议会企图于10月份解除他及其同僚们的职务。他把队伍带到威斯敏斯特，封锁了下议院的入口，士兵甚至不让有权签发委任状的议长伦索尔进去。伦索尔生气地质问："难道没人认得我么？"士兵说，他们并没有在温宁顿布里奇战斗中看到他。这是一次没有流血的斗争，随后兰伯特掌握了实权。

兰伯特能力十分出众，军事才华也仅仅逊色于克伦威尔。他的政治经验也十分老到。他自己并不打算出任护国公，其目的完全不在于此。他有一个贵族出身的妻子，这位夫人受过良好的教育，支持保皇派，希望提升本家族的势力。他们夫妇二人希望自己的女儿可以和查理二世的弟弟约克公爵联姻，这是他们计划的一部分。如果兰伯特成为共和国的主宰，那么他将恢复君主制。因此，在最后一次保皇派的叛乱中，他对那些人手下留情，这也是计划的一部分。兰伯特认为，不论是宗教方面还是政治方面，军队对于复辟的君主制度满意程度，肯定高于对议会和护国公。他的这些计划是秘密进行的。弗利特伍德已经察觉了他的心思。一股敌对情绪在这两名首脑间产生了。

黑兹尔里格是最坚定的共和派议员，他苍白的脸、薄薄的唇和有神的眼睛如布鲁斯特般坚毅。他被从下议院赶出来以后，奔赴朴次茅斯游说当地的军队，使他们相信伦敦的军队践踏了重要的原则。当彼此不和的弗利特伍德和兰伯特派兵攻向朴次茅斯的时候，黑兹尔里格早就掌握了当地驻军。这一支部队立刻向伦敦进发，以便解决迫在眉睫的问题。士兵间的分歧已经开始影响了军队的团结，最终导致了英国军事专政的结束。圣诞节的时候，军队已经与议会达成了和解。他们高声呼喊着："让我们与议会生死与共！"他们游行到伦索尔议长家时停了下来，一反常态，对驱散议会一事深感愧疚。军队表示要服从议会的权威，将议长奉为他们的领袖和国家的领导人。但是，这个局面也是不可能长久的，一定会有人站出来，建立一个代表新制度或者旧制度的政府，而这一次的救世主另有其人。

镇守苏格兰的指挥官乔治·蒙克与克伦威尔十分相像，他与兰伯特是完全不同类型的人，但同样优秀。英格兰此时再一次被一个内心沉稳的人所拯救。蒙克是德文郡的绅士，在英荷战争中受过严格的军事训练。这个拥有丰富战斗经验的人，于英国再次爆发内战之际返回英格兰。他是基层出身的军官，对军事本身的关注，远远超过处于危机的局势。他曾经为了国王查理一世征战于英格兰、苏格兰、爱尔兰，后被议会军俘虏，随即站到议会派这一边，并被授予军权。他曾经在爱尔兰英勇作战，也曾经在海战中击退荷兰人。他跨越了各种艰难险阻、惊涛骇浪。先后听命于议会派 、共和派和摄政派，每次都左右逢源。他在克伦威尔时代彻底征服了苏格兰，但也并未激起长期的仇恨。很早之前，他就不赞成军队在伦敦的暴行。由于在苏格兰深得民心，他通过协议的方式，从当地为军队筹集到物资，并撤换了他不信任的所有军官。蒙克可以利用议会的政策和法令，得到英格兰共和派的支持，还获得了苏格兰的拥戴，因为他承诺保护他们的利益。兰伯特在 1659 年 11 月率领劲旅离开伦敦，奔赴北部战场，但他师出无名。他在所到之处强征军需，这引起了当地居民的极大愤怒。

蒙克懂得如何把握一切天时地利，是英格兰人的典型代表。英格兰人所崇拜的就是他这样的人，他们静观时变，顺势而为，直到看清形势后，再果断采取行动，他们要抛弃个人情感，采取谨慎的措施，即使不是出于真心，也要小心地朝着民族统一的目标慢慢前进。1659 年秋天，蒙克率领着七千人的队伍驻扎在特威德河畔，他在司令部里接到来自各个方面的请求，拜访他的人将苏格兰的命运交托于他。他就在军营里接待来自各方势力和派别的代表，仿佛一个伟大的领袖那样耐心倾听。他虽然具备我们民族特有的正直，但各方人士无法窥探蒙克内心的想法，一直在不停地猜测。

蒙克的耐心终于耗尽，开始采取行动。他了解到伦敦的局势后，于1660年1月1日，一个晴朗但寒冷的日子在冷溪跨越了特威德河。他为了维护军队的稳定，采取了一系列防范措施，后来的事实证明，他的小心谨慎不无道理。在动荡的局势中，他艰难地维持自己在军队的绝对控制权。当年议会军的老将军费尔法克斯此时也赶到了约克，率领着一支拥护议会的队伍。蒙克曾经许诺不惜代价在十日内同老将军会合。他实现了承诺。他在约克等到了已经无路可走的议会的邀请，于是率军向南，前往伦敦，沿途各处都能听到相同的呼声“要自由议会！”可当他和他的军队到达伦敦后，却被残余议会彻底激怒。议会给他下达的其中一项命令是推倒伦敦商业区的城门，以此来震慑伦敦市民，因为此时的商业区已经开始转向支持保皇派，正在为查理二世募集资金。蒙克没有效仿克伦威尔或者兰伯特，他没有解散议会，而是采取打击的办法。2月的时候，他召集了那些长老派议员，这些人曾经被普赖德所清洗，其中大部分已经转向保皇派。王权复辟大有可为了。被清洗的议员重返议会的那个夜晚，塞缪尔·佩皮斯看到伦敦商业区“人们喜气洋洋，篝火照亮了天空……处处欢声”。恢复生机的议会，采取的第一项措施就是废除1648年普赖德清洗以后制定的一切法律，推翻从那个时候开始的一切做法。议员们被一个军事领袖驱逐，又被另外一个军事领袖召回，这种违法的事十二年来频频发生。议会任命蒙克为全军总司令。而“长期议会”自动解散了。自由议会即将召开，这使得蒙克将军深感欣慰，这样的议会也必然会恢复王权。他在苏格兰的经历让他深知，英国人民已经对宪政方面的各种尝试厌倦不已，期盼恢复君主制。

国王要重回王位，这是人民的愿望，这种想法对贵族和富人同样有着巨大诱惑。这种呼声冲破了军事长官以及追随者的统治，变成了诗歌，在各个村庄流传：

在阿拉拉特山上，
我依然充满希望；
盼来一只和平鸽，
把她喜爱的橄榄枝带到水乡。
那么我将等到水落，
似乎一块石头压着我的心窝。
不听到国王重新登基的消息，
我永远不会快活。

然而迫在眉睫的事情还有很多。这不是讲私人恩怨的时刻。如果要说服铁甲军请回查理二世，那么军队曾经反对国王父亲的那些过往绝对不容否定。不列颠岛上潜在的那些政治智慧此时发挥了作用。胜利之时出现了过激行动，内战期间的原则遭到滥用。必须在理论上而不是行动上恢复本来的原则。此时，蒙克已经同查理二世建立了联系，建议国王在议会的规定外，实行无条件大赦，支付拖欠的军饷，承认土地交易。此时，象征着财富和地位的土地早已改换了主人。土地所有权的易手是由战争成败决定的，不可能全部推翻。国王可以重新享受他的一切权利，但不是所有的保皇派都有这样的待遇。他们必须完全承认现在的所有权现状，不允许报复。

然而，有人流过神圣的鲜血，他们当中的幸存者已经不多了。如果每个人都从这个全面和解中获得好处而肯定不会遭到惩罚和报复，那么他们对严惩弑君者就不会有很大的抵触。1649 年的事情违背法律，违背议会的意志，也违背人民的意愿。弑君者应该遭到报复。这种态度虽然缺乏英雄气概，但与当时的和解精神是一致的，这种精神对英国的政治起到了重要作用。

查理二世的忠臣海德接受了蒙克提出那些要求。他曾经跟随查理二世颠沛流离，不久就获得了克拉伦登伯爵的领地作为奖赏。海德为国王起草了一份宣言，即《布雷达宣言》。查理在宣言中表示，争议暂且搁置，留给议会以后处理。后来王权复辟之所以带来了良好的秩序，那些在克伦威尔各种尝试下破坏了的英国传统得到复兴，主要归功于海德从律师角度出发，尊重议会和历史。

协商过后，新的议会选举开始了，按照规定曾经反抗过共和制的人是不能参选的，可是保皇派势力强大，这条规定形同虚设。在地方选举中，长老派和保皇派击败了共和派和再洗礼派，两个失败的派别发动了不成功的叛乱，继而又试图将去往法国避难的理查德·克伦威尔请回来，结果也不能如愿。有人告诉他们，正是他们将理查德赶下了台。兰伯特从囚禁他的伦敦塔里逃走了，准备起兵叛乱，但遭到了部下的背叛，蒙克不费吹灰之力将其再次俘虏。兰伯特的这次失败决定了王权复辟的大局。各方面势力——蒙克以及他的大部分军队、伦敦居民、保皇派、新选举的下议院大多数议员，以及无视一切如常开会的上议院贵族们——重新联合起来，他们大权在握。此时上下两院都已经恢复正常，静等国王的诏令，英国议会的三个等级已经严阵以待了。

议会急忙给曾经流离失所的国王送去了大笔慰问金，然后便开始张罗起御辇中的猩红色天鹅绒装饰。过去敌视国王的海军舰队负责保护国王回国，数以千万的人在多佛等候国王。1660 年 5 月 5 日，国王一行登陆后，蒙克将军谦恭地迎接了他。去往伦敦的行程如得胜凯旋，各阶层的人竞相欢迎国王重回祖国。人们无法抑制自己的情绪，泪眼婆娑，感觉自己终于摆脱噩梦，下一步就是好日子。查理二世、克拉伦登、可靠的秘书尼古拉斯以及与国王一道流亡的那些人，对此情此景感到难以置信。查理二世在布莱克希恩看到恭迎他的铁甲军队列时，一定会怀疑自己还在梦中，仅仅八年前，他在博斯科贝尔的橡树上躲避铁甲军的搜查。而就在几个月前，在温宁顿布里奇铁甲军还击溃了他的支持者。如今迎接他的是这样一个声势浩大的场面。伦敦市长和议员们带头庆祝。长老派的牧师们还在查理二世的去路上，鞠躬敬献《圣经》，他们以向国王示好为荣。上下两院都表示忠于国王，承认他的权威。所有阶层，无论贫富，保皇党还是圆颅党，主教派还是长老派抑或是独立派，都表现出和解的意愿，形成了前所未有的轻松场面。那一天，英格兰迎来了它的狂欢。

历史的进程并没有如人们预计的那样倒退，这次复辟的不仅仅是王权，还有议会的权力。这算得上是议会历史上最伟大的时刻。下议院在内战中曾经打败了国王，同时也控制了为此建立起来的军队。议会纠正了自己的过激行为，现在成为无可争议的统治机构。当年议员们向查理一世建言献策的那些关于政体的合理要求，此时已经深入人心，因此都不用费力去提及。1642年初，查理一世逃出伦敦后，“长期议会”制定的那些法律以及共和时期或者护国公时期的一切法律，均宣告无效。但是查理一世通过的限制王权的条例仍旧有效，国王盖过玉玺的法令仍旧有效。1641年的一切法律仍旧有效。最重要的是，此时人们普遍相信，王权是议会统治的工具，而国王是人民的公仆。

国王的神圣权威再一次得到承认，但是已经不具备绝对性了。枢密院的司法权、星室法院和宗教法庭都已经被撤销。国王未经议会或者巧立名目非法征收税款的行为遭到禁止。经过合法选举的议会是一切法律法规的出处，国王的命令也不能反对或者代替法律。王权的复辟实现了皮姆和汉普顿最初设定的目标，消除了由于紧迫的战事带来的独裁和暴行等一系列过激行为。下议院和习惯法取得了长期的胜利。

这时候，新的主权观念已经形成了。早期与查理一世以及詹姆斯一世的斗争中，议员们并没想过要废除国王的权力。在维护习惯法原则的斗争中，下议院的律师们发挥了重大作用。他们为了将国王的权力置于法律约束下，进行了不懈的抗争。这里的法律指的是从大宪章所遵循的那些基本原则，即习惯法。习惯法可以让英国人免遭被随意逮捕和处罚的厄运。习惯法法庭几百年所执行的也这是这种法律。议会没有追求无限膨胀的权力，也没有彻底摧毁国王的传统权力，只是努力监督王权，以便保护议会和个人的权利。科克曾经说过：法官是最具权威的法律解释人。在没有国王和王权的年代，出现了这样一种观点：议会法案具有最高权威。但历史上找不到支持这种观点的证据，律师们也不同意这种思想。权力从律师们的手中转移至军官手里，后者对宪法也产生了不小的影响。科克认为，即使国王和议会的联合，也是不能凌驾于习惯法之上的，应由习惯法最高法院的法官来裁决哪些合法，哪些不合法。他的这种思想已经在英格兰永远消失了，但却存在大洋彼岸的新英格兰，后者在反抗英国议会和国王的独立战争中展示了它的样子。

同过去一样，王权复辟后棘手的财政成为了一大问题。除了一般性支出外，还需要偿还国王在流亡期间欠下的大笔债务，补发军饷以遣散军队。议会坚决不对护国公时期的债款负责，国王也放弃了从财产监督权、土地占有权和其他封建传统权利中可获得的那些财富，议会向查理二世发放年金。虽然国王感受到了一些约束，但是数目还是相当可观的，国王和他的谋士们对此也表示了满意。经过长期的内战，英格兰全国上下经济拮据，征税工作艰难进行，因此能将国王的收入固定下来，具有缓解财政压力的作用。而一切额外的开支，查理二世必须要经过议会的审议批准，他和克拉伦登都接受了这个现实。王权已经不能离开议会而单独存在了。

同时，国王和议会马上就能彻底摆脱军队的威胁。这支拥有四万士兵、战斗力惊人的队伍即将被遣散，无论以后情况如何，再也不能出现这样一支军队了。“不要常备军”成为了当时所有派别的心声。

重新统一的国家，犹如尖刀在手，大刀阔斧地对溃烂之处动了手术，但无论如何必要，病患还是会感到害怕和疼痛。令保皇派感到不满意的是，虽然他们的事业被证明是正确的，但他们遭受的经济损失却没有得到补偿。因此他们抗议说：《赦免与保护法案》实际上就是忽略功勋，保护罪行。只有直接参与判处查理一世死刑的人受到了惩罚，而在那些残酷的战争中，对抗国王并对国王拥护者大肆报复的人逃避了法律的制裁，甚至积累了大量的财富，这使得保皇派十分愤慨。大家都赞成解散军队，当然军人另有想法。能够和平地遣散军队，可以说是一个奇迹。在公众面前，铁甲军几乎抬不起头，人人都反对他们。即使他们曾经为国家立下赫赫战功，取得无数场战斗的胜利，为建立政府出过力，并约束自己的行动，但还是引发了大众的仇恨。他们被历史所抛弃，此时他们只好顺应潮流，在领到军饷后，各自回到家乡。几个月内，这支勇猛的、战无不胜的、随时可以对王国和社会构成威胁的军队消失于人群之中，再也找不到一丝痕迹。从此，他们勤勉又自我约束，就如过去英勇又狂热一般。

在查理一世死刑判决书上签字的大约有六十人，其中三分之一的人已经去世，三分之一的人逃亡异乡，剩下的仅有二十人。查理二世力求减少死刑，为此与拥护他的议会产生了矛盾。如此一来民愤沸腾。国王主张宽容，而议会则主张对凶手们严惩不贷，而当初正是议会中的一些人，唆使了凶手的罪行。最终，有九个人被判以弑君罪，处以死刑。这些人是集体的替罪羊。他们为自己的行为感到骄傲，哈里森和其他军官走上断头台的时候，仍旧相信后人会为他们的牺牲扼腕叹息。只有传教士休·彼得斯有些胆怯，但他最后还是受到同伴精神的鼓舞，一种强烈的自豪感支撑着他慷慨赴死。当满身沾满了血迹的行刑人靠近他，问道："彼得斯博士，你觉得这个刑罚怎么样？"牧师坚定回答：这个刑罚很适合他。

最终被判处死刑的人数和当初要求的相去甚远，所以只好在不杀人的前提下，额外做了一些事情。克伦威尔、艾尔顿和布雷德肖的尸体被人从几年前隆重下葬的威斯敏斯特大教堂的棺材中拖了出来，装在囚笼里游街，最后拉到泰伯恩绞刑架，在上面足足吊了二十四个小时。他们的头颅被钉在显眼处，剩下的尸体被扔在粪堆上。皮姆和其他二十名议员的尸体也被挖了出来，投进一个大坑里。做出这些残忍行为是迫于社会舆论的压力，为了满足社会的需要，国王也只得以死者尊严换取活人的生命。

另外还有两个人被定为死罪，他们是兰伯特将军和亨利·文爵士。兰伯特一生经历跌宕。他随时可以在共和制的最后一年攫取最高的权力。他曾经想要把自己的女儿嫁给查理二世的弟弟。他试图赶在蒙克之前恢复王权，或者在打败蒙克之后担任护国公。他异常勇敢，并且在军队中积累了长期的经验，可最终归于失败。这个过去的将军，获得无数次胜利的英雄在法官面前卑微地接受审判。他请求国王的宽恕，国王的弟弟约克公爵为他进行了辩护。他被赦免，流放格恩西岛，获准在全岛自由活动，后来又改去普利茅斯，以画画和研究植物学了却残生。

亨利·文爵士性情刚毅，不肯请求宽恕，他为自己辩护，每一条理由都合法又富有逻辑。他原本可以获得赦免，但他过去做过一件足以致命的事，人们不能忘却，他在二十年前偷取了他父亲的枢密院会议记录，并把内容告诉给皮姆，指控斯特拉福德建议把军队从爱尔兰调回英格兰，这最终给斯特拉福德带来了悲惨的致命一击。如果按照血债血偿的原则，查理二世不想宽恕他。国王认为"这个人十分的危险，只要依法，就不能让他活下去"。亨利·文极为开心并且信心满满地走向死亡，他对充满敌意的人群发表了最终的演说，但声音已经被号角淹没。

阿盖尔侯爵是王政复辟之后，唯一一个被处以极刑的苏格兰上层人士。他前往伦敦欢迎国王，但立即遭到逮捕。他被送回苏格兰，由当地的贵族和人民审问他。重获王位的查理二世一直试图避免杀戮，他说："我对杀人已经感到厌恶。"苏格兰根据当时的风向，匆忙把他们昔日的领袖送上了断头台。阿盖尔也是十分坚毅虔诚地赴死。每个人都认为，他的下场罪有应得，算是和蒙特罗斯扯平了。在王权复辟后那个紧张动荡的岁月里，在国王的努力下，最终被处以极刑的还不到十二人，这也在一定程度上削弱了国王的权威。给这些人下达死亡判决的恰恰是当初的主谋或者受益者，查理二世对这种虚伪的结果表示了满意。议会派的领袖们、上下议院的议员们、共和制或者护国公时代的高级官员们立刻变换了嘴脸，坐到审判弑君者的法庭席位上。正是由于荒谬的存在，让这场残酷而有节制的报复行动在历史上留下不光彩的一笔。

第二十二章 快乐的君主

恭迎国王回国的议会各派，在力量对比上呈现了均势，它们代表了全国各个阶层，并成功地解决了恢复王权后所遇到的一系列政治问题。然而，由于它并不是国王召集的，因此它还不是合法的立宪机构。查理二世认为，如果推倒重来，情况会变得更糟，所以他只得利用手中的权力，试图影响议会，追认召集此次议会的行动是合法的。可是人们仍旧不认可这届议会的完全合法性，将它仅仅视作一次全国代表大会而不是真正意义上的议会。1660年底，人民已经要求它立即解散，这种根深蒂固的法制观念已经不允许再用宗教的方式解决当前的问题了。获得解放的人们在选举中兴高采烈。彻底垮掉的保皇派没有参与王权复辟的行动，只能采取围观之势。可如今他们似乎又等到了东山再起的机会。反对清教徒的人在议会中占据了绝大多数，曾经跟随王子鲁珀特浴血奋战的人们以及他们的后代，走出了破败的家宅。这些人在克伦威尔时期，一直过着蛰伏的生活。

这时，产生了英格兰历史上存在时间最长的一届议会，一共存在了十八年，即“保皇派议会”，更准确地讲，应该是“领取年金的议会”，因为成员中主要是白发苍苍的老者和退伍军人。议会中不断有补缺选举，被淘汰的保皇派主要由圆颅党以及后代取代，直至这届议会解散，最终留下的保皇派也仅有二百人。这届议会，自其诞生之日起，表面上表示要效忠国王，将一切荣耀归于国王，但实际上并不想受国王的控制。由于效忠国王而陷入贫困的地主们并没有盲目地追随君主，他们也想保护自己在议会斗争中取得的权利。他们试图将保卫国家的任务交给民兵，但民兵必须置于各郡郡首控制之下。他们维护国王对武装力量的统治权，同时军队也受到他们各自所属阶级的控制，这样，国王和议会手中都没有军队，各郡的乡绅成为了当时军队的核心。“保皇派议会”根据过去的教训和长期的经验，认定军队控制权应该如此安排。随后，议会开始专注于宗教问题的解决，尤其是宗教对于社会和政治的影响，保皇派议员也同时关心起自身的利益来。

从伊丽莎白时代一直到内战，各代国王致力于在《祈祷书》和主教制度的基础上建立起统一全国的教会，他们还希望将苏格兰的宗教信仰和生活方式同英格兰的统一起来。克伦威尔的铁蹄在另外一种形势下，将这个目标实现了，甚至还将范围扩展至爱尔兰。现在，教会和国家，国家和王室都热烈期待着这个前景。

国王近臣克拉伦登在政府中担任首席大臣，一系列法案均以他的名字命名。这些法案重新确立圣公会为国教，将新教置于与之对立的地位。国王查理二世主张采取宽容政策，克拉伦登主张采取谅解政策。但是，“保皇派议会”、从流亡中归来的劳德信徒以及具有抗争精神的长老派们，都对二人的政策有所阻碍。基于国教之外还有其他教派的现实，议会采取了即便不消灭，也要使之不能正常运作的政策。结果此举促成了非国教教派迅速结成政治势力。而这股政治力量的首要目标便是宗教自由，它在 1688 年的革命中实现了这一目标；此外议会还要废除国教的特殊地位。这个目标是要等到十九世纪，工商中产阶级成为政治力量的核心的时候，才得以实现。那个时候人们才最终享有了一定程度的宗教自由。而谈到非国教教派对于英格兰的政治思想有何种影响时，评价是很难给出的。它们继承了清教徒的严厉、固执和狭隘。但它们对于知识的探讨精神是令人钦佩的。如果它们的组织具有广泛性并获得支持的话，就能有效地为宗教事业服务了。但是，非国教教派那些教义并不具备广泛的群众基础，也不会被议会接受；长老派的理性主义、独立派的叛逆，再洗礼派的宗教狂热，从一定程度上反映了英国社会中一直流行的各种思潮。

不管如何，“克拉伦登法典”远离了这些思潮，使建立全国统一教会的希望化为泡影。国教不知不觉地接受了它是一个教派而不是全国统一教会的领袖地位。国教是“伟大”、“官方”、“正统”的，可无论如何它也仅仅是一个教派。它的四周还有各种非正统教派。为国王查理二世保驾护航的“全国性大会”（即议会）完全可以做出让步，让信奉新教的大多数英格兰基督徒团结起来。但“保皇派议会”却接受了教会分裂的事实，并为自己获得了超然地位而沾沾自喜。他们根据自己的利益建立起来的不是一个民族国家，而仅仅是一个党派。为上帝和国王征战过的那些乡绅和领主们，也应该有自己的教会和主教，就像他们拥有自己的民兵和治安委员会那样。

1662 年的“克拉伦登法典”在一定程度上，超越了他本人的思想。他希望在王权复辟的鼓舞下，实现国家在政治和宗教方面的统一。查理二世也不希望分裂，他本人对各派别的态度从业已从冷漠转变为宽容。当然，他的这种态度转变并非仅仅是出于宗教原因，如果某个乡绅要信奉宗教的话，那么他选择信仰罗马天主教最能使查理满意。可是，问题来了，难道英格兰国教圣公会不是其王位的重要基础么？国王希望一切宗教狂热都能冷却下来。为什么要为彼岸世界而影响当下呢？至于那些令人产生怀疑的教义，何必去迫害它们呢？腓特烈大帝曾说过：“每个普鲁士人都以自己的方式进入天国。”查理二世也有这种思想，比腓特烈大帝还要早一些，不过他让自己的想法惹出不必要的麻烦。国王尽量采取了容忍政策，他在“全国大会”召开期间，对教友派的代表说：“作为你们国王，我向你们保证，只要你们和平地生活下去，你们就不会因自己的观点和宗教信仰而遭到迫害。”

“保皇派议会”坚决地纠正了国王的宽容政策。1661 年颁布的《市政机关法》，要求每个担任公职的人否认《神圣盟约》，宣誓顺从大局，根据英格兰国教的仪式要求做礼拜。这首先就排斥了许多长老派教徒，接着排斥了共和派，最后连天主教徒和一切非正统派别的教徒都排除在外。这个法案目标明确，只有站在国王这边的英国圣公会的教徒才有资格担任公职，而这些职务又同下院选举有着紧密关系。1662 年颁布的《一致法》强迫所有牧师接收伊丽莎白女王时代的《祈祷书》，该书在原来的基础上做了修改。《一致法》要求教士们全部真心拥护《祈祷书》中的内容，并迫使他们和大中学里的老师都奉行英格兰教会的法定仪式。但总数为两千人的、占所有教士比重五分之一的牧师，并不打算服从，因此他们被剥夺了薪俸。此外还有一些更加严厉的措施。1664 年又颁布了《非法宗教集会法》，禁止被免职的教士在他们的教区传教。1665 年制定了《五里法》，禁止这些被免职的牧师走进“他们传教或生活过的任何城镇、自治市、教区等一切地方”的五英里范围之内。

保皇派尽管他们在战场上未尝胜绩，对于王权的复辟也没有任何贡献，但却借助《克拉伦登法典》获得了全面的胜利。这个法典的存在，影响了今日英格兰的宗教派别，也加强了建立党派的基础。掌握了政权的保皇派试图将所有支持者联合起来，剩下的人也本能地抱团取暖，其中包括此前不久还在统治英格兰并让其他人恐惧的那些势力。现在伯明翰市所在之地有许多小村庄都距离任何“城镇、自治市”五英里以上。因此英格兰中部那些非国教教派便以此为中心，至今此处仍享有盛誉。英格兰并没有因王权的复辟而统一起来，相反却被割裂为两个英格兰，双方各自的背景、利益、文化和观点天差地别，当然其中也不乏一些相似之处。麦考莱写道：“有一条明显的界限，把有时称为朝廷派的官员，他们的朋友、随从同那些乡村派的人分割出来。”后人的论述也证实了他的观点。受到官方庇佑或希望获得庇佑的人，自然同那些生活在乡村的人有着不同的利益。除此之外，另一条裂痕也在不断扩大。政治上，保守派和激进派分为两大阵营，直到今日，对立双方依旧存在。两大政党队里斗争的情形已经出现，不久得名“托利党”和“辉格党”。这两个政党今后左右了英国的命运，一直到英帝国的辉煌在 1914 年的第一次世界大战中化为灰烬。

国王查理二世并非这些矛盾的始作俑者，他本人一直倡导宽容政策。1663 年 5 月，他曾尝试将《一致法》的法律效力暂停三个月，但是主教和议员们阻止了他的想法。12 月的时候，国王签署了第一份《免罪令》，行使国王神圣的赦免权，使得那些不信奉国教的人，免于宗教的强制和免于遵守那些命令人民发誓的法律。可是下议院没有意识到他们所从事的事情的后果。反而跳出来反对“利用法律制造教会分裂”的阴谋。1672 年 3 月，国王顶住压力发表了第二份《免罪令》，试图停止对各阶级不信奉国教者实行各种宗教刑罚。可下议院阻挠说：“只有议会以法案的形式通过后，宗教刑罚才能暂停执行。”除了警告国王外，下议员还威胁要暂停拨款。查理二世恐惧克伦威尔式的反抗，因此做出了君主立宪下国王不得不做出的妥协。那些议会中的党派人士应该认识到，在这个关键的形势下，国王的仁慈主张是顺应时代潮流的。

不过，国王也需要为自己颁布一道赦免令，因宫廷生活的荒淫无度。他有两个人尽皆知的情人，一个是芭芭拉·维利尔斯，她被封为卡斯尔梅恩女伯爵，另一个叫路易斯·德凯罗埃莱，被英国人蔑称为“卡维尔老鸨”，她也被国王封为朴次茅斯女公爵。这两个女人伴随着国王，并插手国家的外交。查理二世同葡萄牙公主、布拉干萨的凯瑟琳结婚后，未改放荡的本性。公主带来了数量可观的嫁妆，包括八十万英镑的现款，还有丹吉尔和孟买这两个海军基地。国王对妻子的态度恶劣至极，竟然迫使她接收芭芭拉成为宫廷女官。这将优雅、虔诚的公主气得当场昏迷，被人抬出了宫廷。后来，国王又把美艳温柔，被人们怒骂为“新教徒婊子”的内尔·温格接入皇宫。她从此远离民间的消息让人们倍感欣慰，这些仅仅是荒淫无度的宫廷生活的冰山一角，玷污了王位的神圣。假如在亚洲国家的宫廷里，这些龌龊早就淹没在嫔妃们的宫墙之下了。

国王查理二世的荒淫无度在道德上产生了广泛的不良影响，清教徒式的专制瓦解后，人民落得轻松快活，于是饱暖思淫欲。共和国时期，清教徒管理国家，通奸者被处以极刑，查理二世的荒淫彻底亵渎了纯洁的贞操。不过可以肯定的是，全国每个阶层都拥护这种松散的统治，而不喜欢圣人的清规戒律。英格兰人渴望成为上帝的选民，但是他们心中的上帝不是清教徒眼中的那个上帝，清教徒曾经被人力捧上天，现在又狠狠地摔下来，这自然让老百姓们开心。政体斗争和内战的威胁，以及清教大一统的局面彻底被击碎，一切都萎缩，然而人们却落得一身轻松。国王发现，他身边的新贵们比富有斗争精神的保皇派，凶狠的圆颅党要软弱许多，而后两者已经渐渐退出了人们的视野，

一阵身体的紧绷必然伴随着筋疲力尽，安逸享乐，这不过是一段插曲。英格兰民族也经受住了这种考验，在查理二世的宫廷中，此时出现了一位年

轻人，此人是皇家禁卫军的旗官，也是国王的网球搭档，也是被卡斯尔梅恩女伯爵魅力捕获的不谙世事的人，最后一点让国王多少有些心怀不满。后来，这个年轻人接过了克伦威尔的宝剑，在广阔天地有了一番作为，但他打击的只是不列颠自由和繁荣的敌人。这个年轻人名叫温斯顿·丘吉尔，是一名来自多塞特郡的乡绅，此人追随保皇党军队作战，负伤后被圆颅党没收了财产。国王没有能力维护他忠诚的追随者。国王曾经劝说克拉伦登将温斯顿爵士纳入议会的重要议员委员会，但无果而终。后来他把温斯顿的儿子安排在身边听候差遣，还为他的女儿在约克公爵夫人那里谋了个差事。兄妹二人把握住了机遇。约翰·丘吉尔当上了禁卫军军官。他的妹妹则成为了约克公爵的情人，为他生了儿子，这个儿子叫詹姆斯·菲茨詹姆斯，即闻名于世的勇士贝里克公爵。

此时掌握枢密院大权的是克拉伦登和来后受封沙夫茨伯里伯爵的阿什利。这二人的性格截然相反，但是都很有才华和能力。沙夫茨伯里十八岁的时候就参加过“短期议会”的革命。他讲道：“我刚刚懂事的时候就意识到自己处于风暴中。”他效命于圆颅党的军队，同克伦威尔并肩战斗过，并且成为长老派的领袖，他也在王权复辟的过程中对蒙克施加过影响。尽管他的升迁颇经过了一些时日，但依旧年轻而信念坚定。他本人也比任何人都了解各派别的力量关系，这些派别曾经在蹂躏英格兰国土的内战后，暂时偃旗息鼓。他本人是已经消失了的统治力量最有力的代表。在无政府的混乱时期，他抵抗军队的暴行，可是他又比任何人都了解独立派的思想。因此他在枢密院中极力推行宗教宽容，这也是对国王最有力的支持。他始终警惕着暂时归田卸甲的铁甲军反扑，知道他们身处何处，必要时应如何对付他们。他还时刻留意伦敦的动态，因为他深知伦敦的影响至关重要。在国王查理二世的统治下，他和伦敦一直相互支持。他对“保皇派议会”也极为不满，但同国王一样，都无力对抗议会多数派的坚强意志。

克拉伦登在查理二世统治的最初七年里，一直担任着首席大臣的职务。他以极高的政治智慧同国王的放荡生活、国王情人们的阴谋活动、短缺的财政和下议员的残酷政策，做着最彻底的斗争。同时他还必须提防国王的宠臣亨利·贝内特。这位野心家被任命为国务大臣，受封阿林顿伯爵。在查理二世统治时期内，阿林顿伯爵有着举足轻重的影响，有时甚至起到极大的负作用。与他同一时代的伯内特主教曾评价他“傲慢自大，善于揣度国王的心理，并加以利用”。克拉伦登的女儿与约克公爵喜结连理，虽然期间经历并不一帆风顺。首席大臣此时又成为国王弟弟的岳父，他的外孙也许有机会继承王位，这招致了贵族们的妒忌。获得王室联姻后的首席大臣，其地位已经无人能及。

葡萄牙公主带来的嫁妆中所包含的丹吉尔，此时已经完全被英格兰所控制，英格兰政府便将注意力转向了地中海和东方。由于财政收入掣肘，英国在摩尔人面前，必须厉行节约以守住丹吉尔，同时维护地中海的贸易不受海盗的侵扰。克伦威尔占领敦刻尔克之后，国库要每年为此支付十二万英镑，这个数目正好是国家当年总收入的十分之一。克伦威尔试图在整个欧洲大陆推进新教运动，而敦刻尔克正是这场运动的前哨。此时托利党的注意力早已经从欧洲转向了大洋彼岸的“贸易和种植园”。因此，克拉伦登建议国王，将敦刻尔克以四十万英镑的价格转卖给法国，尽管这笔交易对英国很是划算，但国王还是招致了强烈的责难。人们指责克拉伦登接收了重金的贿赂，将他建在伦敦的府邸讽刺为“敦刻尔克公馆”。这些毁谤是不公平的，而它带来的影响却一时无法消除。后来敦刻尔克为法国的海盗提供了便利，这使得克拉伦登彻底名誉扫地。

英格兰同荷兰在贸易与捕鱼业上的竞争已经白热化，被克伦威尔击败的荷兰人此时已经具备卷土重来的能力。东印度群岛的货物源源不断地运往阿姆斯特丹，西印度群岛的货物则在弗利辛根上岸。荷兰的多德雷赫特和鹿特丹则成为了英格兰和苏格兰商品流向欧洲大陆的中转站。苏格兰沿海的捕鱼业也为荷兰带了大量税收。东印度公司也为荷兰在东方大肆敛财。葡萄牙驻孟买的总督，拒绝将凯瑟琳公主的嫁妆转交给英格兰，因此英格兰在印度没有合适的落脚点。在此期间，荷兰的声势浩大的舰队满载货物的绕过好望角。荷兰人在非洲西海岸发展了自己的势力，不断扩张殖民和贸易。他们还在新英格兰也分了一杯羹，步步紧逼地在哈德逊河畔开辟了一块殖民地。商人不断游说英国的议会，查理二世心中点燃了爱国的激情，而此时的约克公爵也希望可以在海上战斗中立下军功。因此，议会拨出了二百五十万英镑的巨款。一支由一百多艘军舰组成的英国舰队建立了起来，上面还配置了新式的火炮。在国王的领导下，从前的保皇派军官与铁甲军军官暂时放下前嫌。而鲁珀特和蒙克各自指挥一支先遣队。1664 年，英国和荷兰率先在非洲西海岸开战，第二年，战火绵延至英国的领海。

六月份，有一百五十艘舰艇、配备二万五千人和五千门大炮的英国海军，同实力相当的荷兰舰队，在洛斯托夫特附近的海面上展开激战。这次战斗，双方均损失惨重。克伦威尔时代的舰队司令、经常身着普通水手服的约翰·劳森受了重伤。约克公爵的好友，法尔默思勋爵和马斯克里勋爵被同一枚炮弹炸死。在战斗最激烈的时刻，约克公爵指挥的“皇家查理”号同荷兰舰队展开了近身缠斗。荷兰的奥普丹沉着迎战，坐在船尾的一把椅子上指挥这场战斗。英国的军舰火炮齐鸣，打中了奥普丹所在军舰的火药库，把他连同军舰一起炸沉海底。英国舰队的大炮和炮手技术远超荷兰，荷兰人被击退，但是并没有丧失信念。

德莱特将军从西印度群岛回到了荷兰，挽救了荷兰共和国的命运。暂代约克公爵指挥舰队的是桑威奇勋爵，他企图截获荷兰往来地中海和东西印度群岛的商船。这些商船上满载着价值不菲的货物，它们躲开了英吉利海峡，一直向北进入了挪威的卑尔根港。丹麦和挪威本来与荷兰有嫌隙，两国向英格兰许诺，如果英格兰袭击荷兰的商船，两国愿意拿出一半的战利品作为报答。但是，当英格兰的舰队攻击荷兰商队的时候，丹麦的守军并不知晓情况，用海上的炮火击退了英国人。因此，异常愤怒的英格兰对丹麦宣战，这迫使丹麦和荷兰结盟。荷兰的德莱特到达挪威港口，把满载货物的商船安全地护送到了特塞尔岛。欧洲大陆上的国家都认为，荷兰人在战争的第一年里，可以与强大的英格兰一较高下，令人刮目相看。

1666 年 6 月，比洛斯托夫特海战更加激烈的战斗打响了。法国的路易十四承诺，如果荷兰遭到进攻，法国将给予援助。法国对查理二世的指责置之不理，仍然向英格兰宣战。英格兰和荷兰的舰队在北福尔兰附近进行了四天的激战。在伦敦都可以听到荷兰舰船上重型火炮的声音。人们悲伤地发现，在英吉利海峡布防以应对法国进攻的鲁珀特与蒙克，彼此失去了联系。直到第二天战斗结束，英国还一直处于劣势，幸好第三天的时候，鲁珀特及时赶到，战斗又进入胶着状态。战斗在第四天急转直下，鲁珀特和蒙克的舰队均遭受了沉重打击，不得不退回泰晤士河。德莱特胜利了。

正如荷兰人在前一年所表现的那样顽强，英国人没有一蹶不振。经过准备，英格兰的舰队焕然一新，重新出海，而且比以往更加强大。1666 年 8 月 4 日，它同荷兰舰队遭遇，给对手以沉重的打击。可是，荷兰共和国的舰队第三次投入战斗，重整阵容，再次出海。而此时法国的舰队也终于驶入英吉利海峡。

英格兰此时处于完全孤立，它在海上的力量也让人产生了质疑。英荷两国在财政上都出现困难，从 1665 年的春天开始，严重的瘟疫肆虐伦敦。这是 1348 年黑死病以来，伦敦遭受的最严重的疫情灾害。在瘟疫最严重的时候，伦敦在一个星期就病死了七千人左右。王室不得不搬到索尔兹伯里，把首都托付给蒙克，他是一个在任何困难面前都能从容不迫的政治家。丹尼尔·笛福在《大疫年日记》中以鲜活的笔触为我们深刻地展示了这场可怕的灾难 1666 年 9 月，一场大火吞噬了正饱受摧残的伦敦，也宣告了瘟疫最严重阶段的结束。大火是从伦敦桥附近一条挤满木板房子的小街道燃起的，它借着强劲的东风，蔓延燃烧了四天四夜。市民们怀疑是再洗礼教、天主教或者外国人故意纵火，他们各个怒火中烧。国王此时也赶回了伦敦，表现出应有的勇气与爱民之心。大火吞噬了整条整条的街道，最后在商业区的外墙下偃旗息鼓，三千多所住宅、八十九所教堂和圣保罗大教堂被烧毁。堆满货物和军用物资的仓库也不能幸免，作为政府收入重要组成部分的烟灰税也化为泡影。另一方面，大火也消灭了瘟疫。在后来人眼中，真正的灾难不在于伦敦这个卫生条件极端恶劣的中世纪城市的毁灭，而是重建这座城市的时候，并没有采纳雷恩的计划，没有以圣保罗大教堂和伦敦交易所为中心，规划出一条条大街和码头。然而，人们并没有失去重建伦敦的勇气。在旧圣保罗大教堂的废墟上，新的教堂被重建起来，至今依然巍峨。

虽然战争一直持续到 1667 年，但国王早已着手同法国、荷兰两国和谈了。由于军费的短缺，英国的舰队已经无法承担保卫领海的重任。在和谈期间，荷兰人为了增加手中的砝码，在著名军事领袖约翰的弟弟德威特将军的带领下，沿着麦德韦河向上航行，最终冲破查塔姆港口的水栅，捣毁了英国的四艘军舰，拉走了“皇家查理”号，这艘英国军舰在洛斯托夫特战斗中曾击沉奥普丹将军的旗舰。荷兰人的炮火随着泰晤士河水传到伦敦，人们对震耳欲聋的声响无不震惊和愤怒。甚至连保皇派也指责说，这种事情在克伦威尔执政时都没有发生过。清教徒则认为，这场瘟疫、大火和战败的海战是上帝对这个时代，尤其是对王室的道德败坏，降下的残酷惩罚。

双方同样希望和平，因此以不高的条件达成了和平协议。英格兰在这场战争中的主要收获是新阿姆斯特丹，就是现在的纽约。战争一结束，王室与议会就开始互相推诿指责。前者说，议会对国王的收入限制，使得国王无法保卫这个国家。议会反驳，认为是国王的情人们挥霍了国家的财富。克拉伦登试图进行调停，结果受到了来自双方的责难，他同议会的关系彻底断绝，对国王情妇的谴责，也让国王对他心生不满。他受到来自各个方面的一致弹劾，只得流亡海外。他在流亡生活中完成了一部巨著《内战史》，此书将那个年代完整留存了下来。克拉伦登被弹劾后，国王在一个时期内，由阿林顿辅佐，有时也由他的好友白金汉辅佐，后者是詹姆斯一世遇害宠臣的儿子，伶俐且放荡，曾在一次决斗中杀死了一个受侮辱的丈夫。就连保皇派也对王室的荒淫无度和奢靡的开支感到不满，因此，必须再一次扩大政府的代表性。从1668年开始，五位重要的人物被任命为大臣。在此之前，人们经常谈论内阁和阴谋小集团。现在这五个人即克利福德、阿林顿、白金汉、阿什利和劳德戴尔。他们名字首字母连起来正好是“阴谋小集团”。

欧洲大陆此时又出现了一个克伦威尔所不曾亲历的事实，在西班牙和奥地利连续遭受沉重打击这一背景下，法国不断强大起来。路易十四在所有王位继承人里脱颖而出，他有过人的天赋，而此时正处于风华正茂的年纪。法国人在红衣主教马萨林的英明统治下，不断强大自身力量，成为欧洲最强大的民族。该国的人口是英格兰的四倍，达到两千万。法国的地理优势无可匹敌，是欧洲文明的启蒙者，它拥有强大的军队和中央政府，傲视邻国。法国人安于接受野心极大而又狡猾的国王路易十四的统治。1648年结束的“三十年战争”，彻底打击了神圣罗马帝国在德意志的势力。哈布斯堡王朝仅仅在名义上统治着一些松散的德意志公国联盟，它丧失了权威，只获得了名义上的尊重。即使在奥地利这个帝国世袭的领地，帝国皇帝的地位在匈牙利人和土耳其人的不断威胁下也是摇摇欲坠。因此，法国的周边没有强大的邻国，也没有紧密的同盟。佛兰德斯、布拉邦特、列日、卢森堡、洛林、阿尔萨斯等通通被法国的野心所觊觎，受到法国外交和武力的威胁。

与此同时，西班牙帝国和王室的衰落，使世界格局动荡不安。马萨林曾经计划，即使不能将法国和西班牙合二为一，也要促使两国王室结合起来，这对法国统治整个世界是非常有利的。他说服了国王路易十四，迎娶了西班牙的公主为王后，为此，西班牙公主不得不放弃王位继承权，而西班牙也必须准备一笔丰厚的嫁妆，作为公主放弃权力的代价。西班牙无力承担这笔开支，路易十四就将合并两国王室作为自己毕生目标。

西班牙国王菲利普再次迎娶了王后，于1665年去世时留下一个多病的王子。这个王子就是后来的西班牙国王查理二世，他在世上活了三十五年，影响了路易十四的计划，为了弥补遗憾，路易十四决定从荷兰那里获得补偿。他宣布说：根据布拉邦特公国的传统，初婚生育的孩子，在父亲再婚时，不应受到任何继承权的损失，因此，法国的王后对西属荷兰拥有统治权。布拉邦特公国是西属荷兰的重要组成部分。路易十四带领法国人发动第一次对西战争时，提出了以上的要求。西班牙无力阻止法国对于比利时的主权要求。不过，比利时一旦落入法国手中，荷兰共和国就危险了，荷兰的寡头政治集团首脑约翰·德威特下达了和英格兰进行海战的命令，但是对与法国进行陆战却有心无力。更重要的是，同法国开战会增加他的政敌奥兰治家族的势力。这一家族的领袖是年仅十七岁的威廉亲王，他富有政治才华。从“沉默者威廉”时代起，奥兰治家族成员和平年代担任最高行政长官，战争年代则充任军队的总司令。但是年轻的威廉亲王从未享受过这种权利。一旦荷兰同法国开战，威廉亲王就会趁此机会获得祖先留下来的权利。德威特企图和谈，做出了很多的让步，但是路易十四派蒂雷纳将军进入佛兰德斯，占领了荷兰的部分领土。同时，路易十四还要与神圣罗马帝国的皇帝打交道，双方签订了瓜分土地的协议，这在一定程度上保护了神圣罗马帝国的利益。在这种极端不利的情形下，德威特急忙与英格兰进行和谈。查理二世和“阴谋小集团”在英国驻海牙的使节威廉·坦普尔爵士的协助下，同荷兰、瑞典结成了反法同盟。英格兰为这个新结成的三边新教国家联盟而欢呼。查理二世和大臣们获得空前的爱戴。这个联盟是后来一系列反法同盟的雏形，它也暂时延缓了路易十四的行动。法国被迫同西班牙讲和。1668 年签订的《亚琛和约》，迫使法国归还了弗朗什孔泰，同时，法王在佛兰德斯扩展了自己的领土。战利品中包括了繁荣的里尔城，法国把这座城市建成规模宏大、坚固异常的要塞。

虽然英格兰同荷兰和瑞典结成了反法同盟深受伦敦市民的欢迎，但是英荷两国的贸易斗争远没有结束。年少的瑞典国王统治下的国家，力量十分弱小，不久就改变了立场。三边联盟因此瓦解。路易十四决定先收买两个海上强国的任何一个，然后再发动战争。于是，他致信英格兰，于 1670 年开始同查理二世进行秘密的谈判。查理二世的妹妹、美丽的亨里埃特公主是路易十四的弟弟奥尔良公爵的妻子，这为秘密接触提供了便利。查理二世此时迫切需要现款，他告诉路易十四，英格兰议会将拨给他一大笔钱用于反对法国，那么路易十四准备花多少钱让他打消此念头呢？如果路易十四付了这笔款项，查理二世就会放弃召集议会。在这个形势下，双方签订了无耻的《多佛条约》。

条约中除了公布于众的那些条款外，还有一个密约，只有查理二世、阿林顿和克利福德知道。大不列颠的国王认识到天主教信仰是正确的……准备在对他的王国不构成伤害的时候，加入天主教。忠诚于真正基督教义的法国国王陛下，答应支持这个行动，并向大不列颠国王提供二百万利佛尔……另外还有六千步兵。”此外，查理二世每年额外获得十六万六千英镑的补贴。查理二世用国家换取了金钱，并把一部分钱花在与情妇寻欢作乐上。不过，他是否真的打算兑现自己的承诺，则是值得商榷的。实际上，他也并没有这个打算，获得的大部分现款都用于海军的建设。

《多佛条约》中提到了第三次对荷战争，一旦路易十四认为适宜开战，英法两国将联合对抗荷兰。1672 年 3 月，路易十四要求英格兰履行自己的诺言。英格兰想要挑起对荷战争的借口并不难寻。英国一名驻海牙的外交官谈道："我们的目标是同荷兰决裂，然后把责任推到对方身上。"荷兰舰队没有遵守应有的礼节，向运送威廉·坦普尔爵士之妻回国的船只行礼。英格兰提出了抗议，随后荷兰表示妥协。英国继续策划挑衅行动。从美洲的斯米尔纳回来的荷兰舰队经过朴次茅斯驶向英吉利海峡时，遭到了英国的袭击，但是攻击并没有成功。这个行动最终挑起了战争。英格兰和法国一共集合了九十八艘军舰，配备了六千门大炮和三万四千人。而荷兰人仅有七十五艘军舰，四千五百门大炮和两万人。具有卓越指挥才能的德莱特将军以寡敌众，维护了国家的尊严。1672 年 6 月 7 日，德莱特趁数量占优的英法舰队停泊在索尔湾的时候，发动了突然袭击。双方进行了持久而激烈的海上大战。激动的观战者站满了萨福克郡的海岸。大炮的轰鸣声传到几十英里外的地方。法国的军舰因风向的关系，无法出港作战。约克公爵的旗舰"王子"号遭到了荷兰军舰的围攻。"王子"号的甲板上站着禁卫军第一连官兵，掌旗官丘吉尔就在这个连队服役。这艘旗舰被打得伤痕累累，英勇的约克公爵被迫将指挥旗换到"圣迈克尔"号上。随后该船也被击毁，于是指挥旗又换到"伦敦号"上。桑威奇勋爵的战舰"詹姆斯"号被击沉，水面上的船体着起了大火。勋爵与战舰同葬海底。而荷兰人也遭受了严重的损失，只能退出战斗。

路易十四在欧洲大陆上对境况艰难的荷兰发起了猛烈的进攻。他不宣而战，骑兵突然越过莱茵河，大军压境。十二万法国大军把刺刀套在枪口上，而不是插在枪口里，形成了一股摄人心魄的力量。八十三座荷兰城堡投降法国。遭受了大难的荷兰人求助于奥兰治亲王威廉。作为军事总指挥，"沉默者威廉"的曾孙没有让荷兰人失望。他风轻云淡地说出了一句名言："我们可以在最后一个战壕里奋战到死。" 他打开了大坝的水闸，奔腾的洪水吞没了土地，也挽救了荷兰。海牙发动了一场政变，奥兰治亲王威廉成为最高行政长官，德威特辞职后不久，他和他的弟弟便被奥兰治集团的支持者残忍地杀死了。

在 1673 年整整一年里，德莱特维护了荷兰海军在海上的地位，在多次战斗中取得了大小不等的胜利。8 月 21 日，他在特塞尔岛附近的大海战中击退了英法舰队，为荷兰东印度船队护航。在大陆上的战斗中，路易十四御驾亲征。

孔德率领一支力量较弱的军队在北面同荷兰人交战，蒂雷纳将军在阿尔萨斯同德皇的军队激战。路易十四在王后和朝臣的陪伴下，率领中路大军气势凶猛地挺进。他选择由五千人守备的马斯特里赫特要塞作为打击目标，这是荷兰最坚固的堡垒。路易十四说：“我对大规模的围攻战更加感兴趣。”相比两军对垒，围攻确实比较符合他的口味。在长期困守后，马斯特里赫特要塞开城投降，不过这并不是一场有决定意义的战斗。

第二十三章 天主教会的阴谋

在 1673 年 2 月召开的议会会议上，查理二世听闻他的臣民对于同新教国家荷兰的战争感到痛恨。他不是在保护英格兰的贸易，而是主动参与这场战争，成为路易十四的帮凶。苏格兰人尽管对荷兰人在海上的称霸十分愤怒，而且嫉妒其发达的海上贸易，但是他们对信奉天主教的法国以及其争夺欧洲霸权的恐惧和痛恨，超过了对荷兰人的不满与嫉妒。伦敦街头到处都流传着国王和大臣们被法国收买，出卖了不列颠的自由和信仰。如果《多佛条约》的秘密条款被公开的话，必然会招致疯狂的暴力，产生严重的政治后果。沙夫茨伯里并不知道这个秘密条款，但是也产生了怀疑。阿林顿于 1673 年初向他吐露了实情，他知晓后，当机立断地退出了政府，成为了反对派的领袖。同当初皮姆领导的反对派一样，这个新的反对派同样地狂热。下议院的仇法情绪日益严重，对天主教复辟的恐惧，对国王“宽容天主教徒”的不满，对约克公爵皈依罗马的厌恶，这些因素共同作用，在全国范围内激发了危险的情绪。在此形势下，占主导地位的圣公会同长老派和清教徒完全走到了一起。政治议论不绝于耳，咖啡馆里高谈阔论，各种小册子横飞，补缺选举就在这一片喧哗中进行。一个法案被强加给国王，要求实行宣誓制。一个人只有宣布不相信体变说——圣餐的酒和面包可以变成耶稣的血肉——才有资格担任公职或者接收任命。这是一场政治清洗，彻底摧毁了“阴谋小集团”。天主教徒克利福德拒绝宣誓，阿林顿不得人心被弹劾，白金汉与国王的关系不睦。沙夫茨伯里赞成《宣誓条例》，摇身一变成为反对派领袖。劳德戴尔愤世嫉俗，无比残忍，但有时也难免懦弱，一个人控制着苏格兰的形势。

此时， 约克公爵詹姆斯吸引了众人目光。他第一任妻子去世后，他与信奉天主教的摩德纳公国公主玛丽结婚，此举引来人们的猜忌。他将如何在感情与官职间取舍呢？不久后，公爵辞去了海军大臣的职务，他异常坚定，誓不屈从《宣誓条例》。这件事对英格兰是个沉重的打击。查理二世的王后没有生下继承人，因而，英格兰的王位最终要落到一个天主教徒的身上，他将牺牲物质利益来捍卫自己的信仰。圣公会教徒和非正统教徒以及当年追随过鲁珀特和克伦威尔的人，已经走到了一起，构成了反对国王以及其政策的合力。保皇派们掌握着全部的军队，以十七世纪第二伟大的议会战略家沙夫茨伯里为首的退伍军人，即使过去他们曾经追随克伦威尔，此时也与保皇派站到了一起。在所有反对国王的势力中，这股力量对查理二世的威胁最大。

德赖登以不朽的诗句评价了沙夫茨伯里，尽管带有个人偏见，但是却完整地将沙夫茨伯里其人呈现在人们面前：

料事如神，
不择手段；
机智又勇敢，
超人的远见。
原则多变，
狂躁不安，
为失宠而心烦，
因贪权而寡欢。
性急如火红的铁丝，
折磨着娇小的身躯，
天南海北人皆知。
他是大海上无谓的舵手，
喜欢风暴，
不畏艰险，
看不惯风平浪静，

总想靠近沙滩行驶，
以炫耀他的英雄虎胆。
大胆必然近于疯狂，
两者并无明显的界限。

在与国王的斗争中，“保皇派议会”显示出了自己的力量。它不仅在外交方面获得了领导权，还全面掌握了内政，并用不近人情的《宣誓条例》、《弹劾法》强迫国王查理二世撤换他的近臣。这时候出现了一个新的变化。来自约克郡的地主托马斯·奥斯本爵士在下议院凝聚了一股势力，为了自救，走上了不太情愿的反对国王之路。他顺应了民心，将那些曾经为国王抛头颅洒热血而现在反对整个宫廷的人组织起来。这个组织的初衷是厉行节约，维护圣公会的地位以及摆脱法国人。奥斯本在枢密院提出了这些目标后，立即被封为丹比伯爵，开始了以党派为后盾的执政。他的党派在下议院形成了微弱的有效多数。为了将他的支持者拉到支持国王的阵营，同反对派划清界限，在1675年，丹比伯爵建议担任要职以及当选的议员，必须要宣誓一切抗拒国王的行为都是有罪的。他这样做的目的是清洗清教徒，反对他们的主张，把中央和地方的统治权交予保皇势力，并同其他派别展开斗争。为了达到目的，他不择手段地操纵各党派，也违反了补充选举的传统方式，因此，他招致了上议院的沙夫茨伯里和白金汉的反对。丹比伯爵因此也只得放弃通过宣誓的方式清洗清教徒的计划。

在外交政策方面，丹比伯爵公开忤逆国王。他反对法国人对英格兰的干涉和指手画脚，因此赢得了广泛的支持。但另一方面，他已经成为了查理二世与路易十四秘密条款的知情者。他拥护保皇派给予国王一定的个人权力的立场，还赞同国王向法国索贿的行为。他成功地安排了约克公爵去世夫人所生的女儿玛丽，同新教世界的英雄，声名鹊起的奥兰治亲王威廉结婚，这件事将他送上了个人荣誉的顶峰。这起联姻具有十分重要的意义。信奉天主教的法国国王带来巨大威胁，人们都将希望的目光投向了荷兰的最高行政长官、令人敬佩的威廉身上。威廉是查理一世的外孙，他具有坚定的新教信仰、举止严谨、才能出众和高贵的血统，这些都使得他在欧洲具有举足轻重的地位。

约克公爵的女儿有继承英格兰王位的资格，她与威廉的结合，使威廉也有了继位的可能。查理二世并不这样认为，他的弟弟更是不这么看。他们都认为这种可能微乎其微。查理二世觉得通过这桩婚事，沙夫茨伯里领导的反对派将遭到打击。约克公爵自己对继承英格兰王位自信满满，认为威廉无法对其构成任何威胁。于是这桩婚事就顺利进行下去了，刚刚在英吉利海峡殊死搏斗过的两个海上强国被联姻又重新联合起来。从此以后，英格兰和荷兰这两个国家在欧洲事务上便少有分歧了。

这个时候，路易十四不满于自己在查理二世身上所下的功夫毫无收获，对这桩将英荷划入一个阵营并且维护了新教利益的婚事感到十分愤怒。他决定打击丹比伯爵，于是将伯爵跟他索贿的事情，告诉了同样被他收买的英格兰反对派。经过周密部署，这件事在下议院被戏剧性地揭发了。它仿佛一颗可怕的炸弹。人们谈论丹比伯爵要将英格兰置于罗马的控制之下。由于所谓“天主教会的阴谋”，人们谈论着同法国的秘密条约，更令人心生畏惧的是似乎约克公爵要继承王位的传言。

此时风评不佳的泰特斯·奥茨博士放弃了自己的信仰，转而成为新教的卫道士。他掌握了一些信件，包括英格兰天主教、耶稣会教徒写给圣奥梅尔和法国其他天主教中心教友的。根据这些信件，他指控约克公爵夫人的私人秘书科尔曼密谋要刺杀国王，帮助法国人入侵，大规模屠杀新教教徒。上下议员许多重要的人物都相信了奥茨，或者表面上相信他。于是立即签发了科尔曼的逮捕令。实际上，科尔曼根本没有谋害国王的计划，但他的确是天主教各项活动以及联络的一个中心。他在被捕之前匆忙烧掉了大部分的信件，但是，还是有一些被人缴获，这些信里提到恢复天主教信仰的问题，以及天主教徒对国王失望和不满。在这个所有人都被挑动起来的时间点，这些信件证实了奥茨的指控。1678 年 10 月，地方法官埃德蒙·贝里戈弗雷爵士对科尔曼进行了审问，在案子还在进行期间的一个夜晚，贝里戈弗雷爵士的尸体被人在格林贝里山脚下发现，这座山现在的名字是普里姆罗斯山。这起凶杀案件共涉及三个人，他们的名字恰巧为格林、贝里和希尔，他们分别被绞死。尽管所谓的凶手已经伏法，但贝里戈弗雷爵士的死至今仍充满谜团。这件事给本已经疯狂的英格兰人，火上再浇油。国教和清教徒都随身携带防身武器，伦敦人都在议论如何提防天主教徒的暗箭。奥茨在短短几个月内，成为了人们眼中的英雄，这个奸佞之辈也顺势利用了这个机会。这时候，老辣的沙夫茨伯里也看出他大显身手的机会已经来临了。

前英格兰驻法国大使蒙塔古同辉格党和清教徒的领袖站到了一起，拿出了丹比伯爵的一些亲笔信。信中提到，英格兰如果同意正在签订中的《内梅亨条约》，便可以获得六百万利佛尔，作为报答。信中也谈到国王希望摆脱议会拨款对他的限制。这个条约使得法国人收获颇丰。为了证明自己，丹比伯爵也公开了一些信件，结果仅仅能从程度上减轻事件的严重性，却不能推翻整个事实。他将面临被弹劾的必然下场。相比当年斯特拉福德所处的困境，他并不轻松多少。基本上，他难逃一死。国王企图暂缓把大臣置于死地的审讯程序。这次控告有不公的地方，更何况丹比是顺从了国王的意愿，而从事了那些被指控的行动。于是在 1678 年 12 月，国王查理二世下令解散了“保皇派议会”。

这届议会持续了十八年之久，期间有过几次休会。它诞生于保皇派充满了复辟王权的狂热之时，而当查理二世发现自己的地位已经被贬低到威尼斯共和国执政官那样的水平时，议会就被解散了。在时间上，它超过了“长期议会”。在同王权斗争以保护立宪制度方面，它在很大程度上超过了初期充满朝气的上届议会。在保皇派取得最后胜利之时，它巩固了内战的果实，在一定意义上恢复了王权和君主制的合法性，实现了议会对财政的控制，并促使大臣们对议会上下两院负责。它的坚实基础是议会派和新教的力量，这两股势力之间虽然有着严重的分歧，但它们最终联合在一起，为了解决当时的主要问题，一同发动了 1688 年的革命。

国王查理二世失去了长期支持他的后盾，此后他不再相信任何一个集团。他期望新议会可以抛弃“保皇派议会”的苛刻、保守、固执。他认为除了沙夫茨伯里占据绝对优势的伦敦地区外，剩下各处对他都没有敌意。选举期间，手握选票的人用候选者的金钱，过上了舒适的生活，推杯换盏，争论不休。亦如查理一世时代的“短期议会”，反对国王的人又重新当选。在忠于国王的一百五十名议员中，仅仅有三十名再次当选。此时的情形与1640年十分类似，但在一些问题上又有着根本不同：国王和人民都有过惨痛的经历，没有人想再去经历一遍。对内战以及克伦威尔式残酷的恐惧，笼罩着此时的英格兰。查理二世此时首要的目标就是不惜一切代价拯救王权和他自身，因查理一世的阴影挥之不去。国王听取民意，向同他唱反调的议会让步。丹比伯爵此时已经在伦敦塔被人遗忘了五年之久，关于他的事情还远没有结束。

这届议会首先要打击的目标就是约克公爵。为此查理二世早就告诫他不要出席枢密院的会议，并规劝其离开英格兰。于是约克公爵投奔荷兰，年轻的上尉、曾当过法军上校的约翰·丘吉尔跟随其左右，是他可以信赖的帮手。约克公爵脱险后，国王开始着手对付周遭的反天主教风波。奥茨以及帮助他作伪证的追随者，此时正在实行残酷统治，残忍镇压天主教徒中的具有重要地位的人们。他们通过作伪证或者收买的方式，处死了很多无辜的天主教徒。国王试图援救受害者的行动并未见效，只好任由迫害活动猖獗下去。他已经对人生有着透彻的认识，流亡期间的颠沛，对他造成了很大的影响。在明知有些人是无辜的情况下，还是签署了死亡判决书。他之所以如此隐忍，并非出于自私自利，而是他及时调整了应对策略。他放弃了过去安逸舒适不问政治的生活，为挽救自己的生命和处于危险之中的王朝，用尽全力去抓住逐渐丧失的权力。现在，人们经过研究，对他的才能给予了越来越高的评价。他统治的最后五年，是他此生最为光辉的时刻。同沙夫茨伯里的放手一搏，令人激动。起初，他几乎都要败在对方手里，但由于长期冷静的应对和巧妙地运用了一些手段，他成为最后的胜利者。而沙夫茨伯里，这个残忍，嗜杀的人，流亡海外，客死异乡。

国王和议会斗争的焦点是《排他法案》。英国绝大多数人将防止天主教徒继承王位作为首要任务，他们几乎可以忍受各种情形，唯独不允许天主教徒继承王位。如何决定王位的归属问题？沙夫茨伯里考虑过奥兰治亲王威廉，但又觉得查理二世同露西·沃特斯所生的私生子蒙默思公爵更加合适。公爵本人年轻勇敢，优秀又深受人民爱戴，还是一个新教徒。他是婚生子还是私生子呢？根据当时的一些看法，国王与露西以某种形式结过婚。据说结婚证书就保存在一个“黑盒子”里。后来，结婚证书被教皇使节盗走。英格兰的主导势力希望蒙默思被认可为婚生子，因为他们需要一位信奉新教的国王，一位属于圣公会的国王。这位国王成长于立宪制度的熏陶，也必须拥有一些平民血统，这样他才会相对理智，奉行明智的方针，将新教势力团结起来共同对抗以路易十四为代表的欧洲天主教统治。只有一个人能解决问题，那就是查理二世，只要他认可蒙默思是他的继承人，那么一切问题就顺理成章地解决了，而国家的前途也就明朗起来，然而，国王却拒绝如此，他沉醉于享乐之中，过着放浪形骸的生活，笃信不可知论，但他有一点固执，即忠于王族血统和合法继承权。同他的弟弟约克公爵相比，他知道自己愧对英格兰的王冠，因此他认为把王位传给他弟弟是他的神圣使命，尽管这样做，会带给他本人以及整个王国巨大的困扰。然而，关于“黑盒子”的传言并未停止，他们如今还听闻不幸的蒙默思的后代，一位巴克勒奇公爵找到并销毁了露西的结婚证书，以消除对王位继承权的威胁。

新议会建立时，下议院比上届议会的下院要强大得多，形成了反对天主教的绝对多数。它立即着手弹劾丹比伯爵，并打算判处他死刑。下院力推《排他法案》，根据这个法案的逻辑推理下去，会得出一个令所有人震动的结论：既然法律禁止天主教徒在英格兰担任公职，那么为什么要由一个天主教徒执掌王权呢？另一边，查理二世极力推行替代方案，他不同意议会改变嫡系子孙继承王位的传统，当初的玫瑰战争就是因此问题而爆发的。他提出了一些对国王权力的限制条款，如果这些条款可以通过并实施的话，那么，英国将产生一个被严格限制的君主立宪制。天主教徒不得充任上下议院议员，也不能担任任何公职。国王去世时议会应该再继续存在一段时间，如果处于休会期间，不经过召集，就可以自动复会。查理二世也放弃了他父亲长期为之奋斗的兵权、议会负责任命控制民兵的地方总督、副总督以及海军军官。然而，一旦天主教徒当上国王，任何对王权的限制都是徒劳的。《排他法案》在二次表决的时候，得到了大多数议员的通过，于是国王又亲临并解散了议会。

这个短命的议会为自身留下了丰功伟绩。它通过了一项《人身保护法》，强调并维护了个人不受政府随意逮捕的权利。任何人，不论出身，只要法庭根据现有法律不能确定他所犯何罪，在关押几天后就必须得到释放。查理二世对此并没有异议。国内对峙两派实力相当，所以朝臣、官员和所有大臣也需要这个法律的保护。国王用诺曼底人的法语讲了句“国王有此意愿”。世界上所有讲英语的地方，凡是不列颠国王或美国政府统治的地方，一切守法的人都享有人身自由。《人身保护法》是英国人政治智慧的产物，即使最无知最粗心大意的人，也不能忽视这一点。

新教的浪潮再一次席卷英国各处，各地人民纷纷反对约克公爵继承王位。真诚的教士们试图劝说公爵回到他的祖先和他未来臣民所属教会中，但约克公爵不为所动。他天生具有抗争精神，又有皈依天主教的热忱。纳瓦拉王国的亨利曾经妥协地做过信仰转变，以便取得王位。而约克公爵不想效仿他的做法。他宁愿流亡海外，安于贫困，甚至献出自己的生命，同时，他无视国家也许会毁于内战的可能性。对立双方的初衷都是令人敬佩的，但也无情地带来了长期深重的灾难。天主教会利用他的传统权威反对世俗专制统治的时候，人们已经无法认清：1679 年天主教会带给英格兰的，同史密斯菲尔德刑场上烧死新教徒，圣巴塞洛缪节的大屠杀，西班牙无敌舰队的征伐和议会爆炸的阴谋，这些给人们留下深刻印象的事件彼此间的区别了。

第二十四章　辉格党与托利党

查理二世的处境并没有因新议会的选举而改善，因此国王又下令议会休会了一年左右。在这次休会期间，“辉格党”和“托利党”这两个名称首次被提及，二者使得不列颠岛分裂长达二百年之久。宗教问题虽然仍占据着斗争的焦点，但查理二世统治下的英国，民主思想已经脱离了它的宗教根源。英格兰的思潮正从宗教斗争的深谷中奔流出来，涌向高原，那里的景致虽然没有深谷那般美妙，但视野开阔。宗教斗争对社会的推动作用已经退居二线。党派的斗争已经取代宗教斗争，尽管前者用尽卑鄙诡计，但不似后者那样丧失理性和不受控制。

1680 年，新议会召开之前，面对汹涌的新教运动，掌握全国大权的绅士阶层深感不安。从沙夫茨伯里的狡诈行动中，拥护国王的圣公会教徒们日益看出他与克伦威尔的可怕相似。内战和所谓的共和制唤起了长者们的痛苦记忆，经常折磨着他们的内心。数以千计的城市居民签署了反对约克公爵继承王位的请愿书，而居住在乡村的人们则对向国王提出这样的要求而感到普遍愤怒。不过双方都不愿承担“请愿者”和“憎恨者”的名号。他们不为自己正名，而是急于给对方贴上标签。古怪、固执、贪财，善于空谈的苏格兰长老派被冠以“辉格党”的名号，去抢劫领地和富人家宅的爱尔兰天主教徒中的土匪则被称为“托利党”。就侮辱性而言，这两个称呼不分伯仲。“托利党人是一种有着英格兰人长相，法国人的心肠和爱尔兰人是非观念的魔鬼，他们长着宽额头、大嘴巴和肥胖的臀部，可是却没有头脑，他们是一群野猪，要颠覆当时的政体……他们采取愚蠢的方式破坏政策，摧毁自由的两根支柱——议会和陪审团，把议会变成有名无实的巴黎议会，把陪审团变成法官的传声筒。”[1]另一方面，辉格党人“老是空谈新的启示和预言，宗教方面的收获，精神的活跃，宗教的传播和精确的概念……他们带着鼻音发表感情充沛的讲话，不过内容并没有说服力……这些小喇叭会说话，他们唯一的词汇是‘推翻’。他们的祈祷是一派胡言，是合法化的狂吠，是叹息、哭泣、哮喘和呻吟。他们为国王祈祷，但比正直的人们承认《神圣盟约》时有更多的保留。”[2]（与对照译本相同）

从这些仇视又带有侮辱性的话语中，我们不难看出，英格兰又一次差点被拖入一场残酷的内战，“辉格党”和“托利党”这两个名称不仅受到了被冠名的人们的珍视，还成为他们自傲的资本。这两个党派逐渐进入了英格兰民族的社会，以各种形式反映民族的思潮。它们曾经参与过有利于英格兰的重大事件，而获得长期的尊重，双方也都为后来苏格兰的发展和兴旺贡献了力量。很长一段时间，尽管斗争的中心不断转移，党派的阵容发生了变化，而成千上万的人将对党派的忠诚和党派的名称传给了下一代。煽动者和知名作家们相信自己的号召能力，以豪言壮语鼓舞他们。

处境艰难的国王查理二世，并没有同第四届议会对抗，而是采取了让步，这让人联想起他的父亲，查理一世在四十年前曾经试图尝试但最终没有实施的妥协方案。英国驻海牙的使节威廉·坦普尔爵士建议枢密院减少人员，但要手握实权。他积极主张反对法国的政策，以一己之力促成了反法三边同盟，这个同盟曾经在埃克斯拉夏佩勒战斗中，遏制了法国路易十四的野心。根据他的建议，两党一共选出三十人，一半是政府官员，一半是无官职的幕僚，以这个组织取代同意签订《多佛条约》的“阴谋小集团”。国王应该公开他的政策，不管其正确与否。秘密外交即将终结。查理二世此时已经与路易十四彻底闹翻，后者在英格兰反对派中疯狂散布他曾经收买查理二世的事情。

---

1 戴维·奥格《查理二世统治下的英格兰》，第 609-610 页。

2 戴维·奥格《查理二世统治下的英格兰》，第 609-610 页。

查理二世听取了坦普尔爵士的建议，成立了被人们认可的枢密院。查理二世还任命反对派的领袖沙夫茨伯里为枢密院院长，可是这种明显的妥协并没有取得成果。矛盾重重，不久之后，三十人的枢密院便自成一体，它垄断了一切实权。沙夫茨伯里并没有因受到国王的任命而减轻丝毫的敌意，他仍旧不放弃他领导的反对派以及其抵抗运动。相反地，他利用自己的职位和地位，为反对派的利益服务。1680 年 10 月议会开会期间，他因再次推动《排他法案》而令个人威望到达顶峰。他一个人既有大臣的权力，又有反对派领袖的名望。下议院最终通过《排他法案》，而上议院则因此而展开了激烈的斗争。

哈利法克斯侯爵乔治·萨维尔使得这场斗争免于流血牺牲，这名政治家使得“政治变色龙”一词变得世人皆知。哈利法克斯侯爵萨维尔反对法国与天主教。他是这世上少有的人才，他沉着、机智、果决，能够以极端主义者才有的坚定态度保持中庸之道，他善于顺势而为，有时也逆流而上，但又不丧失立场和威望。在社会情绪到达顶峰的时候，他毫不退缩，虽然他被人毁谤说缺乏立场，但他的形象却日益高大起来。德赖登曾栩栩如生地描绘了那个动乱时代的许多名人，其中哈利法克斯侯爵是最令人喜爱的一个人物：

稍试不利的方案，
便做出良好的抉择。
这不是简单的转变，
而是改变了力量的均衡。
无畏之人剋改地换天。

哈利法克斯侯爵十分痛恨丹比伯爵，而这次在上议院却反对《排他法案》。他的任务不那么艰巨，因为除了约克公爵之外，人们很难找到其他的王位继承人。一些反对约克公爵的人，主张让他的长女、奥兰治亲王威廉的妻子玛丽为王位继承人，因为她也是王室成员。沙夫茨伯里也曾经有这个想法，不过后来他转而支持查理二世的私生子蒙默思公爵为继承人，并把后者拉入了枢密院，让他成为了反对派的同党。辉格党人捏造了蒙默思拥有合法继承权的事实。国王很喜欢他这个年轻威武的儿子。既然他此时承担了巨大压力，即将厄运来临，为什么国王不采取安全便捷的方法，宣布他为婚生子呢？可是查理二世不同意这个反对派的解决办法，议会也不赞成，因为它的每一个成员都是通过严格的世袭原则继承了土地、财产和权力的。圣公会也拒绝因反对天主教，而把私生子推上王位，最后，《排他法案》被上议院以 63 票对 30 票的多数否决了。

一些无辜人的性命被这场反对天主教会阴谋的运动吞噬了，然而运动也逐渐平息下去。这场运动最后一位牺牲者斯特拉福德勋爵，于 1690 年 11 月被处决了。直到上了断头台，他仍然宣称自己是无辜的，周围的人喊道“我们相信你”。奥茨等人的诬陷越来越难以让人信服。法官们也注意到了那些杀害天主教徒的证据有明显的矛盾和模糊。人们的恐惧心理一日胜过一日，但这种情况不会持续下去。当人们发现国王已经和路易十四彻底闹掰后，他们在政治上的敌对情绪也就有所缓和。国王此时认为他可趁机再召集一届对他比较友好的议会，而哈利法克斯，这个刚刚为国王排忧解难的功臣，反对解散这届议会，他认为 1680 年的议会仍有利用价值。经过枢密院的讨论，国王没有听取多数人的意见，他说道：“先生们，你们的意见我已经听够了。”随后，三年之内的第三次竞选开始了。选民的态度没有发生根本变化，大多数议员再次当选。

不久有传言，新的议会将要在牛津召集，那里是伦敦市以及沙夫茨伯里的追随者够不到的地方，他们再也不能要挟国王了。于是，双方都准备去牛津一决高下。国王将禁卫军调往牛津，并派兵把守伦敦同前往牛津的要道。上议院辉格党议员们带来个人的武装，他们以准备参加决斗的绅士般的姿态，蔑视宫廷的卫兵。下议院的议员们有四五十人相继赶到牛津，伦敦的议员还带来了武装市民。一场激烈的战斗将要打响，没有人能避免流血的可能。而《排他法案》仍然是大多数下院议员的首要目标。

国王此时已经做好了两手准备，他首先派约克公爵的妻弟，能干的金融家劳伦斯·海德去查探王室每年的岁入，弄清楚通过节约能否“自力更生”，此举目的是要保证海军的正常运转。国王在与情妇们大肆挥霍享乐的同时，仍不忘要发展海军。海德报告国王，仅仅依靠议会批准的关税和国内货物税，以及议会后来批准的税款，无力履行国王的职责。假如削减开支，就不会有很大的财政赤字。接着海德又奉命去和路易十四谈判，英格兰最终以不阻碍法国在欧洲大陆扩张为条件，每年获得法国十万英镑的资助。有些人相信，国王有了这笔援助，就可以摆脱议会的控制。当时的英格兰进入了一个历史上的衰落期，曾经在约翰国王依附教皇时，也有过类似的衰落。从现代社会宪法的角度评价国王的行动，通过金钱换取国家的外交政策的方式令人愤慨。但如果再以现代社会的是非标准看，议会和沙夫茨伯里一派在宗教方面的排他和残忍，也将受到诟病。

如果查理二世在议会面前没有陷入这种绝境，就不会接受甚至可以说是由他一手策划的屈辱外交政策。国王不顾及全民的恐惧，坚持要把王位传给一个天主教徒。他在王位继承的神圣原则前，丝毫不动摇，但他还可以做出保证，一旦约克公爵继承王位，他仅仅是一个名义上的国王，英格兰将由护国公和枢密院实行统治。而约克公爵皈依天主教的选择，不能让他失去王位继承权，而是失去国王的实权。新教徒将掌握实际的权力。如果约克有了儿子，这个继承人将受到新教徒式的教育，在成年之时立刻继位。如若没有儿子，他的两个坚定的新教徒女儿将统治英格兰。护国公必须由奥兰治亲王威廉担当。

毫无疑问国王会接受上述条件，然后他便可以摆脱法国，同荷兰人和信奉新教的德意志公侯结成同盟。应该没有人不满意这个计划。查理二世做了这些安排，说明他内心十分挣扎。沙夫茨伯里却另有打算。他和他的追随者们誓要将蒙默思送上王位。因此，议会召开之初，便显示了咄咄逼人的气势。国王在开幕致辞的时候，心情沉重地回顾了上一届议会采取的有悖道德的宗教活动。可上一届下院议长再一次当选，他以谦逊的口吻说：他们不觉得有改变行动纲领的必要。沙夫茨伯里仍旧是枢密院的成员，在一定意义上也是政府的成员。他同国王的会谈口吻坚决，让在场的人士都吃惊不已。沙夫茨伯里把一份文件交给查理二世，督促他宣布蒙默思为合法的继承人。国王拒绝道：这种做法既违法又不道德。沙夫茨伯里反驳说：“如果你服从法律和公德，那就将问题交给我们，我们将制定法律，使这些必要措施具有合法性，以维护国内的稳定。”国王又立刻反唇相讥：“不要再做白日梦，我不会屈服，也不会受你们的欺负。人都是年纪越大，胆子越小，而我却恰恰相反，在接下来的生命里，我绝对不允许自己的名誉受损，我握有法律和正义，一切正直的人都将站到我的身边。我还有教会的支持。”说到此处，他用手指了下主教：“任何事都不能使我们分离。”

两天以后，也就是 1681 年 3 月 26 日，具有决定性意义的下院会议召开了。一位重要的议员向大会透露了国王要在约克公爵继承王位后，设立护国公。如果国王让辩论继续，可能是明智之举，但牛津有两派对立的武装，一旦擦枪走火，随时将引发战争。正如约克公爵甘愿为自己的宗教信仰做出任何牺牲一样，查理二世也为捍卫世袭原则，敢于面对一切。他疼爱自己的儿子，弟弟是他一切烦恼的根源，可是他不惜任何代价阻止儿子取代弟弟，成为王位的继承人。

下议院通过了一项决议，剥夺了约克公爵的继承权。接下来的星期一，两顶轿子向议会奔去。第一顶轿子里面坐着国王，王冠就藏于他的脚下，第二顶轿子精心掩饰，里面放着的是权杖和朝服。国王就是这样前往牛津大学几何学院的上议院。而下院此时正在讨论国王对之前煽动活动所提出的各项指控，当其中一名议员声情并茂地论述大宪章的时候，黑杖侍卫叩门召集他们去上议院。大多数人都认为，国王将做出妥协。当他们看到国王穿着朝服坐在宝座上的时候，大感意外，当上议院以国王的名义宣布解散议会的时候，这些议员则吓得呆若木鸡。

没有人能预料这次解散议会的后果。苏格兰议员在四十年前接到国王命令时，曾经拒绝解散。法国的国民议会，在一百年后，固守凡尔赛的网球场，也是拒绝解散。而内战的影响像针药般，仍旧在 1681 年的英格兰人身上发挥着药效。法制观念的约束，使得他们没有采取任何行动。国王在禁卫军的严密保护下，退居温泽。没有人响应沙夫茨里伯将已经解散的议会变成战斗性大会的计划 。国王的兵行险招是正确的。前一天议员们还将自己视为国家命运的守护者，随时准备赴死，而此时，大家却争先恐后地抢夺车辆，准备回家。

沙夫茨伯里从此开始厄运连连，而哈利法克斯却凭借自身的深谋远虑登上了政治的高位。此前那些处决天主教徒的行动已经招致了人们的不满，而此时议会被第三次解散并且没有任何抗争的事实，让人们的不满情绪再一次高涨。不到两个月，查理二世感到自己有足够的准备，可以将沙夫茨伯里以煽动叛乱的罪名处决。而出乎意料的是，此时的沙夫茨伯里已经生命垂危，虽然意志坚定，但体力已经是强弩之末。他几乎不能行走，他的追随者们见到这种情形，无不失望。忠诚于沙夫茨伯里的米德尔塞克斯地区的大陪审团，在起诉书上写了“笨蛋”的字样，因为他们认为没有任何理据。随后沙夫茨伯里被释放，但他的追随者却被以同样的罪名送上了立于牛津的绞刑架。沙夫茨伯里已经没有力量再继续抗争，但他建议同伴们发动政变，而刺杀国王是首要条件。他逃亡荷兰，希望寻得帮助。几个星期后，在海牙去世。不可将此人与英国议会制度的几个重要奠基人同日而语 。他作为清教改革家，有着丰富的党派斗争经验，而他残害无辜也是事实。他的首要目的是贯彻本党派的宗旨，他的一生，没有为英国留下任何政治遗产，他本人同皮姆一样让人心生敬畏，但他的名声却远不及皮姆。

这时候人们最关心的事就是内战的可能性。所有克伦威尔式的人物都摩拳擦掌。人们确实都在恐惧，他们认为，约克公爵一旦登上王位，摆在他们眼前的只有两种选择：一是皈依天主教，二是被烧死在火刑柱上。1682年5月，约克公爵从海外归来，人们更加忧心忡忡。查理一世被科尼特·乔伊斯从霍姆比城堡押走，那是二十年前的事。已经退役的圆颅党军官“汉尼拔”·朗博尔德如今住在纽马克特公路旁的拉伊城堡里，他曾经在白厅刑场的断头台边执勤。在他所居住的附近，公路两边地势险要。在查理二世和约克公爵赛马归来之时，如果在这里设下伏兵，便可以轻松地拿下国王的卫队。除了这个危险的计划，还有一个规模更大的暴动，但它的策划者并不知晓伏击的计划。在多年后，那些把约克公爵拉下王位的人们——并非全部，此刻都跃跃欲试地准备动武。辉格党中的很多要人参与了密谋。幸好纽马克特发生了火灾，该处大部分毁于烈火，查理二世和约克公爵得以提前回到伦敦。安然通过了拉伊城堡。几个星期后，密谋计划被人出卖，准备暴动的集团因此大受打击。

阴谋杀害国王和约克公爵的消息迅速在国内传开后，强硬的保皇派对此做出强烈的反应。在这件事之前，辉格党利用天主教会的阴谋这一说辞，欺骗老百姓们相信罗马天主教要杀死国王，而现在这个消息将形势彻底扭转了过来，是辉格党或者说是清教徒密谋杀害国王。英国人对君主制度心怀敬畏，尤其查理二世温文尔雅，尽管有一些出格的、令人侧目的恶习，但是还是深受百姓的爱戴。人们担心的是，他的去世将直接导致信奉天主教的约克公爵继承王位，因此对查理二世更是满怀热爱之心。从此刻起，国王查理二世进入了自己一生中最为惬意的时刻。尽管哈利法克斯建议国王召开新的议会，但查理二世已经受够了议会，他依靠路易十四的援助足够支付全部开销。他的这种消极态度并不令人意外，当初有三十名天主教徒蒙受不白之冤，他被强迫签署了他们的死亡判决书。

密谋刺杀国王的事件还牵扯到了两位知名人士，分别是拉塞尔勋爵威廉，以及阿尔杰·西德尼。尽管这两个人并没有试图刺杀国王，但是前者参与政变的谋划，后者为抵制王权的行动准备了一份尚未发表的学术性文件。此时站在国王一边的托利党人已经打消了后顾之忧，他们愤起要求进行报复。国王将拉塞尔和西德尼视为君主制度的敌人，一同归为亨利·文爵士之流。经过公开的审判之后，这二人上了绞刑架，尽管西德尼的罪名略微轻些。拉塞尔宁死不屈，西德尼直到最后时刻仍然在维护辉格党的原则。面对教会和政府的指责，他们没有丝毫的让步。兰克作过一段很精彩的论述，他写道："这是本世纪的一个特征，在争夺政治和宗教观点的主导地位的时候，许多人形成了坚定的信念，此信念是他们具有高于党派之争的品格和思想。人们像掷骰子一般，可能获得权力和施展才能的舞台，也可能不得不对刑场上的复仇之斧伸出脖子。"

这些牺牲具有深远的意义。许多人为宗教献身。新教、天主教、清教、长老派、再洗礼教派和教友派的信徒们都曾英勇地直面死神。大臣和名士们在自己的政策落败后，倒了下去，杀害查理一世的人也不屈地迎接了死亡，而此时接受惩罚的却是政党利益的第一批牺牲者。庞杂的贝德福德家族努力维护着拉塞尔的荣誉，对自己党派称号感到满意的辉格党人，世世代代对这些捍卫他们原则和利益的勇士心怀崇敬。他们长期颂扬"汉普顿在战场上，西德尼在断头台上为之献身"的事业。当年的辉格党已经成为了历史遗迹，可他们在这个互相矛盾又充满误解的世界，留下了应该被承认、业已付诸实践的自由政府原则。我们在审视这条对现代社会有巨大贡献的原则的时候，不应忘记向那些很久之前明确提出该原则的人们致敬。

查理二世从此在国内拥有绝对的权威，具备反击的能力。自治市和城镇属于辉格党阵营，他们凭借着特许状来支配地方权力和占据地方行政官的职务。他们在议会选举中的影响力受到了限制。通过施加压力和巧妙地运作，保守党人当选为伦敦的行政司法长官，由此也可组织陪审团，严惩犯罪的辉格党人。像沙夫茨伯里那样，能够逃脱惩罚的事情不会再出现了。托利党在伦敦，随后在其他地方取得了胜利。辉格党的城市自治机关接到命令，要求他们提供合法的长期行使特权的证明。令法官们欣慰的是，他们的证明多半不是合法的。在这种压力之下，许多过去抱着敌对态度的自治机关向国王请求签发新的特许状。而嫉妒城市特权阶级的乡绅阶级则支持政府的做法。辉格党人在乡村处于劣势，此时他们在城市的优势也发生了动摇。但是，他们竟然奇迹般地作为一股政治力量生存了下来，在不久之后，还恢复了自己的统治地位。

大获全胜的国王查理二世违背自己的良心，顺从地执行了法国金主的外交政策。他开始过起了简朴生活，他的情妇们开始为自己的前途担忧，互相争夺从印花税中拨出的国王年金；只有海军舰队仍旧可以得到维护的费用。路易十四继续着他的扩张，反对自由和新教信仰。他的军队入侵西属荷兰地区，染指斯特拉斯堡，发动对德意志诸国的进攻，试图称霸整个欧洲，无法阻挡。英格兰在伊丽莎白和克伦威尔的统治时期，在欧洲事务中举足轻重，此刻却偏安一隅，忙着贸易和开拓殖民地，专心应对国内事务，而且对这种状态暗自庆幸。

在大洋彼岸英国的殖民之势得到了长足的发展，这要归功于当地人的果决，而不是伦敦当局的部署。英国在印度和非洲西海岸发展了自己的贸易。1669 年成立的哈德逊海湾公司在加拿大北边建立了第一批贸易站点，并且不断巩固自己的势力。在纽芬兰沿海地区，来自英格兰的渔民让英国最早的殖民地重获生机。在美洲大陆上，英国人几乎控制了整个东部沿海，他们从荷兰人那里夺走了纽约，开辟了新泽西殖民地，把自己南北两大殖民地连接了起来。处于内陆的宾夕法尼亚在教友派教徒威廉·佩恩的领导下，开始为那些受迫害者提供庇护。在它的南面，南、北卡罗来纳两个殖民地已经形成了，他们的命名是为了纪念国王。到查理二世统治结束的时候，美洲各殖民地一共拥有人口二十五万，其中还不包括从非洲源源不断运送而来的黑奴。各个殖民地的地方议会坚决维护传统权利，反对来自伦敦的干涉。伦敦的人们沉浸于王权复辟之后的悲喜，很少有人去关注遥远而渺小的美洲殖民地的发展。温斯顿·丘吉尔爵士倒是及时捕捉到了这番景象，他在暮年著书赞美伟大而历史悠久的不列颠君主制，书名为《神圣的不列颠》。不过麦考莱对这本书的评价是负面的。丘吉尔自豪地提到了不列颠在十七世纪的广阔新天地，"她的地平线延伸至遥远的美洲，那里阳光灿烂，已经成为了我国的一部分，它发展迅速，将要比母国拥有更伟大的力量"。不过，这都是以后的事情了。

不让约克公爵继承王位的声音渐渐隐去了。约克公爵也积极支持法国的欧洲政策，他不但没从过去的失败中吸取教训，反而幻想借助法国的力量让英格兰再度皈依天主教。但令人费解的是，他的个人声望竟然有所恢复。他的那些行动被人们留在了心底。

他是不列颠王室的荣誉，
敬爱的吉米重返民间。

这是蹩脚的托利党诗人对他的赞颂。约克公爵继续履行自己的权责，成为名义上的海军大臣，这是他第二次当选。他向注重实际的查理二世列举了那些强硬政策所取得的成果，并计划毫不动摇地履行自己的使命。

此时的国王只有五十六岁，他表面上精力旺盛，身体健康，而实际上早就被纵欲的生活拖垮。但是，如果仅仅把他当作荒淫无度之人，则低估了国王的性格和才能。他的一生经历了无休止的斗争。他在年少的时候目睹忍受了灾难，在成年后经历了各种危险。他也曾经贫困；他在位二十五年，经历了复杂的政治斗争，被可恶的"天主教会阴谋"胁迫，这都为他积攒了足够的经验，使得暮年时期的国王更加持重，英格兰的各种战火已经熄灭，而余烬尚在散热，此时疲惫的国王可以稍作休息，围炉取暖。

哈利法克斯深受国王的宠信，但他此时仍旧在督促国王尽快召集新的议会。如果查理二世没有在 1685 年 2 月中风，也许哈利法克斯的建议会被采纳。国王接受了痛苦的治疗，但是毫无进展。他面对死亡的超然之姿，令人动容。国王对自己在临死之前如此令人烦恼而深感抱歉。约克公爵在一旁准备拯救他的灵魂，当初查理二世在博斯科贝尔的橡树上躲避追兵，曾经在那个时候帮助过他的老神父被人秘密接来，为他做最后的祝福，企图让他重返天主教的世界。除了世袭君主制外，查理二世在人间和天国并没有其他精神寄托。他只想根据自己的天然权利继承王位，过上舒适的生活。他并不残忍，只是愤世嫉俗；他并不宽容，只是随波逐流。他最值得人们敬重的地方，在于他对皇家海军的贡献。

第二十五章 信奉天主教的国王

自詹姆斯一世执政以来，一直左右英格兰社会的是王权与议会之间的斗争。现在，这一斗争又回到了它最初的样子。历经八十年的坎坷曲折，君主立宪政体表面上几乎是回到了都铎时代的专制主义，这是形势使然。经历过马斯顿荒野之战和内斯比战斗，经历了处决查理一世、克伦威尔的独裁、军事对峙、激烈的王权复辟以及围绕天主教会的阴谋而展开的残酷斗争，国王竟然在三年没有召集议会情况下，维持了自己的统治，并准备将王位传给一个天主教徒。对于生活在那个压抑年代的人来说，君主制高于个人生命，即使出于宗教立场敌对这个原因，也不能阻止人民欢呼合法继承人上走上王位。

在查理二世统治的最后两年岁月里，约克公爵詹姆斯发挥了重要的作用，他凭借查理二世的爱护，顺势而为、蛰伏等待以及奉行屈辱的外交政策，为斯图亚特王朝的事业取得了胜利。对于詹姆斯来说，他成功继位似乎重振了斯图亚特王朝。他意识到，他能成为拥有实权的国王的唯一出路，就是要效仿路易十四在欧洲大陆那样，建立一支训练有素、装备精良和忠于王室的常备军和海军。他曾在蒂雷纳手下上过战场，也曾在海上搏杀，因此，指挥战争对他有着天然的吸引力。他首先要做的就是建立一支忠于王权和他本人的陆海军力量，这就像一把可以打开任意一扇门的钥匙。国王一旦手握锋利的宝剑，那么吵闹的议会、有政治倾向的傲慢贵族、已经胜利了的主教制度、气焰嚣张的辉格党和气急败坏的清教徒就会顺从他。每个人对法国在君主专制制度下所取得的强大地位，既感到害怕，又感到羡慕。法兰西此时已经解决了它的一切纷扰，其力量在国王伟大的统治下被联合起来。法兰西此时成为了一个强国，那么不列颠岛为何不效仿她，从而也获得同样强大的地位呢？

此外，詹姆斯还试图让全体人民皈依天主教，弥合基督教世界内部长期分歧造成的鸿沟。他决心至少使英格兰的基督徒拥有宽容精神，当然，重获这种精神并不是詹姆斯的唯一目标。但历史学界对此问题一直存在争议。他本人是一个狂热的天主教徒，甘愿为自己的宗教做出任何牺牲，后来他也因此丢了王位，他的儿子继承了他的衣钵，也是同样的结局。想要振兴天主教起码条件就是宗教宽容，詹姆斯决心保护天主教徒，后来他也保护非正统教派，这是他出于策略的需要。詹姆斯一直强调他追求宽容政策，实行开明的统治，成为名副其实的人民之父。

坚定的詹姆斯考虑着实现自己宏大的计划，那些新教徒们毫不怀疑，一旦他享受专制权力就会马上效仿路易十四，毫无怜悯地用手中的权力实现自己的宗教宏愿。詹姆斯在位的那一年，法国国王废除了《南特法令》，将胡格诺教派最后的抵抗无情镇压了。詹姆斯去信法国，表示支持，这些信件至今保留着。另一方面，由于他尚未实现计划的第一步就被拉下了王位，谁也无法证明他是否会改变宽容政策。在此后的流亡生活中，他同属于特拉比派的修道院院长朗塞保持了通信，六十封信至今留存，他在信中表达了对天主教的信仰，流露出宽容精神。但是如果他有机会重返英格兰的话，至多可以做到宽恕而已。信奉新教的英格兰民族如果相信掌握绝对权威的国王可以做到仁慈和宽容，那么他们未免天真。

实际上人民并不愚蠢，他们对詹姆斯二世口头上承诺的宽容，以及在此之下的一切行径都抱有极端不信任感。詹姆斯的性格、个人经历、笃信天主教的信念以及天主教会的整个面目使得当时的人民确信，假如国王有了权威，他们就只能在弥撒和火刑柱之间做出选择了。

历史还在不断前进，查理二世的突然去世给了他心爱的私生子蒙默思一个巨大的打击。当时他本人正在荷兰，他跳舞溜冰，同美貌的情妇温特沃思尽情享乐。他悠闲地消磨时光，等待他的将是与生俱来的权利，因为他有英格兰新教徒的狂热和父亲的宠爱作为后盾。令他从一切幻想中惊醒的是，今后与他有关系的不再是宽容的父亲，而是冷酷无情，有无数恩怨要与他清算的叔叔。在海牙的时候，奥兰治亲王威廉对他礼遇备至，可就在查理二世去世消息传来的那一天，蒙默思被请出了荷兰，这是威廉出于国家关系的深思熟虑。威廉对他提出了中肯的建议，让他去德皇的军队中当一名军官，同土耳其人作战。可是蒙默思身边都是曾经参与过拉伊城堡阴谋，谋害国王查理二世的人，这些人控制了他。这些阴谋家说："为你的权利战斗吧，时不我待。"蒙默思本来安于同情妇的耳鬓厮磨，无奈这些破釜沉舟的亡命徒逼迫他走上绝路。这些人无法忘怀自己在1681年是如何逃离英格兰的。难道英格兰不拥护"我们敬爱的新教公爵"而反对天主教徒继承王位么?于是三只船载着维护《神圣盟约》的阿盖尔伯爵之子，小阿盖尔和"汉尼拔"·朗博尔德，奔赴苏格兰，剩下三只船载着蒙默思以及他的追随者——拉伊堡阴谋的参与者以及沙夫茨伯里的追随者驶向英格兰。这注定是一个不祥的旅程。

詹姆斯终于从容地登上了王位。他无所不用其极，想将王权牢牢掌握在手中。他登基时所发表的小心翼翼的声明让英国各界都感到一丝释然。他试图消除民众对他将要进行报复、实行专制统治的疑虑。他说道："为了保卫我们的民族，我不顾及个人的安慰，我也将继续维护人民的正当权利和自由。"他决定继续在政治和宗教领域维护法制。他还讲道："英格兰的法律是他成为一个伟大国王的保证。"他承诺维护个人权利，保护个人财产。据说他还宣称"他自己没有任何宗教观点"。但是，当他感觉到手握权柄的时候，便到他的小教堂去做弥撒了，这还仅仅是他继位后的第二个星期天。诺福克公爵带着国王的佩剑走在国王的前面，到了教堂门口便停下脚步。詹姆斯对他说："公爵，如果是令尊，他一定会跟我进去。"诺福克公爵反驳道："要是陛下的父王在世，他不会走这么远。"

圣公会不满国王詹姆斯公开地参加天主教的仪式活动。不过。这件事时隔很久才传到乡下那些地方。人们普遍对国王的声明感到满意。詹姆斯此时不得不召集议会，以补充因查理二世去世 而减少的王室收入。当选的下议院对詹姆斯的态度既忠诚又谦卑，拨出了数目可观的年金。这笔收入随着贸易的不断发展，可以达到每年二百万英镑。坚定的托利党人爱德华·西摩尔不满于他所在的西部地区的选举，他试图阻止议会，暂停执行之前的决议。詹姆斯受到了议会友好态度的鼓舞，决心在立宪问题上实现自己的计划。他清楚自己的目标,并且希望可以畅通无阻地实现它。重大的人事更迭并没有出现,哈利法克斯仍然是大臣中的核心。人人都在期待国王的加冕仪式。

1685 年 6 月 11 日，蒙默思登陆英格兰。为了躲避英格兰舰队的搜寻，他一共在海上漂泊了十九天。他在离波特兰不远的莱姆里杰斯港登陆，立即受到了民众的欢迎。他声称他母亲的婚姻是合法的，并指责詹姆斯是杀害查理二世的篡位者。仅仅一天，他就召集一千五百人。报信的人飞奔去白厅，詹姆斯终于有了大展身手的机会。他虽然不掌握军队，但他有皇家骑兵和一个团的龙骑士，这支队伍由他最信赖的丘吉尔勋爵指挥。此外，从已经被放弃的丹吉尔要塞，詹姆斯也补充到了两个正规步兵团，指挥官是柯克上校。新国王身边汇集了全部的统治势力，议会誓死效忠于他。他们判处蒙默思死刑，悬赏他的首级。议会还拨出了大笔的军费征召民兵，各地也纷纷响应。法国人路易·迪拉之前一直居住在苏格兰，他被任命为国王军队的统帅，封为费弗沙姆伯爵。丘吉尔率领的军队已经逐步靠近蒙默思。而此时的蒙默思率领着忠诚的六七千追随者，经过长途跋涉，穿过汤顿和布里奇沃特，奔赴布里斯托，但他在那里被拒之城外，只得从巴斯和弗罗姆返回，经过一个月的奔袭又回到了布里奇沃特。丘吉尔已经同柯克会师，他们每天对蒙默思穷追不舍，而费弗沙姆伯爵率领的另一支军队也逐渐靠近蒙默思。

尽管有民众的支持，蒙默思公爵已经深感自己大势已去。他得知了阿盖尔和朗博尔德在苏格兰战败被俘虏，马上就要被处以极刑的消息。不过，他也并非毫无指望，他还可以发动对王军的夜袭。蒙默思在塞奇穆尔的营寨偷袭了费弗沙姆的军队，但让公爵没有想到的是，一条叫作“巴塞克斯莱茵河”的沟壑横亘在两军之间，因此双方无法近身战斗。机警的丘吉尔此时指挥着军队，用六十门大炮攻击着西部地区的农民和矿工。蒙默思的军队背后和侧方都遭到了王军的进攻，可是他们亦如当年的铁甲军一样，顽强抵抗，不会轻易地投降直至战死沙场。最后在无情的追击和大规模的杀戮中，叛军以悲剧收场。蒙默思逃离战场，几日后被捕。他没有也不会得到饶恕。国王同大难临头、罪恶滔天的公爵进行了一次会面，因而至今仍受责备。蒙默思在刑场上宣布道："我是作为英国国教的新教徒而牺牲的。"他身边的教士说："如果你是英国国教信徒，那就必须承认并服从国王的王权。"圣公会的教徒们竟然粗浅地推导出这种结论。

在西部地区处理战俘事宜的是法官杰弗里斯。这位法官很能干但残忍嗜血，他因做出了"血腥的审判"而遗臭万年。他一共处决了二三百人，把八百多人流放到了巴巴多斯，这些人的后代现在仍旧居住在那里。同时，这位极端残忍的法官被詹姆斯选中，准备提拔为掌玺大臣。有人就休林家族两个年轻的浸礼会教徒的死刑判决，向已经深受瞩目的丘吉尔上诉。后者能否帮助他们的妹妹见到国王么？他虽尽力活动,但把手放在壁炉架上对她说："我不敢说有什么希望，也不敢说心如磐石的国王会有同情心。"后来，这两个年轻人还是被处死了。

奥兰治亲王威廉此时已经显出他的政治远见。根据之前的一条约定，他应该派三个步兵团驰援国王詹姆斯。他遵守了约定，甚至希望自己可以亲自指挥战斗。可另一方面，他并没有尽全力阻止蒙默思跨洋去战斗。如果后者获得胜利，英格兰将会出现一位信奉新教的国王，那么他必然会加入反对路易十四的阵营，如果失败，威廉和他的妻子玛丽继承英格兰王位的最后一个障碍就被扫除了。在这两个可以选择的前景中，他最希望的那一个实现了。

詹姆斯终于攀上了权力的顶峰。他平息了叛乱和防止了内战的发生，因此全国各阶层都衷心拥护他。他着手利用有利条件，建议枢密院废除《宣誓条例》和《人身保护法》，这两条法案是他哥哥查理二世留下的可恶政治遗产，阻碍了他实现自己的计划。在他发动攻势的关键时刻，他提拔了许多信奉天主教的军官，并将他们编入已经人数激增两倍的皇家新军里。枢密院院长哈利法克斯指出，这些做法已经触犯了许多法律，掌玺大臣诺思也警告詹姆斯这么做是十分危险的。结果，哈利法克斯不仅失去了枢密院院长的官位，还一同失去了枢密院成员的资格。而诺思也在不久后去世。双手沾满献血的，实行了“血腥审判”的法官杰弗里斯接掌了诺思的职位，担任掌玺大臣。同年，森德兰德伯爵罗伯特·斯潘塞接任了哈利法克斯的枢密院院长的职务，同时还兼任海军大臣，因此成为了国王的首席大臣。森德兰德是一个令人无法琢磨的人，他曾经为查理二世服务，如今又为詹姆斯效劳，后来又转投威廉三世，他善于见风使舵。为了取悦国王，他如今摇身一变，成为了天主教徒。他比任何人都了解英格兰的政治斗争以及几个大家族的态度，因此他可以成为国王身边最需要的人才。

11 月 9 日，议会召开了第二次会议，詹姆斯在会议上提出了当前目标，他口若悬河，指责民兵毫无用处，他们在蒙默思非正规的农民武装面前曾经两次临阵脱逃，必须建立一支常备军，以维护国内治安。他还直言不讳，不会将那些立下军功的天主教徒从军队里赶出去。这两个要求震惊了议会，尽管他们对国王态度友好，但他们厌恶、恐惧常备军，同时，他们最珍视的原则是英格兰的国教。下议院全体对于这些世俗和宗教的安排感到内心痛苦，心怀恐惧，同时也产生了不满的情绪。刚刚过去的内战危机又一次激发了忠君之心，这也一直鼓舞托利党的贵族和乡绅、教会继续他们服从国王的原则。他们已经做好妥协，对信奉天主教的军官在平叛时期违反《宣誓条例》的行为予以宽恕。下议院还准备追加七十万的拨款，用来加强皇家卫队。他们言辞恳切地希望国王可以保证不破坏议会的法案，保护新教。然而，国王詹姆斯断然回绝。

在上议院，坚定的辉格党人德文希尔，著名的前大臣哈利法克斯、枢密院成员布里奇沃特和诺丁汉以及伦敦主教亨利·康普顿，康普顿的父亲曾经为查理一世的事业牺牲于纽伯里，这些人决定起来维护人民的权利。他们确定了进一步商讨的时间，还邀请法官对于国王的行为，给予是否合法的裁决。最高法庭的法官并非全部归顺詹姆斯。因此国王意识到，如果任由法官和上议院做出裁决，将妨碍他解救视为亲人的天主教徒。于是他也效仿查理二世在牛津解散 1681 年议会的方法。11 月 20 日，他突然驾临上议院，下议院也被一并招至上议院，他宣布就此休会。在他执政期间，再也没有召集过议会。

詹姆斯用休会这个手段，消除了议会的反对。1686 年，他开始着手解救他的天主教教友们。第一步，他要废除《宣誓条例》，这个条例规定，天主教徒充当军官的时候，必须发誓放弃天主教信仰。他依赖的法官们对他的做法持反对态度。但经过几轮撤换，最高法院人事大变，准备接受审理黑尔斯和戈登案件的考验。朴次茅斯总督黑尔斯是一名天主教徒，他的车夫戈登控告他违反《宣誓条例》，要求获得五百英镑的奖励。黑尔斯请求国王赦免，法庭给予批准。来自法庭的支持，使得詹姆斯批准帕特尼的副主教继续任职，后者已经成为了天主教徒。同时，信奉天主教的上议员们也被国王安插进入枢密院。更为激进的是，国王建立了一个教士委员会，该组织同被“长期议会”取消的宗教法庭功能相似。它的主要作用是阻止天主教徒被圣公会教士说教。主教康普顿早已被排除在枢密院外，此时他的伦敦主教之位也被剥夺了。

国王的一系列行动打破了国内平静的局势。詹姆斯采取了比专制统治还恐怖的手段，用以恢复天主教的地位。律师们发现法律和王权之间发生了明显的矛盾。他们要求国王不仅要服从法律，还要服从议会制定的法律，即成文法。所有普通法律师都赞成这个要求。

同年年底，国王过往那些忠实的朋友都已经被疏远，这又引起了众人的不满。哈利法克斯曾经保护詹姆斯免受《排他法案》 的约束，此时他本人正在乡下考虑时局的对策。于 1684 年从伦敦塔被释放出来的丹比已经完全放弃了对教会和国王的期待。他已经看出，信奉天主教的国王治下，不可能有理想的教会和君主制。而蒙克将军的儿子阿尔比马尔也离开了国王的军队。国王再次召集曾经追随他，一同反对蒙默思和阿盖尔的议会，冲突在所难免。詹姆斯的目的明确，就是要重造英格兰的宗教信仰和宪法，对于这一点，大家都深信不疑。

詹姆斯使议会于 1686、1687 两年间处于休会状态，他利用自己手中的任免权，把重要的岗位都安插上天主教徒。辉格党和托利党之间的党派鸿沟要比过去小。詹姆斯的做法，迫使过去反对其兄长的政党，和支持其兄长的政党走到了一起。他开始采取一些大胆巧妙但又十分不理性的政治伎俩。之前，他的目标仅仅是拯救天主教徒。此时，他为了获得更多的支持，要帮助同样受压迫的非国教信徒。如果辉格党和托利党联合进攻他，他就会将天主教和其他非国教教徒以及王军结合起来，形成与两党对抗的联盟。他的谋臣威廉·佩恩，是一名教友派信徒，是他得力而又有权威的代表。佩恩是大洋彼岸宾夕法尼亚殖民地的开拓者，在他的统治时期以及上一代国王的统治时期都是举足轻重的人物。至此，詹姆斯将他的宝座原来的保护罩打破了，企图用力量不相符，又极端不可靠的新支柱把宝座再一次支撑起来。

1687 年 1 月，海德兄弟相继倒台，年长的克拉伦登在爱尔兰被詹姆斯的忠实追随者，天主教徒泰康内尔伯爵所压制，他的弟弟罗彻斯特在宫廷里受到森德兰德的打压。罗彻斯特于 1687 年 1 月 7 日失去了财政大臣的职务，三天后，克拉伦登被泰康内尔取代。兄弟二人的朋友本来以国王的名义统治苏格兰，此时也被撤职，接任的是两名天主教徒。这些人事的变动预示了詹姆斯统治的第二个阶段的来临。1685 年底，议会休会后，保皇派和圣公会教徒都对国王心怀不满。直至罗彻斯特下台，人们开始密谋发动革命。

国王詹姆斯在不断扩充他的军队。查理二世拥有一支七千人的军队，每年的军费支出为二十八万英镑，而詹姆斯此时已经拥有了两万多的人马，每年的军费支出为六十万英镑。截至 1686 年 2 月，除了皇家卫队外，他还坐拥三个骑兵旅（每个骑兵旅相当于一个团的兵力），十个骑兵团，两个步兵营和十五个营的前线部队。为此，詹姆斯在夏天的时候，会在亨斯洛建立一个兵营，在整个伦敦人面前耀武扬威。1686 年 8 月，兵营里已经有了一万人，一年后，费弗沙姆集中了一万五千人马和二十八门火炮。为了博得军士们的好感，詹姆斯经常亲赴兵营。为了方便士兵们做弥撒，他将带有轮子的木头搭建的小教堂带到军营中，放在骑兵和步兵中间。他观摩军队的训练，并同费弗沙姆、丘吉尔和其他将军一同进餐。他吸纳信奉天主教的军官和士兵。牧师约翰逊在信奉新教的士兵中散发煽动性的小册子，詹姆斯命令给他戴上刑具，从纽盖特监狱一直鞭打到泰伯恩绞刑架。有了这支强大的军队作为后盾，詹姆斯感到十分欣慰，克伦威尔后，再没有如此强大的军队，也没有任何力量能与之抗衡。国王不断把天主教徒提拔进入到重要岗位，贝里克公爵成为朴次茅斯总督的时候刚刚年满十八岁，赫尔和多佛两地的守备司令都是天主教徒，最后，就连英吉利海峡舰队的司令官也改以天主教徒接任了。

第二十六章　1688 年革命

荷兰的奥兰治亲王密切关注着詹姆斯国王的一举一动。就在海德兄弟被解职不久，地位超群的荷兰人戴克维尔特被威廉任命为特使前往伦敦，他此行的主要目的是请求詹姆斯采取比较温和的措施，同时要窥探反对派领袖的意见。戴克维尔特看到所有的政治家都在反对宫廷，便明示他们，威廉和玛丽会提供帮助。几个月以来，詹姆斯和天主教势力一直打算要安妮公主继承王位，但条件是她必须要皈依天主教。安妮身边的人都是坚定的新教徒，康普顿主教是她的宗教导师，约翰·丘吉尔是她可靠的顾问，约翰的妻子莎拉是公主的密友。一听到詹姆斯要安妮皈依天主教的传闻，安妮的小圈子便团结起来，安妮对此又生气又害怕，产生了要为新教信仰献身的坚定信念，在后来的斗争中，这个紧密团结的小团体表现出的坚定、端正、合理的立场发挥了重要的作用。戴克维尔特离开英格兰之后，约翰·丘吉尔在 1687 年 5 月 17 日去信威廉，向后者保证："我忠于自己的信仰，同宗教信仰相比，我个人的地位和国王的恩宠轻如鸿毛。我可以服从国王的意志，只是在宗教方面难以听从国王的命令，愿上帝为我作证，我深受国王的知遇之恩，甚至愿意为国王献出生命"。但他也写道："虽然我不似圣人那样生活，但若有需要，我一定勇于为信仰牺牲。"

詹姆斯继续推行带有争议性的政策，他签发了第一部《免罪令》。而这项法令的内容正是议会早就反对的，他用王命取代了议会的法案。同时，詹姆斯不顾众人反对，委派一名天主教徒去担任牛津大学马格达伦学院的院长，并且驱逐了反抗他的评议会的会员，这引起了更大的反弹。到了 7 月份，詹姆斯计划公开欢迎教皇的特使德阿达。萨默特公爵接到了主办欢迎仪式的王命，而他断然拒绝。他说，根据宗教改革运动宣布的原则，认可教皇的官员是违法的。詹姆斯说："我不受法律的约束。"公爵回答："陛下可以不受法律约束，但我不会。"因此，他也被解职了。

詹姆斯制定了他的政治纲领，第二步便是建立可以掌握在自己手中的政党，第三步是通过他的追随者组建一个有权废除《宣誓条例》的议会。当时拥有选举权的还是少数人。在乡村里，依靠各郡的总督和地方法官基本上就能左右选举，在城市里，选举则由市政机关控制，詹姆斯把全部精力都投注在这上面。不同意帮助他组建拥护国王的议会的那些总督，相继丢了官，这包括了许多地方的实力派，代替他们的是天主教徒和效忠国王的人。为保证天主教徒和非国教徒有充分的代表权或者优势地位，城市自治机关和地方法庭也都经受了大的人事变动。政府企图迫使地方当局许下支持国王一切政策的承诺。将天主教徒和非国教徒的地位置于圣公会教徒和保皇派之上，或者干脆取代后者的这种做法，打破并改变了王权复辟时期确定的英国社会结构。此举不仅激怒了傲慢富有的贵族，也刺伤了民众的感情，在反对国王的斗争，拥有权势的阶层获得了没有选举权的民众们的支持。

为了替国王詹姆斯辩护，有些人喜欢夸大英格兰天主教徒的数量，甚至有人说，经过几代的宗教迫害，仍有八分之一的英格兰人信奉天主教。除了一些深受国王宠信的人外，那些信奉天主教的贵族们对于国王的冒进行为深感不安。教皇根据罗马教廷的政策，也指责詹姆斯的行为过于不理性，他特别要求詹姆斯不要过于冒进。但是，詹姆斯却更坚定了自己的决心，进一步加强了军队的实力。

谈判又进行了很长的时间，牧师们在布道时表示反对天主教，哈利法克斯发表极具影响力的《致不信奉国教者的信》，以对抗国王拉拢非国教教徒的计划。伯内特主教人在海牙，他给圣公会教徒去信，告诉他们不需要遵从王权，坚决同国王的政策进行斗争。奥兰治亲王威廉也毫不讳言。世界上最强大的君主，法兰西的国王正在法国奉行天主教的"宽容"政策，每天有受宗教迫害的人来到英格兰，因而，英格兰上下对天主教更加的恐惧和仇视。各阶层和各党派都知晓，英法两国的宫廷互相扶持紧密合作。人们在此生和来生的一切指望都受到了威胁，经过深思熟虑，最后走上了叛乱的道路。

《内伊梅根条约》签订过后的十年，是路易十四统治的黄金年代。英格兰忙于国内斗争，已经没有更多的精力对欧洲的事务产生影响。哈布斯堡王朝统治的神圣罗马帝国在奥斯曼入侵和匈牙利叛乱的双重打击下，同样分身乏术。路易十四认识到自身强大的实力，决心恢复并扩大昔日查理大帝的帝国版图，试图登上帝国的宝座。他正在筹谋一整套新的计划，以便把西班牙以及其在美洲的殖民地置于法国国王的统治之下。他不断入侵邻国，于1681年跨越了莱茵河，占领了斯特拉斯堡。1684年，他用火炮攻击了热那亚，进攻卢森堡，在西班牙边境屯兵，对德意志西北部提出了领土要求。各个邻国在路易十四残酷的进攻下，痛苦地怯战不出。路易十四打击胡格诺教，另一边也同教皇进行激烈残酷的斗争。法国的教士们都归顺于法王，仿佛军队听命那般，路易十四剥夺了教士们的一切权力和收入。他不仅要控制世俗社会，而且还要在各个方面控制教会。出于爱国思想，法国的天主教会屈服于国王的淫威之下。违抗王命的人，其下场就像胡格诺教派那样。

英诺森十一世在各代教皇中，可以算是出类拔萃的一位。这位教皇出身军人，务实能干。几百年来，他的形象一直光芒耀眼。他的举止得体，性情温和，仁慈又志向高远，只是有些过于固执和大胆。他了解当时世界上那些政治家们，也对欧洲政治力量的对比了然于胸。对于法国迫害新教徒的情况十分不满。他反对用迫害的手段教化异教徒，因为基督并没有使用武力进行传教，“只能引导人们去教堂，而不是逼迫他们去。”他撤销了法国主教的一切宗教权力，下达了褫夺教权和开除教籍的手令，最后加入了正在欧洲形成的反对法国统治的联合力量。他一边安抚信奉天主教的神圣罗马帝国皇帝，另一边也同信奉加尔文教的奥兰治王子交朋友。无数的人们跨越了阶级、民族、教派和利益的鸿沟，产生了同一目标的认同感。虽然这种认同感形成比较缓慢，但是经过了时间的洗礼，在成千上万人的心中扎下了根。

仿佛1642年那般，1688年秋天的英格兰也隐约透露出内战的迹象，一触即发。不过，此时同查理一世在诺丁汉扛起战旗的时代相比，力量组合已经发生了根本改变。国王有了大批装备优良的正规军，还有实力强大的炮兵。他坚信自己掌握着即使不是最多人数的但绝对是最强大的海军。詹姆斯在军事上获得了爱尔兰和法国的支持。港口和火药库在信奉天主教的忠诚总督们的控制之下。王室收入充裕。他还预计，出于对王权服从的原则，圣公会不会对他有任何反抗的举动。国王仍旧不召集议会，提防他们采取联合行动。在反对国王的阵营里，不仅包括了辉格党人，还几乎囊获了全部王室旧友。参加过复辟王权的人，在马斯顿荒野之战和内斯比战斗中为詹姆斯的父亲作战或贡献了生命的那些人的后代，为了“神圣的权利”受到长期迫害的圣公会的主教和牧师以及一众信徒，将金银餐具熔化掉以便为查理一世充盈国库并派年轻学子参加国王军队的大学，自身利益同君主制密切相关的贵族和地主们，所有这些人们表面默不作声，但内心已经怒不可遏，他们准备以武力反抗国王。1688 年英格兰的贵族和圣公会经受着前所未有的考验，做出了史无前例的贡献。他们丝毫不会退缩犹豫。

在这个广泛的秘密联盟里，有两种不同的声音。以哈利法克斯和诺丁汉为首的温和派主张缜密计划，谨慎行动。他们指出，大臣内部正在分化。国王詹姆斯认为已经有许多人皈依了天主教，实际并非如此。他永远不会拥有一届支持他的议会。但没有任何的证据可以指向詹姆斯，指控他有叛国罪。温和派还告诫人们，不要忘记常备军在战争中的巨大的作用，必须要牢牢记住塞吉穆尔战斗的教训，“事在谋而不在急”。而另一边，是以丹比为首的强硬派。在这些知名人士中，丹比最早联系荷兰的威廉，想要把外国的军队引入英格兰。和丹比同一个阵营的还有施鲁斯伯里、德文希尔和其他辉格党的领袖们。1688 年春的时候，他们就敦促威廉进军英格兰，威廉答复他们说，如果在合适的时机接到英格兰重要人物的正式请求，他就会出兵。他还说，他可以在 9 月份的时候做好一切准备。五月底的时候，强硬派策划完成了全国性的叛乱阴谋，有了详尽的计划。全国上下人心浮动，秘密串联活动不断。

军队态度显得十分的重要。如果他服从国王的命令，为国王而战，那么英格兰将毁于一场内战，后果更是不堪设想。倘若它拒绝参加战斗，或者有人靠某种方式阻止，那么这些问题就会得到和平解决。虽然无法证明，但是可以肯定的是：发动这场革命的策划者有一个力量夯实的军事核心，根据这些政治家的谋划，这个力量核心已经在军队中逐渐形成，或者至少已经在高级将领中形成了。政军两界所有密谋者的首要目标，是能够在不动用武力的情况下，迫使国王妥协。这是丘吉尔筹谋已久的计划。同他一起策划的还有从丹吉尔撤回的两个团的上校柯克和特里劳尼，还有统帅皇家卫队的克拉福顿公爵以及奥蒙德公爵和其他军官。战斗的帷幕已经拉开。

到了四月底，詹姆斯下达了第二个《免罪令》，并要求在所有的教堂里宣读命令。5 月 18 日，在素有威望的坎特伯雷大主教威廉·桑克罗夫特的带领下，七位主教一同抗议詹姆斯滥用赦免权。普通教士服从上级教会的命令，没有宣读这个《免罪令》。对此抗命的态度，国王詹姆斯怒火冲天，他尽全力打击的教会竟然违背服从国王的原则，这让他十分愤慨。他下令要以煽动和诽谤的罪名起诉闹事的主教们。大臣森德对此感到震惊，极力劝说国王不要这样极端。甚至连掌玺大臣杰弗里斯也对克拉伦登说，国王的做法欠妥。可是国王不听众人的劝阻，下令审判。主教们都拒绝保释，宁可被关入伦敦塔。

人民一直期待，一旦国王詹姆斯去世，那些扰动国家安宁的矛盾就会随之烟消云散。只要玛丽或者安妮登上王位，信奉天主教的君主和信仰新教的臣民之间的斗争就会停止。因此，向往和平的老百姓们可以静待国王去世。不反抗王权并不代表失去了希望。正当审讯主教的案子尚悬而未决的时候，王后于 6 月 10 日生下一子。于是乎，英格兰人民以后还要忍受另一位信奉天主教的国王的统治，而且这种统治将世世代代延续下去。

以前并不受爱戴的主教此时成为全国人民的偶像。当他们登船准备前往伦敦塔的时候，无数人向他们欢呼致敬，这种声势代表着尊重以及政治上的支持。主教制度也首次得到了伦敦人的拥护。主教们在 6 月 15 日被带回威斯敏斯特宫以及于 6 月 29 日在法庭接受审判的时候，都出现了令人动容的场面。主教们的审判一直持续到晚上，陪审团们整夜聚在一起讨论，第二天，当法庭宣布“无罪”决议的时候，人们欢呼雀跃。当主教们离开法庭的时候，一生都在反对主教制度的人们下跪请求主教赐福。此外，军队的态度更为重要，詹姆斯到亨斯洛军营去看望他们的时候，离开时听到雷鸣般的喊声。他问："这是在喊什么？""陛下，没有什么，士兵们在为主教无罪而开怀。"詹姆斯说道："这怎么能是没有什么呢？"

当天晚上，伴随着庆祝的礼炮声和民众的欢呼声，作为强硬派代表的七名主教来到施鲁斯伯里公馆，在那边签署了致威廉的信件，这封信如贸易合同般行文质朴。信中说："如果形势的发展使得您认为可以在今年内及时赶到，并给予我们帮助的话……我们将欢迎阁下的到来。"最终签名的是施鲁斯伯里、丹比、拉塞尔、康普顿、德文希尔、西德尼和拉姆利。舰队司令赫伯特乔装打扮成一个普通的水手，将信交给了海牙政府。签署这封信的几个人的名字被人们广泛传播，其目的就是要吸引更多的人和征集更多的财物，对国王发动战争。施鲁斯伯里原来是个天主教徒，后来改信了新教，他抵押了自己的全部家产，筹集了四万英镑，跨越海峡去见威廉。丹比开始动员约克郡内的百姓们。康普顿到北方"去见他的姐妹们"。自1685年以来，德文希尔一直居住在查茨沃斯，他将佃户们编成一个骑兵团。斯图亚特王朝男性继承人的降生对威廉的野心是一个不小的打击，他激动万分地喊叫："如果现在不动手，就没有任何希望了！"于是，他开始准备登陆英格兰。

小王子的降生对于英格兰人民来说，也是一个沉重的打击。当人们听到这个消息后，不管是真心还是假意，都表示不敢相信。当初王后怀孕的消息一出，人们就怀疑结婚多年才有孕这件事的真伪。当初，天主教徒们祈祷并信心满满地预言：王后将生下一个男孩子。许多人因此断言，这件事背后必有蹊跷。庆祝的篝火尚未从大街上清除，就有一个关于孩子是被装在长柄炭炉里偷偷带进宫的传闻流传出来。国王詹姆斯缺乏谋划，小王子降生的时候，在场的多半是浸礼会教徒、天主教徒的妻子和外国人。坎特伯雷大主教被关在伦敦塔里，而并不在场。海德兄弟也没有接到进入皇宫的通知，他俩是枢密院的成员，是王后的兄弟和两位公主的亲舅舅，婴儿降生时理应在场。被威廉授予特殊使命的荷兰大臣也没有接到邀请。更重要的是，安妮公主也不在场，她本人正与丘吉尔一家身处巴斯。为了国家的前途，这个婴儿必须被证明是一个假货。英格兰的新教徒坚持合法继承原则，要避免天主教徒继承王位，这是唯一的办法。

八月份的时候，丘吉尔给威廉写了一封亲笔信，重申了他在一年零三个月之前做出的保证。这封信被保留至今，如果这封信不能保密的话，他命悬于一线。他在信中写道：“西德尼先生将向您传达我的想法，这是应该向上帝和祖国尽的义务。我把自己的荣誉托付于阁下，如果您认为还需要在其他事上继续努力，请尽管吩咐，我定当完成，因我已下定决心献身于上帝给您意志和力量保护的宗教。”此时，这位尚未在政治舞台上一飞冲天的人物，还担任着军队内的职务，且计划在时机允许时，利用他对军队的影响，反对詹姆斯。他希望以此迫使国王让步，或者消灭属于国王的顽固势力。他本人态度坚决，且手段高超。他仿佛在指挥一场真的战斗。而且，诡计多端是一场阴谋活动所必需的。

在大洋的另一端，日益集结的法国大军的一举一动都在荷兰军队统帅奥兰治亲王威廉的密切关注下。他的麾下有英格兰和苏格兰人组成的六个团，他们是组成这支远征军的主力。其他欧洲新教国家和英格兰将威廉看作反对路易十四侵略的领袖。可是他在远征英格兰之前，首先要获得荷兰议会的批准。在法国虎视眈眈，随时准备进攻的情况下，不安的荷兰人以及面临灾祸的德意志公侯们很难相信，只有把威廉的军队派往英格兰，他们才能获得最坚实的安全保障。最后，威廉说服勃兰登堡的弗雷德里克三世，从他那里获得了由朔姆贝格指挥的一支军队。其他德意志公侯对弗雷德里克的做法表示了默许。大多数信奉天主教的西班牙人不反对推翻一个和他们有同样信仰的国王，因为西班牙人更多的是考虑政治问题，而不是宗教。教皇让神圣罗马帝国皇帝消除了宗教方面的担忧。于是各种利益和信仰被统一起来，形成了远大的战略图景，而这种图景只有面对共同的深刻危机的时候，才能产生出来 。

法国的行动左右着局势的发展。如果法军进攻荷兰，威廉和荷兰就必须全力以赴地对付法国，那么独留英格兰自己直面未来；如果路易十四的军队跨越莱茵河进攻勃兰登堡和德意志，那么威廉的军队就能登陆英格兰。但是，路易十四举棋不定。假如詹姆斯同意与法国结盟，那么法国的军队就会进攻荷兰。但是，詹姆斯本人既有宗教的狂热，又有爱国主义的情怀，一时无法抉择，致使荷兰人以为他与法国人结盟，而法国人则认为他与荷兰人结盟。因此，路易十四决定让英格兰先在内战中自戕。九月底，他率军跨越了莱茵河中段。这消除了威廉的顾虑，议会授权他远征英格兰，他可以任意驰骋了。国王詹姆斯的大限将至。

深秋时节，不列颠岛上的民意汹涌，局势也一日紧张过一日。在这种形势下，全国主要势力都参与其中的密谋活动正在进行。泰康内尔为国王在爱尔兰建立了天主教的军队，国王企图从中抽调几个团驰援英格兰，这个计划并没有实现，因为它引起了强大的反响。有一首民谣用充满侮辱和嘲讽的语气表达了各个阶级对爱尔兰人和天主教徒的仇恨。人人传颂这首歌谣，同时也感受到了战争的紧迫感。这些民谣都出自沃顿勋爵的手笔，他熟悉百姓们的思想和语言。这首民谣没有明确提到威廉，也没有提及叛乱和入侵，但是众人传颂的美妙声音给军队留下深刻的印象，伯内特主教说，“没有见过此情此景的人是难以想象的”，人人都在观望局势，相机行事。此时各种谣言遍布全国，有人说爱尔兰人要来了，法国人要来了，天主教徒要对新教徒施行大屠杀，以及英格兰已经被国王出卖给了法国等等。总之各种传闻横行，一切都不作数了，没有人值得信任。法律、宪法、教会……总之一切都处于危险之中，幸好救星就要来了。只要东风起，救星就会率领大军跨越海峡，把英格兰从天主教的奴役中拯救出来。沃顿写了一首名义上针对泰康内尔的诗歌：

为何他久留在后面？
啊！原来有一股新教之风。

这股新教之风拂过人们的内心，起先只是一阵微风，随后变成风暴，不久将吹过波涛怒吼的北海！

威廉的着手备战和英格兰各地汹涌的民意，震慑了森德兰德和杰弗里斯。这二人劝说国王修正自己的政策，建议国王召集议会，停止一切极端的天主教措施，同圣公会讲和。10月3日，詹姆斯同意取消宗教法庭，关闭天主教神学院，恢复马格达伦学院那些信奉新教的评议会会员的职务。那些已经被撤换的总督又得以继续掌握各郡的政权，直辖市又获得了自治的特许状，詹姆斯还恳求主教们放下以前的不愉快，并邀请托利党的绅士重掌地方法官的职务，在国王詹姆斯执政的最后岁月里，他不得不放下给自己设定的高标准，放弃他此前的一切目标，试图平息人们的怒火，可是一切都太晚了。

10 月 19 日，威廉率军出海。虽然他的军队人数并不是很多，却是欧洲各国新教徒的集合，其中有荷兰人、瑞典人、丹麦人、普鲁士人、英格兰人、苏格兰人，还有来自法国的，遭受各种不幸却依然坚毅的胡格诺教信徒。他们一共有一万四千人，分别乘坐大约五百艘船，六十艘战舰为他们护航。威廉的计划是在北部登陆，丹比和其他的贵族会在那里同他会师，但是风向的缘故，他被吹过了多佛海峡，一路上只见英法两国海岸人头攒动，围观者甚众。11 月 5 日，他终于在德文郡的托贝登陆。当有人告诉他此日是“爆破阴谋”的周年日后，他反问伯内特：“你相信宿命论么？”

詹姆斯对威廉的登陆并未感到十分震惊，他打算围攻威廉于西部地区，从而切断他的海上通路。被派往约克郡的部队又被国王调到南方，奔赴指定的皇家军队集合处索尔兹伯里。詹姆斯竟也能在关键时刻，调动类似克伦威尔巅峰时期的军队。国王的正规军有近四万。大约四千英格兰士兵勉强到达卡莱尔，三千爱尔兰大军还未过切斯特。此外，至少需要七千人保卫伦敦。即使如此，国王还是在 11 月 19 日这一天到达皇家军队集合点索尔兹伯里，而此处已经集结了二万五千官兵，是威廉军队人数的两倍。这样一支训练有素的常备军是英格兰历史上前所未有的。

但是，倒霉的国王遭到了许多人的相继背叛。克拉伦登伯爵的长子康伯里勋爵作为一名皇家骑兵的军官，竟然也试图率领三千骑兵团倒戈威廉。由于许多人的警告，国王考虑逮捕丘吉尔。因为后者伙同克拉夫顿公爵试图带领军队投降。他们尚未来得及实现自己的计划，就不得不在 11 月 23 日的夜晚率领大约四百名军官和骑兵撤离皇家军队集结地。同时，安妮公主也在挚友萨拉的陪伴下，由主教康普顿带领，逃离了白厅。此时，全国被叛乱点燃了。丹比在约克郡揭竿而起，德文希尔在德比郡身先士卒，德拉米尔在柴郡扛起战旗。巴斯勋爵把普利茅斯让给威廉，事后成为海军司令的乔治·宾代表舰长们来到威廉的指挥中心，向他承诺，英格兰海军和朴次茅斯完全听命于威廉。不少的城市都发生了叛乱。这是一次自发的大动乱，英格兰人民彻底抛弃了詹姆斯。

此时的詹姆斯发现已经无力回天，便召集仍在伦敦的上议员议员和枢密院成员开会。根据这些人的建议，国王开始同奥兰治亲王威廉和谈，但是威廉的军队没有停下进军伦敦的脚步。詹姆斯只好将王后和王子送到国外，11月21日，詹姆斯趁夜也逃离了王宫，跨越泰晤士河。他所做的一切最终把英格兰推向了混乱的深渊，他把国玺扔进了河里，下令解散军队，然后奔赴达特茅斯，准备在那里找到一条船前往爱尔兰。谣言四起，爱尔兰人进行了大屠杀。伦敦市民洗劫了外国的大使馆，整个伦敦一片恐怖的气氛，那个夜晚被称为“爱尔兰之夜”。仍在行使权力、力挽狂澜的枢密院使伦敦避免陷入更加恐怖的动乱。它化解了无数困难，最终将风波平息下去，然后敦促国王尽快返回首都。此时，它仍旧承认国王詹姆斯的权威。

詹姆斯此时已经上了船，但是错过了潮涌，结果被渔民和达特茅斯的市民抓回了岸上，押往伦敦。消磨了一些时间后，他再一次得以逃脱，彻底离开了英格兰，再也没有回来。尽管在垮台和逃亡的时候，这位行动失策的国王失去了风度，然而历史最终还是为他恢复了尊严。他为宗教的牺牲使得他获得了天主教会长期的尊敬。在长达后半生的逃亡中，他时刻保持君主的高贵和荣誉。